챗GPT도 알려 주지 않는
베트남 비즈니스 2030

챗GPT도 알려 주지 않는
베트남 비즈니스 2030

챗GPT도 알려 주지 않는 베트남 비즈니스 2030

초판 1쇄 발행 2023년 9월

지 은 이 | 이정훈
발 행 인 | 이성주

편 집 책 임 | 이성주
교 정 · 교 열 | 한승오

표지 디자인 | 김민혜
본문 디자인 | 김영숙

발 행 처 | 블록체인
출 판 등 록 | 제2023-000014호(2018년 6월 27일)
주   소 | 인천광역시 연수구 센트럴로 415
홈 페 이 지 | esgtech.kr | vietbiz.kr
e 메   일 | lee@esgtech.news
전   화 | 070-7576-2083
ISBN 979-11-967966-2-4

인   쇄 | 학사넷

- 잘못된 책이나 파손된 책은 구입하신 서점에서 교환해드립니다.
- 책값은 뒤표지에 표시되어 있습니다.
- 이 책은 저작권법에 의해 보호받는 저작물이므로 무단 전재와 복제를 금합니다.
- 이 책의 전부 또는 일부를 이용하려면 반드시 저작권자와 도서출판 블록체인의 서면 동의를 받아야 합니다.

지난 오랫동안 이정훈 대표를 지켜보면서, 그가 얼마나 베트남에 애정이 많고, 베트남 시장을 이해하려고 온몸으로 노력해 왔는지를 안다.

베트남은 한국의 과거, 현재 그리고 미래가 동시에 존재하는 곳이다. 이러한 상황으로 인해 베트남 시장은 다양한 기회를 엿볼 수 있는 좋은 계기가 되기도 하지만, 때론 시장을 제대로 보지 못하고 현실 감각을 잃어버릴 수도 있다.

현재 베트남은 외국계 투자 기업들을 선두로 해서 수출주도형 산업이 중심이 되고 있지만, 민간 자본의 육성을 통해서 산업화와 정보화를 추진하려는 노력이 서려 있는 곳이기도 하고, 여전히 1억 명의 인구 대국으로서 넉넉한 내수 시장을 품고 있는 나라이기도 하다.

게다가 한국과 베트남은 상당 기간 서로를 보완할 수 있는 너무나도 잘 맞는 파트너로 보인다. 2022년 한국과 베트남은 포괄적 전략적 동반자 관계로 양국 간 외교관계가 격상됨에 따라, 정치 외교 관계를 넘어 경제, 사회, 문화 등 전방위에서 협력이 진행되고 있다.

이러한 시점에서 시의적절하게 나오게 된 그의 책은, 저자가 출간한 베트남에 대한 두 번째 도서로 그의 혼신의 노력이 담긴 책이라 믿는다. 저자는 베트남에 진출하려는 개인과 기업들에 진심으로 조언한다. 21세기 현 시점에 맞게 현지 시장을 철저히 분석한 이후, 돌다리도 두드리는 심정으로 조심스럽게 접근하라고 조언하고 있다. 그의 베트남에 대한 애정을 믿는다면, 진심 어린 그의 말에 귀 기울일 필요가 있지 않을까?

— 신동민 김앤장 고문(호찌민 사무소)
신한베트남은행 은행장 · 이사회 의장 역임

저자와는 핀테크 분야 전문가로 처음 인연을 맺었다. 이후 저자가 베트남에서 핀테크 기업을 설립하고, 투자회수^{exit}에도 성공하는 등 왕성하게 활동한다는 소식도 익히 알고 있었다. 또 최근에는 베트남에서 고속 성장이 예상되 다양한 산업에 직접 투자하는 것으로 전해 들었다.

'챗GPT가 알려주지 않는 베트남 비즈니스 2030'은 저자가 국내와 해외 사업에서 비즈니스 관계를 얼마나 잘 가꾸어 왔는지 알 수 있는 힌트를 준다. 베트남에서 맹활약하는 12명의 강소 기업 리더들과의 인터뷰는 베트남 진출을 계획하는 기업과 개인에게 쉽게 접할 수 없는 소중한 정보를 제공할 뿐만 아니라 비즈니스 인사이트도 전달하고 있다.

베트남 비즈니스에 관심이 있다면, 필독할 것을 권한다.

— 정유신 디지털경제금융연구원장 겸 서강대 경영학부 교수

저자와는 금융 정보기술^{IT} 전문가로서 첫 인연을 맺었다. 그 후 한국과 베트남에 오가면서 해외에서도 성장할 수 있는 스타트업에 투자와 관여를 통해 베트남 전문가로서 또 투자 전문가로서 지금까지 인연을 이어오고 있다.

이번 책은 저자가 출간한 베트남 관련 두 번째 도서로 베트남에 진출하려는 개인과 기업에 진심으로 조심하고 철저해지라고 조언하고 있다. 저자의 경험과 노하우만으로도 충분할 텐데 베트남 현지 기업 대표들을 참여시켜 베트남 진출의 현실을 직시하게 했다.

4부로 구성된 책은 베트남 진출을 계획하는 이들이라면 책상 앞에 두고 틈날 때 읽어보기를 권하고 싶다. 구글이나 네이버 또는 챗GPT로는 전혀 알 수 없는 인사이트 넘치는 저자의 혜안에 진심으로 존경심을 전한다.

― 장동인 KAIST AI 대학원 책임교수

무역경제신문에 매월 칼럼을 기고하는 저자는 베트남에서 다양한 산업에 직접 관여 및 투자를 통해 간접적으로 관여하면서 비즈니스에 대한 통찰력과 혜안을 가지고 있다.

유명 역사학자 토인비는 '역사는 도전^{Challenge}과 응전^{Response}'으로 이루어진다고 하였다.

나는 현재 '도전과나눔' 및 지스쿨^{GSchool}을 운영하고 있어서 스타트업들과 함께 생활한다고 해도 과언이 아니다. '어떻게 이들을 스케일업$^{scale-up}$시키고 실패를 줄여 주고 글로벌로 나가게 해줄까?'가 선배인 나의 역할이다.

저자는 베트남에서 누구보다 많은 시간을 어떻게 생존할 수 있는지, 어떻게 성공할지 고민했을 것이다. 이 책은 저자의 고민의 흔적이다. 어떻게 하면 후배들에게 실패를 줄이고 빠르게 자리 잡을 수 있는지 진정으로 조언하고 있다.

― 이금룡 코글로닷컴 회장

코로나19가 끝나고 첫 해외 방문지로 베트남 호찌민을 지난 2023년 3월 방문했었다. 저자와의 인연을 통해 소개받은 한국 스타트업의 현지법인도 방문했다.

이 책에 소개된 현지 법인장 몇 분과도 만나 의견도 나누었고, 현지 베트남 직원들의 회식 자리에 함께 참석하는 기회도 있었다.

베트남은 한국의 과거, 현재, 미래가 공존하는 곳이다. 한국 기업에 베트남은 엄청난 기회의 땅이 될 수도 있을 것이다.

저자는 한국과 베트남에서의 경험을 통해 베트남의 미래 비즈니스에 대해 객관적인 데이터를 기반으로 설명하고 10명의 베트남 현지 기업 대표들과 인터뷰를 통해 검증하고 있다.

또한 저자는 해외 진출을 계획한 개인이나 기업이라면 현재의 베트남보다 다가올 베트남의 미래에 관심을 가져볼 만하다고 주장하고 있다.

한국과 베트남이 수교 30주년을 통해 동반자 관계로 격상되면서 한국어가 제1외국어가 되고 한류 붐이 젊은 베트남 세대에 긍정적으로 영향을 미치고 있는 지금이 바로 베트남 진출에 최적의 타이밍이 지 않을까 생각해 본다. 그런 점에서 저자의 책은 가장 필요할 때 마중물 역할을 할 것으로 생각한다.

- 김대홍
전 카카오페이증권 대표

저자는 한국과 베트남에 오가며 직접 기업을 설립, 운영하고 성공적인 투자회수^{exit} 경험도 있는 CEO이다. 또한 베트남 내 한국 스타트업들에 대한 투자와 자문을 통해 성공적인 경영을 지원하는 등 베트남 경제 전문가로서 왕성하게 활동하고 있다.

이번 책은 저자가 출간한 베트남에 대한 두 번째 책으로 '구글이나 챗GPT도 가르쳐 주지 않는' 베트남에 진출하려는 개인이나 기업들이 반드시 알아야 할 내용을 담고 있다.

저자는 베트남의 문화와 사고방식에 대한 이해를 바탕으로 최근 베트남에서 떠오르는 비즈니스 분야와 베트남진출 시 준비해야 할 사항들을 상세하게 제시하고 있다.

더욱이 현재 베트남에서 비즈니스하고 있는 12명의 CEO와 인터뷰를 통해 베트남 진출 시 애로점과 준비사항을 담고 있으므로 처음 베트남에 진출하려는 분들은 이 책을 통해 실용적이면서, 유익한 정보를 얻을 수 있을 것이다.

- 동국대학교 석좌교수 이계문
전 서민금융원장 겸 신용회복위원장

베트남을 떠나는 기업, 남아있는 기업 그리고 수교 30주년

한국은 20세기 초부터 베트남과 공식적인 관계를 맺고 있는 국가 중 최초의 '전략적 동반자' 국가였다. 한국은 현재 외국인직접투자Foreign Direct Investment, FDI 부문에서 1위, 베트남 내 노동, 관광, 공적개발원조Official Development Assistance, ODA 협력 부문에서 2위를 기록하고 있다.

양국은 2021년 806억 달러였던 수출입 규모를 2023년까지 1,000억 달러, 2030년에는 1,500억 달러로 늘린다는 목표하에 함께 노력하고 있다.

코로나19 대유행은 전 세계 모든 국가에 심각한 후유증을 남겼고 베트남 역시 2000년 이후 처음으로 2021년 3분기에 마이너스 성장률을 기록했다. 코로나19 확진자 수가 증가하면서 취해진 강력한 사회적 거리 두기와 도시 전체를 봉쇄한 락다운Lock Down으로 주요 제조

시설들은 가동되지 못했고 그 파장은 기업과 국민에게 고스란히 미쳤다. 그 결과 2021년 경제성장률은 애초 목표인 6%에 크게 못 미친 2.58%에 그쳤다. 하지만 2022년 들어 베트남 정부는 효율적으로 코로나19에 대응하고 국민은 정부를 신뢰하고 잘 따라주면서 7% 대의 높은 경제성장률을 달성했다.

그러나 베트남에 진출한 한국 기업 중 절반가량은 베트남 정부의 강력한 규제와 생산 비용 상승으로 인해 경영 실적이 악화됐다. 일부 제조 기업의 경우 시설 가동률이 40% 이하로 떨어지면서 2022년 기준으로 현지 사업을 계속 해야 할지 고민하는 상황으로 내몰렸다.

산업연구원^{KIET}이 대한상공회의소 베트남사무소, 베트남 코참과 함께 2021년 9월과 10월 사이 총 217개 기업을 대상으로 진행해 2022년 2월 내놓은 '베트남 진출 기업 경영환경 실태조사' 보고서에 따르면, 조사에 참여한 한국 기업 다수가 2020년 대비 2021년 매출이 감소했다고 밝혔다. 매출 감소 원인으로 코로나19로 인한 조업 차질 및 장애, 현지 수요 부진, 현지 경쟁 심화 등을 들었다. 또한 향후 베트남 사업에 영향을 미칠 글로벌 대외 환경으로 코로나19로 인한 비대면 현황과 미국과 중국 간 분쟁, 환율 변화 등을 꼽았다.

2021년 기준 베트남 수출입에서 외국인직접투자^{FDI}가 차지하는 비중은 수출에서 72.9%, 수입에서 65.7%이며, 특히 3대 주요 수출품목(휴대폰, 전자 및 컴퓨터, 기계 공구)의 외국인직접투자^{FDI} 기업 비중은 96.9%에 달하는 것을 고려할 때 '위드 코로나' 시대로의 전환은 외국인직접투자^{FDI} 기업 유치 확대 노력에 탄력을 불어넣고 있다.

| 베트남 사업에 영향을 미칠 글로벌 대외 환경 요인

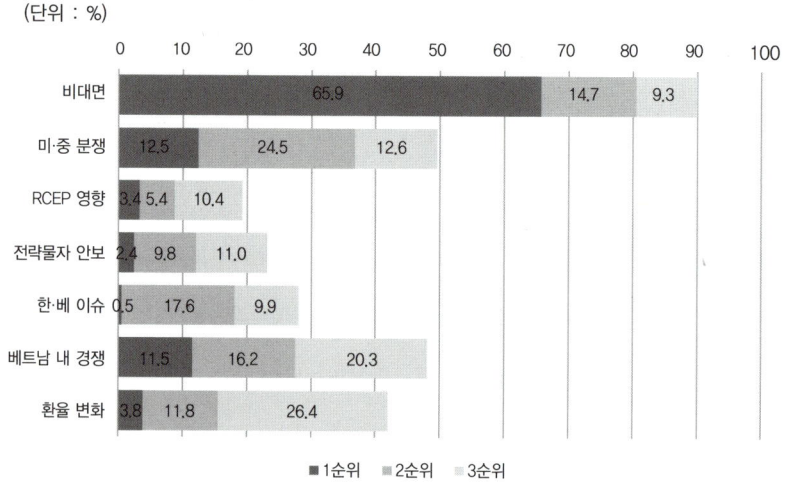

출처: KIET 산업연구소

　베트남 현지 한 은행 임원에 따르면, 코로나19 대유행 이전인 2020년에는 베트남에 거주하는 거주민과 관광객 포함 대략 25만 명의 한국인들이 있었다면, 2022년 2월 기준으로는 최대 7만 명 정도가 남아 있을 정도로 많은 한국 기업과 개인 사업자들이 폐업하거나 베트남을 떠났다. 현재 남아있는 대부분의 기업은 베트남 고객을 대상으로 사업을 전개하거나 어쩔 수 없는 상황이어서 버티는 수준이라고 전해진다.

　제조 기업들의 상황은 더욱 좋지 않다. 매출도 줄었지만, 베트남 정부의 강력한 봉쇄를 경험해 봤고, 인건비 상승과 일할 수 있는 노동자 부족 그리고 여전한 정부 규제 등으로 제조 공장을 철수하거나 이전하는 방안도 고민하는 경우가 많은 것으로 알려졌다. 그나마 다행인 점은 최근 베트남 정부가 결의안 발표를 통해 외국인 투자 기업들의 목소리를 경청하기 시작했다는 점이다. 이와 함께 경영 환경을 개선하기 위해 노력하겠다고 밝히고 있어, 실질적인 정부 지원을 기대하는 단계이다.

베트남 기획투자부[MPI]에 따르면, 2023년 5월 기준 한국 기업의 베트남 투자액은 6억 6,650만 달러(약 8,539억 1,980만 원)를 기록했다. 2022년 동기(20억 6,020만 달러) 대비 67.6% 급감했다. 특히 제조·가공업 분야(-72.2%) 투자가 크게 위축됐다. 같은 기간 일본과 중국 기업은 베트남에 각각 20억 7,210만 달러(약 2조 6,547억 7,000만 원)와 16억 820만 달러(약 2조 614억 원)를 투자하며, 2022년 같은 기간보다 투자액을 119.3%, 41.8%씩 늘렸다.

2023년 5개월만 놓고 보면, 한국은 베트남에 투자하는 82개국 중 싱가포르, 일본, 중국, 대만에 이어 5위로 밀렸다. 이 시기 베트남에 대한 한국의 투자 프로젝트 역시 2022년(737건)보다 11.4% 줄어든 653건으로 집계됐다.

사실상 베트남 경제 발전을 앞에서 끌고 뒤에서 밀어 온 한국 기업의 투자가 2023년 들어 눈에 띄게 줄어들자, 발등에 불이 떨어진 베트남 주요 도시와 베트남 정부는 한국 정부와 한국 기업을 설득하기 위한 '세일즈'에 나섰고, 윤석열 대통령과 205명의 경제사절단의 베트남 방문을 계기로 양국 간 다양한 협력이 진행될 것으로 예상된다.

윤석열 대통령과 205명의 경제사절단 베트남 방문

　2023년 6월 22일부터 24일까지 윤석열 대통령과 205명의 경제사절단은 베트남을 국빈 방문했다. 윤석열 대통령의 베트남 국빈 방문에서 가장 기대되는 것은 양국 간 경제·안보 협력 강화다.

　6월 23일 윤석열 대통령은 정상회담 모두 발언을 통해 "1992년 수교 이래 양국 교역은 175배가 늘었고, 한국은 베트남 내 최대 투자국이 됐다"며 "지난 30년의 성과를 바탕으로 더 밝고 역동적인 미래 30년을 만들어 가기를 기대한다"고 밝혔다. 이어 "최근 엄중한 국제 정세와 글로벌 복합 위기 속에서 양국 간의 공조가 그 어느 때보다도 중요하다"고 강조했다.

　베트남 보 반 트엉 Võ Văn Thưởng 주석은 "베트남은 경제사회 발전 사업과 대외 정책에서 한국을 우선순위의 중요한 국가로 선정하고, 베트남과 한국은 포괄적 전략 동반자 관계를 실질적이고 효과적이며 장기적으로 함께 발전시키고 싶다"면서 "오늘 면담에서는 양국 간 새로운 관계의 내용 이행을 위한 큰 방향과 방법, 그리고 공통 관심인 세계화와 역내의 주요 이슈에 대해서 논의하고자 한다"고 밝혔다.

　윤석열 대통령은 보 반 트엉 베트남 국가주석과 ▲양국 간 외교·안보 분야 전략적 협력 강화 ▲2030년 교역액 1,500억 달러 달성을 위한 경제 협력 ▲핵심 광물 공급망 협력을 골자로 한 '포괄적 전략 동반자 관계 이행을 위한 행동계획'을 채택했다.

　윤석열 대통령이 베트남 교포들을 만나 "저의 방문은 양국 관계의 새로운 미래 30년을 향한 출발점이 될 것"이라고 밝혔듯이 더 많은 한국 기업이 한국 정부의 지원을 통해 베트남 진출을 가속화할 전망이다.

왜 한국 기업들은 베트남에 진출하는가

2015년 12월, '베트남-한국 자유무역협정$^{\text{Vietnam- Korea FTA, VKFTA}}$'이 발효된 후 한국은 베트남의 최대 투자 국가이고 수출과 수입에 있어 중국, 미국 다음으로 가장 큰 무역 파트너 국가가 되었다.

코로나19가 발발하기 전인 2019년 한 해에만 430만 명의 한국인과 50만 명의 베트남인이 상호 방문했다. 비록 코로나19 대유행으로 어려움이 있었지만, 한국과 베트남은 수교 이후 경제, 문화, 사회 등 전 분야를 아우르는 교류 협력을 토대로 눈부신 발전을 함께 이룩했다. 지난 2022년은 한국과 베트남 수교 30주년이 되는 해였다.

필자가 한국에서 해외 진출에 관심이 많은 기업 임직원을 대상으로 강의할 때 자주 듣는 질문 중, '베트남이 다른 나라에 비해 좋은 점이 무엇이냐?'는 물음을 빼놓을 수 없다. 이에 필자는 다음 다섯 가지로 대답한다.

우선 이미 진출한 한국 기업이 많아서 시장 진출을 위한 정보를 수집하기 수월하고 주요한 위험 요소를 제거할 수 있다는 장점이다. 한국 외교통상부에 따르면, 2021년 1분기 기준으로 한국 기업 9,151곳이 베트남에 진출해 활동하고 있다. 이는 2020년 말에 발표된 숫자(8,622개 기업)보다 약 6% 증가한 수치다. 같은 해 미국(517개), 중국(855개), 일본(517개), 독일(163개), 영국(108개) 등을 압도하는 수준이다.

또한 2021년 기준으로 베트남에 거주하는 한국인 수는 15만 6,330명으로 동남아시아의 다른 국가(태국 1만 8,130명, 인도네시아 1만 7,297명, 필리핀 3만 3,032명, 싱가포르 2만 983명, 말레이시아 1만 3,667명, 캄보디아 1만 608명) 전체를 합친 것보다 많다. 그만큼 한국에서도 베트남 관련 정보를 쉽게 접근할 수 있다는 의미이다.

둘째, 베트남은 풍부한 인구와 젊은 노동력을 품고 있다. 2023년 4월 기준으로 베트남은 1억 명의 인구를 보유한 세계 15번째 인구 대국이고, 20대에서 40대 사이의 노동 인구가 전체 인구의 70%를 차지할 정도로 '젊은 국가'이다. 또한 지속적인 경제성장 덕분에 베트남 내 중산층이 증가하면서 사회적 가치관과 가족관 등이 빠르게 변화하고 있고 무엇보다 소비 형태가 개인의 삶과 질을 추구하는 방향으로 전개되면서 새로운 기회가 열리고 있다. 예를 들어 베트남에서는 라이프스타일 기반의 테크 스타트업이 빠르게 늘고 있다.

셋째, 정치적 안정과 외국인직접투자^{FDI} 개방에 따른 높은 경제성장률이다. 베트남은 2022년 7.5%의 높은 성장을 보인 데 이어 2023년도에도 세계은행 전망 기준으로 7%대의 고성장이 예상된다. 이른바 '포스트 차이나' 시대를 위한 베트남 정부의 적극적인 외국 기업 유치 노력이 큰 힘이 되고 있다. 각종 인허가 문제에서부터 비자 연장 그리고 임금 인상 부분 등을 외국 기업 기준으로 적용하는 등 체질을 바꾸고 있다.

넷째, 코로나19의 대유행 기간 한국 드라마와 영화, 음악 등 K-컬처(또는 한류) 붐이 조성되어 한국에 대한 긍정적 이미지가 형성되어 있다. 한국어가 베트남의 제1 외국어로 선정되었고, 36개 대학에서 한국어과를 개설하는 등 한국을 잘 아는 현지 우수 인재가 속속 배출되고 있다는 것도 장점이다. 베트남 정부는 생활형 정보기술 기업에 지원금, 세제 혜택, 기술적 지원 등 다양한 혜택을 제공하고 있고, 이에 힘입어 창업 생태계와 벤처캐피털 시장이 빠르게 성장하고 있다.

다섯째, 베트남은 이제 190개국 이상의 국가와 자유무역협정^{FTA}을 체결하여 개방화되었으며, 부정부패를 없애고 글로벌 기준의 투명성을 확보하기 위해 힘쓰고 있다. 이는 한국 기업들이 해외로 진출할 때 가장 먼저 베트남을 고려하는 주된 이유가 되기도 한다.

이렇듯 베트남은 해외에 진출해 있거나 계획하고 있는 기업의 처지에서 볼 때 위험을 최소화할 수 있을 뿐만 아니라 내수 시장까지 접근할 수 있는 이유로 어떻게 생각하면 '상대적으로 진출하기 쉬운 나라'로 여겨지는 것은 아닐까 생각된다.

챗GPT$^{Chat\ GPT}$도 알려 주지 않는 베트남 비즈니스

챗GPT$^{Chat\ GPT}$는 다양한 분야에 대해 방대한 지식을 보유하고 있지만, 모든 분야에서 정통하고 정확하게 아는 것은 불가능하다. 특히 2023년 현재 베트남 현지에서 비즈니스를 전개하고 있는 기업 대표와 임직원들이 어떤 경험을 통해 지금의 기업으로 성장할 수 있었는지는 더욱 알 수 없는 영역이다. 필자는 베트남에서 현지화에 성공한 한국 기업 중 코로나19 대유행 동안 뼈를 깎는 고통 속에 직원들의 인

| 《챗GPT도 알려 주지 않는 베트남 비즈니스 2030》 인터뷰 목록

기업(소속)명	대상	주요 내용
VTC 온라인	이용득 부대표	VTC 온라인은 게임과 교육 관련 베트남 국영 기업으로 베트남 진출 시 주의사항 등 조언
정보통신산업진흥원 (NIPA)	이주남 전 센터장	베트남 호찌민 NIPA IT지원센터장을 맡았던 경험을 토대로 정보기술 기업이 해외 진출 시 준비할 사항 조언
VNPT 이페이	김제희 대표	베트남 전자결제 시장에 진출한 첫 한국 기업으로 베트남 전자상거래 시장에 관해 조언
고미 코퍼레이션	장건영 대표	베트남 전자상거래 시장을 넘어 태국, 인도 등 글로벌 전자상거래 기업으로 성장하기 위한 조언
자연한의원	최성주 원장	베트남 헬스케어 시장을 점검하고 원격의료 등에 관해 조언
인포플러스	김민호 대표	베트남 디지털 금융과 핀테크에 대한 이해와 현지화 어려움에 관해 조언
레클	박대선 법인장	베트남 정보기술 아웃소싱 시장 현황과 베트남 개발자 현황과 인력에 관해 조언
쿠빌더	이주홍 대표	베트남에서 부는 한류 열풍과 K-컬쳐 붐에 대한 현황과 베트남 B2C 시장에 관해 조언
넥스트랜스	채승호 상무	베트남 스타트업 창업 현상을 소개하고 한국 스타트업이 베트남 진출 시 주의할 사항 조언
패스커VN	박희수 법인장	베트남 현지 법인 설립 과정에서 어려운 점과 본사와 소통 중요성에 관해 조언
도나 코퍼레이션	김동희 대표	베트남 K-뷰티 산업 전망과 여성 CEO로서 베트남 진출 방안에 관해 조언
VOK 트립	박정재 대표	베트남 관광 산업에 관한 전망과 현지화를 위한 조언

내와 배려 그리고 기다림을 통해 생존하고 또 다른 도약을 꿈꾸는 열 곳의 기업을 선정해 각 조직의 대표들과 인터뷰를 진행했다.

'챗GPT도 알려 주지 않는 베트남 비즈니스 2030'은 2022년 4월 '위드 코로나'가 시작된 이후 성장 잠재력이 높은 베트남 비즈니스를 다시 정의했고, 고군분투하는 한국 기업들을 벤치마킹하여 2023년 이후 해외 진출 계획이 있는 기업과 개인에게 소중한 가이드를 제시하기 위해 꾸며졌다.

베트남 비즈니스를 위해 이 책을 읽어야 하는 이유

코로나19 대유행 이전부터 베트남 현지에서 비즈니스를 전개하고 있는 기업들이 베트남에서 어떻게 생존할 수 있었는지 그리고 성공하기 위해선 어떻게 하는 것이 최선인지 발로 뛰고 몸으로 직접 경험한 노하우를 필자는 그대로 글로 옮겨 적기만 했다.

그들이 전례 없는 어려움 속에서도 베트남에서 생존할 수 있었던 방법은 '한국인의 우월주의(?)'를 내려놓고 '베트남인이 되는 과정'과 다름 아니다. 단기적으로 베트남인이 될 수는 없기에, 시간을 두고 또 비용을 들이면서 물이 흐르듯이 천천히 베트남식으로 사고하고, 베트남 문화를 이해하면서 베트남 직원들과 소통할 수 있을 때야 비로소 생존을 넘어 성공으로 넘어가게 된다고 그들은 입을 모은다. 베트남을 이해하고 베트남식으로 사고하기 위해서는 당연히 베트남의 역사와 문화 그리고 그들의 살아가는 방식을 알아야 한다.

'챗GPT도 알려 주지 않는 베트남 비즈니스 2030'에는 필자가 베트남에서 비즈니스를 하면서 느꼈던 경험과 지식에 베트남 현지 전문가들의 성공 사례를 더해 채워졌다. 베트남 진출을 계획하고 있는 기업 또는 개인 모두에게 이 책이 좋은 가이드가 될 수 있기를 바라는 마음이다.

이 책은 전체 4부로 나누어져 있고, 베트남 현지 기업 사례를 '인터뷰를 통해 배우는 베트남 비즈니스'로 각장에 배치해 읽는 이들의 이해를 돕고자 했다.

1부 '베트남 어디까지 알고 있나'에서는 베트남에 진출하려는 개인과 기업에 2022년부터 시작된 '위드 코로나' 이후 베트남에 사람과 기업이 모여들고 있는 현재 모습을 보여주고, 베트남 정부도 외국인 투자를 적극 유치하는 한편 디지털 전환에 대한 의지를 보이며 '베트남을 비즈니스 하기 좋은 나라'로 변모시키는 노력을 하고 있다는 소식을 전한다.

2부 '위드 코로나 시대, 베트남에 기회가 있다'에서는 위드 코로나 이후 베트남 비즈니스 환경의 변화에 대해 정리했고, 베트남 내 신규 비즈니스로 확산하고 있는 생활형 테크 기업 사례로 편의점, 전자상거래, 핀테크, 헬스케어, 정보기술 아웃소싱 등을 소개한다. 또한 베트남 현지 한국 법인들의 인터뷰를 통해 베트남 내 신규 산업이 미래 베트남 비즈니스에 매우 큰 영향을 미치게 될 것임을 시사한다.

3부 '디지털 베트남'에서는 최근 베트남 내 중산층 확산과 스타트업 기업들의 증가 그에 따른 글로벌 투자 흐름을 정리했다. 베트남 중산층은 미래 베트남 사회를 변화시킬 원동력으로 베트남에 진출하는 기업이라면 이들을 면밀하게 관찰해야 한다.

4부 '베트남 비즈니스 현지화'에서는 베트남 진출 기업들이 낯선 나라에 진출하기 전에 준비할 사항과 주의할 점은 무엇인지 그리고 베트남 현지화 방안에 대해 초점을 맞췄다.

'챗GPT도 알려 주지 않는 베트남 비즈니스 2030'은 필자가 한국과 베트남에 오가면서 만났던 여러 분야의 비즈니스 전문가들의 이야기다.

언어와 환경이 다른 낯선 곳에서 성공적인 비즈니스를 위해 최선의 노력을 다하고 있는 그들의 경험을 한국 정부$^{KOTRA나 NIPA}$ 등에서 제공하는 데이터와 결합해 차별화된 정보를 제공하려 노력했다. 특히 위드 코로나 시대가 시작된 이후 베트남에는 많은 변화가 빠르게 전개되고 있어 2023년 이후 베트남에 진출했거나 진출할 계획을 세운 개인과 기업에 참고 될 수 있도록 2022년 이후 데이터를 중심으로 객관적인 관점에서 접근하려 노력했다.

필자는 2015년 베트남 다낭에 처음 들어간 후 2023년 현재까지 베트남에서 크고 작은 여러 법인을 설립하고, 투자회수^{exit}까지 마무리했던 경험이 있다. 처음에는 솔직히 모든 게 어렵고 불편했지만, 동료의 도움과 지인들의 지원을 통해 조금씩 발전할 수 있었고, 나름 베트남과 한국에서 금융과 핀테크 그리고 해외 진출과 투자 분야에서만큼은 전문가로 인정받을 수 있게 되었다. 모두 감사한 일이다.

이 책이 출간될 수 있도록 많은 분이 도움을 주셨다.

먼저 베트남 현지에서 지금도 땀 흘리며 직원들과 일하고 계실 10명의 벤치마킹 기업 대표들께서 흔쾌히 인터뷰에 응해 주셔서 이번 도서를 출간할 수 있었다. 이용득 부대표님, 이주남 수석님, 김제희 대표님, 장건영 대표님, 박정재 대표님, 김민호 대표님, 박대선 법인장님, 이주홍 대표님, 박희수 대표님, 채승호 상무님 그리고 신동민 고문님께 두 손 모아 진심으로 감사를 전한다.

일 년의 절반을 외국에 있지만 늘 응원해 주는 딸과 아들이 있었기에 힘을 낼 수 있었고, 언제나 지지해 주는 사랑하는 친구들과 후배들 그리고 선배들의 응원 덕분에 포기하지 않을 수 있었다. 항상 감사하고 사랑하는 마음으로 살아가겠다.

2023년 8월 한국 강남 사무실에서 이정훈

목차

추천사 — 5
프롤로그 — 9

1부 · 베트남, 어디까지 알고 있니

1장 · 베트남에 사람과 기업이 모이고 있다 — 31
여전히 베트남은 공사 중 | 코로나19를 빠르게 극복한 베트남

2장 · 베트남 제대로 이해하기 — 40
베트남 비즈니스를 이해하기 위한 10가지 키워드

인터뷰로 엿보는 베트남 비즈니스 : **게임 · 교육**
VTC 온라인 이용득 부대표

3장 · 베트남 위드 코로나 전환과 디지털 역동성 — 76
베트남의 디지털 역동성 | 베트남 정부의 디지털 전환 |
베트남 디지털 전환의 주요 분야

인터뷰로 엿보는 베트남 비즈니스 : **비즈니스 환경**
NIPA 호치민IT지원센터 이주남 전 센터장

4장 · 로컬화 시대를 준비하는 베트남 — 94
베트남은 여전히 투자 유망국 | 로컬화 준비하는 베트남 |
현안을 해결하고 장기적 관점 견지

2부 · 위드 코로나 시대, 베트남에 기회가 있다

1장 · 베트남에서 급부상하는 라이프스타일 테크 산업 — 107

'인구 1억 명'이 지닌 의미 | 주요 라이프스타일 트렌드 기술 |
베트남 라이프스타일 테크에서 주목받는 분야 | 급증하는 베트남 편의점 |
외국계 브랜드와 베트남 로컬 브랜드와의 편의점 전쟁

인터뷰로 엿보는 베트남 비즈니스 : **전자결제**
VNPT 이페이^{VNPT EPAY} 김제희 대표

2장 · 베트남 전자상거래 현황 및 전망 — 128

베트남 전자상거래 시장 현황 | 베트남 전자상거래 주요 사업자

인터뷰로 엿보는 베트남 비즈니스 : **전자상거래**
고미 코퍼레이션 장건영 대표

3장 · 베트남에서 급성장하는 디지털 헬스케어 산업 — 145

3시간 줄 서서 3분 진료 | 베트남 경제 성장과 의료 종사자 현황 |
디지털 의료에 정부가 나서다

인터뷰로 엿보는 베트남 비즈니스 : **헬스케어**
자연한의원 최성주 원장

4장 · 베트남 디지털 금융 및 핀테크 현황 — 164

베트남 금융 산업 현황 | 베트남에서 부는 디지털 금융 |
코로나19 장기화가 디지털 금융과 핀테크에 미친 영향 커 |
베트남 핀테크 현황 | 주목받는 베트남 핀테크 분야 |
베트남 정부의 디지털 금융 장려 | 두각 보이는 한국 핀테크 기업들

인터뷰로 엿보는 베트남 비즈니스 : **디지털 금융 및 핀테크**
인포플러스 김민호 대표

5장 • 베트남 IT 개발자 양성과 아웃소싱 사업 현황 — 195

한국에서는 '개발자 몸값이 금값' | 나가려는 자와 지키려는 자 |
정보기술 아웃소싱 유망 국가로 떠오른 베트남 |
베트남 정보기술 아웃소싱 사업 현황 | 베트남 내 비대면 서비스
확대와 스타트업 창업 열풍 | 베트남 IT 엔지니어 생태계 |
베트남 IT 아웃소싱 사례

인터뷰로 엿보는 베트남 비즈니스 : **IT 개발 아웃소싱**
레클 박대선 법인장

6장 • 커피는 베트남 사람에게 일상이다 — 226

베트남 사람들에겐 커피가 일상이다 | 베트남의 프랜차이즈 커피 시장 |
외국계 커피 프렌차이즈가 베트남에서 살아남기 |
치열한 경쟁 속 살아남기

인터뷰로 엿보는 베트남 비즈니스 : **뷰티**
도나 코퍼레이션 김동희 대표

3부 · 디지털 베트남

1장 · 베트남 중산층의 부상과 K-컬쳐 확산 — 257

베트남 소비를 이끄는 베트남 중산층 | 한-베 30주년과 한국어 제1외국어 선정 |
K-컬쳐와 함께 한국어 열풍 | 코로나19로 주춤했던 한-베 교역 확대 기대

인터뷰로 엿보는 베트남 비즈니스 : **컴퍼니 빌더**
쿠빌더 이주홍 대표

2장 · 코로나19 엔데믹 후 베트남 스타트업 창업 붐 — 278

한국 기업의 베트남 내 창업

인터뷰로 엿보는 베트남 비즈니스 : **스타트업 생태계**
넥스트랜스 채승호 상무

3장 · 한국은 투자 겨울, 베트남은 투자 여름 — 299

한국은 투자 겨울 | 베트남은 투자 여름 | 베트남 내 스타트업 창업을 위해

인터뷰로 엿보는 베트남 비즈니스 : **디지털 콘텐츠**
패스커VN 박희수 대표

4부 · 베트남 비즈니스 현지화

1장 · 베트남 비즈니스 현지화에 따른 주의사항 — 315

일상 비즈니스에서 주의할 점 |
하노이 vs. 호찌민, 비즈니스 차이를 이해하라 |
베트남 비즈니스 매너 |
베트남 비즈니스에 있어 가끔 이해되지 않는 부분

인터뷰로 엿보는 베트남 비즈니스 : **여행**
VOK 트립 박정재 대표

2장 · 베트남 현지화하기 — 337

해외 진출 셀프 체크리스트 | 해외 진출 기업 벤치마킹 |
벤치마킹 체크리스트 | 외국인에게 투자가 제한되는 분야

에필로그 — 345

베트남 어디까지 알고 있니

1장
베트남에 사람과 기업이 모이고 있다

약 3년여에 걸친 신종 코로나바이러스 감염증(코로나19)의 대유행으로 사실상 멈춰 섰던 여행 수요가 2023년 5월 기준으로 볼 때 거의 예전 수준으로 회복했다. 오히려 그동안 억눌렸던 여행 욕구에 따른 '보복 심리'로 일부 지역의 여행 수요는 폭발적으로 증가하는 현상도 벌어지고 있다.

우리나라는 2022년 4월부터 사회적 거리 두기를 해제하면서 오프라인 모임과 해외여행이 가능하게 되었다. 이후 지속적으로 해외여행 규제가 완화되고, 이제는 사실상 '정상화'됐다.

| 베트남 방문 여행객 국가 상위 10선
(2022년 1월~7월)

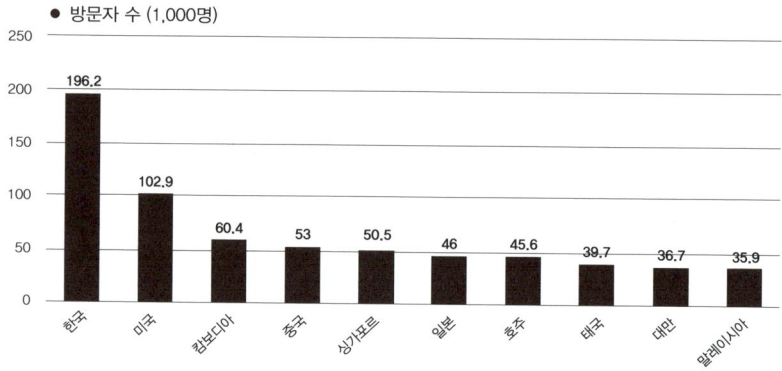

출처: VnExpress, 2022. 8.

    세계 각국에서 코로나19로 막아 왔던 해외여행을 경쟁적으로 허용하기 시작한 2022년부터 우리나라를 비롯한 많은 국가의 비즈니스 여행객들이 앞다퉈 찾은 곳은 다름 아닌 베트남이다.

    국내에서는 많은 대학에서 진행한 최고경영자 과정과 창업대학원 과정 등 C-레벨(고위 경영진) 임직원들의 네트워크 모임에서 해외 탐방지로 베트남이 급부상하기도 했다.

    코로나19 대유행 이전에는 학기 마지막 연수 코스는 일본과 중국 그리고 유럽과 미국에 방문해 현지 기업을 탐방하고 여행을 즐기는 것이 통상적이었는데, 일본과 중국은 사회적 분위기와 국가 봉쇄로 방문이 어렵고, 미국과 유럽은 거리가 멀기도 하지만 비용이 크게 상승해 방문이 쉽지 않기 때문이다.

    대안으로 태국과 인도네시아 그리고 베트남이 있는데, 태국은 관광은 가능하나 찾아갈 탐방 기업이 없다는 점에서 제외됐고, 신속하게 무격리 입국을 허용한 인도네시아와 베트남을 방문하는 사례가 증가한 것이다.

  2022년 4월 이후 베트남으로 해외 연수 수요가 급증한 주된 이유는 미-중 갈등으로 인해 포스트 차이나 효과를 보고 있는 기업들이 하노이 북동부 쪽으로 제조 공장을 확장하고 있다는 점을 우선 꼽을 수 있다. 또한 한국과 유사한 유교적 사고와 20~30대 젊은 층이 많고 교육열이 높은 편인 데다 코로나19 이후 비대면 거래가 일상이 되면서 에듀테크, 핀테크, 전자상거래, 원격의료 등 신사업이 부상하고 있다는 점도 크게 작용했다.

  즉, 온라인과 오프라인, 하드웨어와 소프트웨어 모든 방면에서 관심의 대상으로 떠오른 베트남을 찾는 탐방 기업들이 많아졌다는 것이다.

  이미 일정 정도 성과를 내는 다수의 한국 기업은 추가 정보를 확보해 사업을 확대하거나 새롭게 진출할 계획에 따라 빈번하게 베트남을 찾고 있다.

여전히 베트남은 공사 중

2022년 4월부터 한국 일부 유튜버들이 경쟁적으로 전한 베트남 관련 '허위' 콘텐츠가 상당한 문제로 지적된 바 있다. 베트남에 투자한 한국 기업들 다수가 베트남 노동자 또는 정부에 의해 큰 피해를 보고

철수한다는 내용이나 베트남 투자에 대한 부정적인 사견을 무차별적으로 게시해 베트남 투자 기업과 진출 기업에 대한 혼란을 일으키고 있기 때문이다.

한국만의 차별화된 강점을 이어가기 위해서는 직원 뽑기도 어렵고 높아진 임금으로 한국에서는 더 이상 버틸 수 없는 상황이므로 제조 공장을 한국 외 다른 나라로 이전해야 했다. 초기 이전 국가였던 중국은 가까운 위치와 젊고 싼 노동력 덕분에 많은 한국 공장이 들어왔지만, 코로나19 팬데믹 이후 강력한 국가 봉쇄와 지속적인 임금 인상으로 기업들은 포스트 차이나$^{post\ China}$를 고민해야 했다.

중국보다 싸고 젊고 성실한 베트남이 포스트 차이나로 관심을 받으면서 많은 한국기업이 베트남 하노이와 호찌민을 중심으로 이전하게 되었고 2022년 중국의 강력한 봉쇄가 오래됨에 따라 중국의 공장도 베트남으로 옮겨가고 있다. 한국이나 중국 기업 가운데 미국 시장만 바라보는 기업은 한국이나 중국을 떠나서 멕시코로 가면 된다. 하지만 중국 시장까지 보려면 베트남으로 가는 것이 현실적이고 경쟁력을 높일 수 있다.

더불어 미국과 중국의 갈등이 앞으로도 지속될 수 있어 베트남은 몇 년 동안은 미·중 갈등의 최고 수혜자가 될 것으로 전망한다.

기존 중국 진출 기업들은 중국 내 임금 상승과 미·중 수출 규제 그리고 중국 정부의 봉쇄 장기화에 따른 조치가 단기간 내 해결할 기미가 보이지 않자 2022년 급속도로 베트남으로 공장을 이전하기 시작했다. 대표적으로 애플은 베트남에서 애플워치와 맥북 생산을 위해 협상에 나섰고, 2023년 5월부터 본격적으로 생산량을 늘리기 시작했다.

| **국내 기업의 베트남 투자 확대 의향 및 유망 분야 전망**

(2022년 기준)

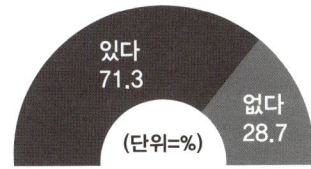
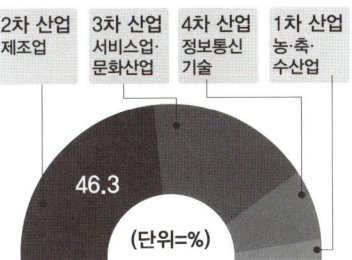

*베트남 투자·교역 268개 한국 기업 대상 설문조사, 4월 25일~5월 10일 실시, 자료=대한상공회의소

출처: 대한상공회의소, 2022. 6.

중국과 대만 등지의 제조 공장도 하노이 북부 국경 지역 근처인 박장, 박닌, 하이퐁 지역으로 빠르게 이전하고 있으며, 베트남 정부는 노후화된 기반을 개선하고 도로, 항만 등 설비투자에도 적극적으로 나서고 있다.

대한상공회의소가 '한-베 30주년'을 맞이하여 진행한 설문 조사에서 베트남에 진출한 한국 기업의 70%가 앞으로 현지 투자를 더욱 확대할 계획이라 밝혔다. '위드 코로나' 이후 한국을 포함한 세계 여러 나라가 베트남에 제조 공장을 추가로 설립하거나 가동할 계획을 추진하고 있어서 베트남은 말 그대로 '여전히 공사 중'이다.

또한 베트남 정부의 지속적인 경제 다각화 정책에 따라 기반 구축 사업이 추진되면서 국내 건설사들은 적극적으로 사업 진출 및 확대에 나서고 있다. 건설 업계에 따르면, 2022년 6월 기준 베트남이 국내 건설사들의 해외 수주 주력 시장으로 부상했다. 해외건설협회 조사 결과, 2022년 1월부터 5월까지 국내 건설 업계가 베트남에서 체결한 수주 계약은 28건으로 단일 국가 중 가장 많았으며, 누적 수주 금액은 460억 달러(약 59조 9,600억 원)에 이른다.

미국의 컴퓨터 제조 업체인 델^{Dell}은 자사가 사용하는 모든 칩셋^{chipset}을 중국 밖에서 생산한다는 방침에 따라 베트남을 주요 생산기지로 선정했다. 대만의 전자기기 생산 업체인 페가트론^{Pegatron}은 4억 8,100만 달러를 투자해 베트남 북부 항구도시 하이퐁에 생산 시설을 건설한 후 '적절한' 시기에 연구·개발$^{R\&D}$ 센터를 중국에서 베트남으로 이전하는 방안을 검토하는 것으로 전해졌다.

또 다른 애플 협력사인 중국의 BOE는 4억 달러를 투자해 베트남 북부 지역에 두 곳의 디스플레이 생산 시설을 건설 중이다. 이 밖에도 오포, HP, 샤오미, 보쉬, 파나소닉, 샤프 등도 베트남을 생산 허브^{hub}로 육성한다는 방침에 따라 생산시설 이전을 빠르게 추진 중인 것으로 알려졌다.

유엔무역개발회의^{UNCTAD}에 의하면, 미·중 무역전쟁으로 인해 중국 내 외국인직접투자^{FDI}가 아세안으로 빠르게 이동하고 있다. 특히 주목할 점은 중국내 기업들의 베트남 직접 투자 금액이 매년 빠르게 증가하고 있다는 것이다. 2018년부터 2019년까지 평균 14억 달러 수준에서 2020년에는 19억 달러로 증가했다. 2022년 들어 베트남 투자는 더욱 증가하고 있으며 제조 공장에 이어 서비스 및 콘텐츠 산업에 대한 투자도 함께 늘고 있다.

베트남 통산산업연맹에 따르면, 2021년 12월 기준 베트남 전체 설립 기업 수의 96%가 중소기업이다. 베트남 스타트업 수는 베트남 정부의 적극적인 지원 정책에 힘입어 2021년 기준으로 아세안 지역에서 인도네시아와 싱가포르에 이어 3위에 올랐다.

삼성전자와 LG전자를 중심으로 한 제조 기업들은 여전히 베트남 투자에 적극적이고, 금융권도 앞다퉈 동남아시아 현지 사업을 확대하며 유망 벤처 기업에 대한 투자에 나서고 있다.

예를 들어 신한금융그룹은 베트남에 진출하려는 국내 스타트업과 베트남 현지 스타트업에 대한 지원을 강화하고 있다. 2015년부터 운영해 온 그룹의 대표 스타트업 육성 프로그램인 '신한퓨처스랩'을 2016년 베트남 호찌민에 설립한 후 6년만에 베트남 하노이에 2022년 8월 추가로 개소했다. 신한금융은 2,000억 원 규모의 펀드를 조성해 글로벌 스타트업 발굴·투자에 나서고 있다. 신한은행과 신한금융투자, 신한카드 등 주요 계열사들이 출자해 신한벤처투자가 펀드를 운용하는 구조다.

2022년 5월 기준으로 베트남에는 약 3,800개의 스타트업이 활동하고 있는데, 그중 11개의 스타트업이 1억 달러 이상의 가치를 인정받고 있는 유니콘^{unicorn} 기업이다. 또한 베트남 스타트업 생태계는 200개 이상의 투자 펀드가 운용되고 있을 정도로 활기가 넘친다. 베트남 과학기술부 산하 기술 기업 상용화 개발국 통계에 따르면, 2021년 베트남의 혁신 스타트업은 88건의 투자 거래를 통해 13억 달러 이상을 유치했다. 특히 핀테크, 게임, 교육, 의료, 전자상거래 등의 분야에 많은 투자를 유치한 것으로 집계됐다.

신한은행 퓨처스랩 하노이 개소.

출처: 신한은행, 2022. 8.

코로나19를 빠르게 극복한 베트남

베트남은 동남아시아 인도차이나반도의 동쪽 태평양 연안에 있는 국가이다. 북쪽으로는 중국, 서쪽으로는 라오스 및 캄보디아와 국경을 접하고 있다. 국토는 해안을 따라 남북으로 길게 뻗어 있어, 남북의 길이는 약 1,700km이고 동서의 길이 가운데 가장 좁은 곳은 약 50km이다.

베트남 기후는 남북으로 긴 국토의 특성상 열대, 아열대 및 온대 기후를 모두 보이고 있으며 몬순 기후대의 영향으로 강우량이 많고 습도가 높은 편이다. 하노이를 중심으로 한 북부 쪽 기후는 아열대성 기후이고, 경제 중심지인 호찌민 중심 남부 쪽 기후는 열대 몬순 기후이다. 열대 계절풍 지역으로 우기와 건기가 뚜렷하다. 5월부터 10월까지의 몬순기에 특히 강수량이 많아 연 강수량의 85%가 이 시기에 집중된다.

베트남의 정식 이름은 '베트남 사회주의 공화국 Socialist Republic of Vietnam'이다. 수도는 하노이이며, 호찌민은 베트남 최대 경제 도시이다. 공식어는 베트남어, 화폐 단위는 동이다.

베트남은 인도차이나반도에서 가장 인구가 많은 나라로, 2023년 4월 기준 통계에 따르면 인구수는 1억 명에 달한다. 2020년 인구 조사 자료 기준으로 성별 인구는 남성(4,980만 명(49.8%))보다 여성(5,020만 명(50.2%))이 많다.

베트남인들은 오랜 세월 동안 끊임없는 외세의 침략을 성공적으로 물리쳤다고 자신을 내세우고 있다. 외세에 굴복하지 않은 역사를 지닌 나라라는 자부심이 매우 강하다.

사회주의 공화국이지만 거의 모든 분야에서 자유주의 시장 경제를 따르고 있고, 1987년 도이머이 Đổi mới 정책을 편 이후로 다자간의 FTA 체결 등 국제 사회에 적극적인 개방 정책을 펼치고 있다.

2014년 이후 6년 연속 매년 경제성장률 6% 이상을 기록하고 있으며, 코로나19 대유행 중에도 2%대의 성장률(2020년 2.91%, 2021년은 2.58%)을 이어가며, '포스트 차이나'로 주목받고 있다.

2022년에는 전 세계에서 가장 높은 7% 이상의 경제성장률을 달성했다.

2장
베트남 제대로 이해하기

    2020년 1월 22일, 베트남에서도 신종 코로나바이러스 감염증(코로나19) 환자가 처음 나왔다. 베트남 정부는 중국에서 들어오는 입국자 전체를 통제했고, 중국과의 직항 노선을 차단함과 동시에 국경을 완전히 폐쇄하는 강경한 정책을 폈다. 같은 해 2월 한국에서 코로나19 확진자가 급증하자 베트남 정부는 한국에서 들어오는 여객기의 착륙을 불허하고 입국자 전원을 격리 조치했다. 당시 '너무 심한 것 아니냐?'는 지적도 나오긴 했지만, 베트남의 취약한 의료 시설 등을 고려한 불가피한 조치였다는 평가이다.

    베트남은 곧이어 상업 시설과 대중교통의 운영을 제한하는 등 선택적selective이고 과감한proactive 사회적 거리 두기를 실시했다. 첫 확진자가 확인된 후 3개월 지난 2021년 4월 29일 세계 처음으로 '코로나19 완전 종식 선언'을 전 세계에 공표했다. 베트남 응우옌 쑤언 푹 총리는 당시 각료회의에서 "베트남은 코로나19를 근본적으로 퇴치했다. 이는 (공산)당과 정부, 인민의 승리"라고 말했다.

베트남은 코로나19 방역에 어느 정도 성공적으로 대처했지만, 그 타격은 베트남 금융과 실물경제에 전염병처럼 퍼졌다. 베트남 경제는 그동안 무역 중심의 경제 구조였으며, 그중 소수 국가에 집중되고 중간재는 중국 의존도가 높았기에 코로나19 확산은 베트남 경제에 치명적 위기가 될 수 있었다.

그런데도 베트남 정부의 코로나19 대응력에 삼성전자, 애플 등 글로벌 대기업들은 '포스트 차이나'로 베트남을 인정했고 글로벌 투자자들도 베트남 투자에 더 긍정적으로 나서고 있다.

| 코로나19 이후 베트남 경제성장률

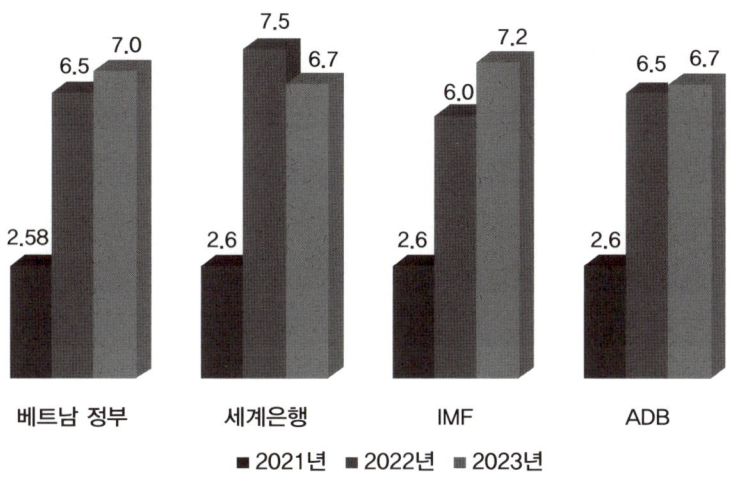

출처: KOTRA, 2022. 12.

| 베트남 비즈니스를 이해하기 위한 10가지 키워드

출처: 저자, 2023. 7.

베트남 비즈니스를 이해하기 위한 10가지 키워드

성공적인 베트남 비즈니스를 위해서 베트남에 대해 알아야 할 10개의 키워드는 베트남을 이해하는 데 도움이 될 것이다.

1. 베트남은 사회주의 공화국이다.

베트남은 일당 통치 국가이다. 베트남의 유일한 정당이자 집권 정당은 베트남 공산당이다. 1988년 이전에는 민주당과 사회당이 있었지만, 역사 속으로 사라졌다. 베트남은 절대 권력자 일인에 좌우되지 않고 집단 체제가 국가 주요 결정을 내리는 공산당 체제로 정치적 안정을 취하고 있다. 총 54개 종족으로 이뤄진 나라이지만 전체 인구의 89%가 베트남 족(비엣족)으로 다른 세력화할 수 있는 소수 민족의 수가 적다. 특히 인근 동남아시아와 달리 중국 화교(華僑)의 영향력이 거의 없다.

베트남 정부는 소수 민족과의 마찰을 없애기 위해 노력하고 있다. 이는 헌법에도 명시되어 있다.

〈베트남 사회주의 공화국은 베트남 영토에서 함께 사는 각 민족의 통일 국가이다. 국가는 각 민족 간의 평등, 단결, 상부상조 정책을 실현하고 민족을 차별하고 분열하는 모든 행위를 엄금한다. 각 민족은 그들의 언어와 문자를 사용할 권리를 가지며 민족 본색 유지, 자신의 아름다운 풍속, 습관, 전통 및 문화를 발휘할 권리를 가진다. 국가는 모든 면에서 소수 민족 동포의 물질적, 정신적, 생활을 점진적으로 향상시키기 위한 발전 정책을 실시한다〉
– 베트남 헌법 제5조

베트남 공산당은 민족과 국가의 이익 외에 다른 이익은 없다고 명확하게 밝히고 있다. '당의 이익은 민족과 국가의 이익이며, 모든 이악은 국민을 위한 것이다' 등의 슬로건처럼 전 국민에 대한 차별 없는 사명을 내세우고 있다.

공산당은 베트남의 가장 영향력 있는 유일한 정당이며, 베트남의 정치, 경제 그리고 사회를 사실상 지배하고 있다. 이와 관련 2004년 미국 국무부 인권 실태 보고서는 '베트남은 결사의 자유, 언론의 자유, 표현의 자유, 집회의 자유 등에서 통제가 따른다고 지적한 바 있다.

과거 베트남의 국부(國父)였던 호찌민 Hồ Chí Minh 은 민족주의적 공산

| 베트남 공산당 권력 서열

(2023년 3월 기준)

출처: 조선비즈, 2023. 3.

주의를 지향했다. 북한보다는 자유롭고 미국과는 원활하게 소통했다. 중국과 마찬가지로 인터넷을 검열하지만 중국과는 달리 구글, 유튜브, 트위터 등 주요 인터넷 서비스의 사용을 허용하고 있다.

베트남은 북한과 중국처럼 사회주의 및 공산주의 색채가 있지만, 다른 점은 각료들의 평이 좋지 않으면 투표를 통해 징계하거나 반대 의견이 높은 사업이 있으면 국회에서 막는 등 다수의 의견을 존중한다는 것이다.

2. 전쟁과 자존심의 나라

일반적으로 '베트남 사람들은 자존심이 강하다'고 말한다. 모든 사람이 같은 것은 아니지만 베트남 문화에서는 자존심과 명예(체면)의 중요성이 강조되는 경향이 있다.

　베트남은 역사적으로 한국과 비슷하게 외세의 침략을 많이 받았다. 국경이 붙어 있는 중국과 1,000년 가까이 전쟁했고 현재도 크고 작은 영토 분쟁이 국경 근처에서 진행되고 있다.

　1858년 프랑스의 식민지가 되었고, 2차 세계대전까지 100년 동안 통치를 받았지만 결국 전쟁을 통해 승리했다.

　일본에 식민지로 통제를 받던 시절도 있었고, 미국과 8년 동안 벌인 전쟁에서 승리하며 현재의 베트남을 만들었다. 잦은 전쟁과 마찰은 베트남 국민에게 '무조건적 협력' 분위기를 심어주었다.

　'언젠가는 승리한다'라는 호찌민의 말처럼 '당장은 이기는 못하더라도 언젠가는 우리가 승리한다'라는 민족의 자긍심과 결속, 그리고 인내의 가치가 모든 베트남 사람의 마음에 깊이 새겨져 있다.

　긴 시간 동안 외세 침략자에 의해 억눌려 가난과 질병이 끊이지 않았던 역사라 해도 과언이 아니지만 베트남인들은 그 어떤 이념도 아닌 그들의 가족과 민족을 보호하려는 목적 하나로 그 오랜 세월을 견뎌왔다고 할 수 있다.

　베트남과 프랑스와의 관계는 1771년 베트남 최초의 농민 반란인 '떠이 썬 반란' 이후부터 시작됐다. 떠이 썬은 마을 이름이며, 반란은 응웬 삼 형제를 중심으로 이뤄졌다.

　기존 남부 베트남과 북부 베트남의 정치적 갈등과 농민에 대한 착취로 떠이 썬 반란을 통해 남북부 가문이 모두 무너지고 떠이 썬 왕조가 세워졌다. 그 후 응웬 왕자는 프랑스의 도움을 받아 '비엣남'이라는 국호로 왕조를 세웠고, 이에 베트남의 마지막 왕조인 '응웬 왕조' 시대가 펼쳐지게 된다.

응웬 왕조는 초반 프랑스의 도움을 받아 프랑스에 상업적으로 많은 혜택을 주었지만 이후 중국과 우호를 다지면서 프랑스를 외면하게 된다. 이에 프랑스는 '선교사 박해사건'을 계기로 베트남을 공격했으며, 1883년 '아르망 조약'으로 베트남 전 국토를 자국 식민지로 만들었다.

제2차 세계대전 중 프랑스가 독일의 침공을 받아 세력이 약해지자 베트남은 일본의 보호국이 되었지만, 1945년 전쟁이 끝나자, 일본은 베트남에서 물러났다.

베트남 공산주의자들은 응웬 왕조를 무너뜨리고 호찌민 주석을 중심으로 '베트남 민주공화국'을 수립하여 독립을 선언한다.

그러나 프랑스는 인도차이나반도를 프랑스 소유의 영토라고 주장하였고, 이에 양 국가는 8년간 '인도차이나 전쟁'을 벌이게 된다. 8년간의 전쟁 끝에 '제네바 협정'을 통해 공식적인 독립을 이룬 베트남은 호찌민의 민주공화국과 미국의 지원을 받는 베트남 공화국, 둘로 나뉘게 된다.

북베트남의 호찌민은 남베트남과의 평화통일을 원했다. 분단된 베트남을 더 원했던 남베트남에서는 사회 변화 과정에서 경제적 불평등과 사회적 갈등이 심화하면서 공산당 지지가 늘어나기 시작했다. 미국은 이를 저지하기 위해 1964년 8월 7일 통킹만 사건을 구실로 북베트남을 폭격하면서 북베트남과의 전면적 전쟁이 시작된다. 이는 우리가 잘 알고 있는 베트남 전쟁 또는 월남전이다.

1964년부터 1973년까지 장기간 치러진 전쟁은 양국을 피폐하게 만들었고, 베트남에 대한 군사 개입의 중단을 내세운 미국 닉슨이 대통령으로 당선되면서 마침내 1973년 1월 27일 파리에서 평화협정이 체결되면서 종결된다.

평화 협정이 체결된 후 미국은 베트남에서 완전히 철수했고 북베트남은 1975년 대규모 공세를 벌여 그해 4월 30일 남베트남의 수도인 사이공(현 호찌민)을 점령했다. 사이공이 점령된 뒤 남베트남 공화국이 수립되었고, 1976년 7월 2일 지금의 베트남 사회주의 공화국이 수립되면서 베트남전이 종식되었으며, 베트남은 하나의 국가로 통일되었다.

3. 베트남 개방 개혁정책 '도이머이 Đổi mới'

베트남은 1986년 공산당 독재를 유지하면서 자본주의 시장 경제를 도입하기 위해 경제 개혁·쇄신을 의미하는 '도이머이 Đổi mới' 정책을 전격 도입했다.

도이 Đổi 는 '바꾼다', 머이 mới 는 '새롭다'라는 뜻의 순수 베트남어다. 도이머이 Đổi mới 를 직역하면 '새롭게 바꾸다'로, 의역하면 리노베이션 renovation 즉 쇄신 또는 재건을 의미한다.

1986년에 발표된 도이머이 Đổi mới 정책은 시장경제 체제를 수용한 베트남식 개혁 개방 정책이다. 도이머이 Đổi mới 는 베트남의 전통적인 계획 경제와 중앙집권적인 경제 모델을 버리고, 시장 경제와 외국 투자를 촉진하고 무역을 개방하는 등의 정책을 추진하여 베트남 경제의 성장과 개발을 촉진했다.

베트남 글로벌 경쟁력

세계경제포럼WEF의 글로벌경쟁력지수 Global Competitiveness Index, GCI	2021년 기준으로 베트남은 전체 144개 국가/지역 중 58위로 평가
국제통화기금IMF의 국가별 GDP 순위	2021년 기준으로 베트남은 전체 195개 국가/지역 중 GDP 기준으로 45위로 평가
세계무역기구WTO의 국가별 무역 통계	2021년 기준으로 베트남은 전체 무역규모 기준으로 19위, 수출 기준으로 22위, 수입 기준으로 17위로 평가
세계은행의 비즈니스 수행 용이성 Ease of Doing Business	2021년 기준으로 베트남은 전체 190개 국가/지역 중 70위로 평가

(2021년 기준)

    도이머이Đổi mới는 농업, 산업, 외국 투자, 금융 등의 분야에서 개혁을 이루어 베트남의 경제 구조를 다양화하고, 경제 개방을 통해 외국 투자와 무역을 활성화하는 등의 변화를 가져왔다. 1980년대 후반부터 1990년대에 거쳐 베트남은 경제적으로 매우 빠른 성장을 이루면서 동남아시아에서 경제적으로 중요한 국가로 부상할 수 있었다.

    1995년 미국과 국교를 정상화하고, 2007년 세계무역기구WTO 가입을 계기로 글로벌 경제체제에 본격 편입함에 따라 대외지향적 성장 방식이 베트남에서도 자리 잡게 되었다.

    190개국과 자유무역협정FTA 체결, 외국인투자자본FDI 유치 확대 그리고 부실 국영 기업의 부분 민영화 추진 등으로 경제의 효용성과 관리 투명성을 추구하면서 2014년 이후 매년 6% 이상의 경제 성장률을 기록하고 있으며, 국민소득은 중간 소득 국가로 진입하였고 산업구조도 고도화되고 있다.

세계 경제 포럼^{WEF}에서 발표한 '2021 글로벌 경쟁력 보고서'에 따르면, 베트남은 글로벌 경쟁력 순위에서 144개 국가 중 58위로, 2019년 67위에 비해서 향상됐다.

4. 베트남 가족 공동체

베트남은 세 가지 문화가 융합되어 있다고 할 수 있다.

태고부터 이어진 현지 문화(강과 쌀 중심으로 하는 동남아 남방 문화 및 촌락 문화)와 1,000년 동안 중국 지배하에 퍼진 유교 문화 그리고 프랑스 등 서양과 교류한 문화이다. 하지만 베트남의 특성은 현지 문화를 뿌리에 두고 있어 외래문화에 영향을 받기는 했지만, 오히려 그 영향을 이용하고 베트남화 했다고 할 수 있다. 특히 근대에 들어 장기간 전쟁에서 승리한 베트남은 마르크스-레닌주의를 바탕으로 한 자본주의 체제를 도입하고 민족주의를 현실에 반영한 호찌민의 사회주의 사상이 베트남 공직자 중심으로 체계화되었다. 이와 함께 역사적으로 일상생활에 녹아든 유교 문화와 남방 문화가 스며들어 있다.

베트남에서 유교 문화의 흔적은 쉽게 찾을 수 있다. 근본적으로 연장자를 존중하고, 부모에게 효도하며, 체면을 중시하는 등의 유교적 문화가 남아있다. 또한 동남아시아 대다수 국가와 달리 유교식 한자 성씨(姓氏)를 사용하고, 조상에 대한 제사와 장례를 지낸다. 존칭어가 있어 상대를 존중하고, 항상 교육에 힘쓰고 있다. 하지만 공산주의의 영향으로 의도적으로 나이와 관련된 서열 문화를 무시하려는 경향도 공존한다.

베트남의 설날인 '뗏^{Tết}'은 중국 명절인 '춘제'와 한국의 '설날'과 유사하다. '뗏^{Tết}'에서 볼 수 있는 선조를 위한 제사 의식이나 조상을 기리기 위한 의례에서 중국의 유교적 요소가 엿보인다.

특히 베트남에서 뗏 명절은 전국 각지에 흩어 있던 가족들이 한데 모여 가족들끼리의 단란한 시간을 보내게 되는데 한국처럼 도시에 유학 중인 대학생이나 직장인들 역시 모두 한자리에 모이게 된다. 가족들이 모여 음식을 나누어 먹고, 전통 의상을 입고, 의례와 다양한 행사들 즐기며 서로 축하와 인사를 나누는 일 년 중 가장 중요한 시간이기도 하다.

베트남은 가족 구성원들 간 유대 관계와 상호 연대를 중요시한다. 보통 한 집에 부모, 자녀, 할아버지, 할머니, 형제자매 등 여러 세대가 함께 생활하는 경우가 여전히 많다. 다양한 세대가 함께 생활하면서 가족의 경조사를 가장 중요하게 생각하고 있으며, 세대 간 상호 존경과 서로 돌봄을 당연하게 생각한다. 또한 이웃이나 지역 사회와의 관계를 중요시한다. 상호 간에 서로 돕고 지원하며, 사회적 연대와 공동체 의식이 강하다.

5. 세계에서 가장 빠르게 술 소비가 늘고 있는 나라

베트남에서는 술이 소통과 관계 형성에 중요한 역할을 하며 비즈니스 관계를 맺고 유지하는 데에도 커다란 영향을 미친다.

하노이 공중보건대학교가 2018년 발표한 조사에 따르면, 남성의 80%가 10대, 즉 청소년일 때 술을 마시기 시작한 것으로 조사됐다. 베트남 사람들은 술은 베트남 문화의 본질적인 부분이고, 삶의 윤활유 역할을 한다고 생각하고 있다. 일상적으로 가족들과 저녁 식사를 하며 맥주를 마시거나 직장인들은 퇴근 후 동료들과 술 마시는 것을 즐긴다. 비즈니스 관계에서도 술은 언제나 함께한다.

베트남 직장 생활에서는 '술 잘 마시는 사람이 회사에서 충실한 사람'이라는 우스갯소리가 있을 정도다. '남자가 술을 즐기지 않으면 남자답지 못하다'라는 의미로 '술 마실 줄 모르는 남자는 바람이 없는 깃발과 같다'는 속담도 있을 정도로 술 마시는 것도 능력으로 여겨진다.

베트남 현지인들이 즐겨 마시는 주류는 맥주이다. 베트남 주류 시장에서 맥주 점유율은 약 80%에 달한다. 호찌민을 비롯한 베트남 남부는 연중 27~30℃에 이르는 고온을 유지하고, 북부도 아열대의 무더운 날씨로 인해 해갈(解渴) 수요가 맥주 소비를 늘게 한 측면이 있다.

2018년 기준 베트남의 맥주 소비량은 연간 40억 리터 정도이며, 이는 동남아시아 1위이고 아시아 전체에서는 중국과 일본에 이어 3위이다.

베트남에는 많은 외국인이 방문하고, 해외 자본 유입으로 해외 기업들이 들어오면서 비즈니스 활동이 활발해지고 있으며, 술도 과거에 비해 더 많이 소비하고 있다.

베트남에서 비즈니스를 할 때는 대개 점심에 반주를 즐기고 오랜 시간 마시며, 첨잔(添盞)하는 등 상대방에게 술을 권하는 문화가 있다.

| 베트남 주류 시장 규모 추이
(2022년-2025년)

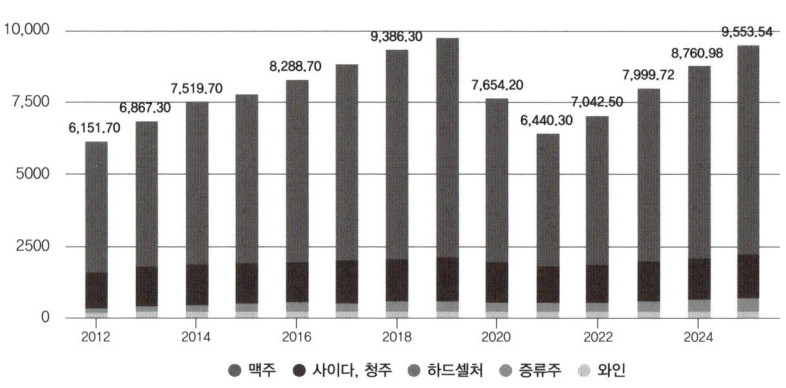

출처: Statista, 2023. 3.

그리고 흥이 올라오면 이른바 '원샷(못짬 펀짬 một trăm phần trăm)'을 외치며 서로의 흥을 확인한다. 그 때문에 베트남에서 사업하는 기업이나 개인은 술을 마시지 못할 때 관계 형성이나 베트남 직원과의 소통에서 불편할 수도 있다.

베트남 국토는 남북 길이가 1,700km이다. 베트남은 북부와 남부의 문화적인 차이가 많은 편이고 특히 음주에 있어서는 거의 상대적이다. 북부 하노이는 음주에 있어 사교적이고 외교적이라면, 남부 호찌민은 개방적이고 낙천적이다. 그래서 대개 월급날이면 늦은 시간까지 동료들과 함께 술을 마시는 경향이 있다.

2017년 기준으로 베트남인 1인당 술 소비량은 8.9리터로, 다른 나라에 비해 많은 수준은 아니다. 하지만 2010년 소비량 대비 배에 가까운 89.4% 증가했다.

세계보건기구[WHO]는 베트남의 급격한 술 소비 증가의 배경으로 비교적 낮은 주세와 언제 어디서든 주류 구매 나이에 제한 없이 청소년들도 자유롭게 구매해서 마실 수 있는 접근성을 들었다. 술집 운영에 따른 규제가 없다 보니 지방에서는 커피숍에서도 술을 판매하는 경우가 있다.

과도한 주류 광고도 술 소비량을 부추기고 있다. 술 소비 증가로 인해 음주 운전이 사회 문제로 부상했다. 2020년 발표된 베트남 교통안전전략에 따르면, 2019년 전국에서 약 1만 8,500건의 교통사고가 발생했으며, 그중 약 8,600건이 음주 운전으로 인한 것으로 조사됐다. 이는 전체 교통사고의 약 36%에 해당한다. 또한, 이러한 교통사고로 인해 약 4,200명이 사망하고, 약 1만 4,800명이 부상했다.

베트남에서는 50세부터 69세 사이의 사망 남성 10%가 알코올성 간암으로 인한 것으로 나타났는데, 이는 세계 평균보다 세 배 이상 높은 수준이다. 베트남 정부는 2019년 '알코올 피해 방지법'을 통과시켰고, 2020년부터 음주운전 등 13개 행위를 금지하고 있다.

6. 1,700km의 남북, 지역마다 다르다

베트남은 칠레와 비슷한 지리적 구조를 갖췄다. 세로로 길고, 위성

사진을 보면 'S'자 형태이다. 남쪽 끝에서부터 북쪽 끝까지의 거리는 약 1,700km이다. 반면, 동쪽에서 서쪽으로 가장 좁은 곳은 50km 정도이다.

베트남 국토는 지리적으로 길쭉한 모습을 띠고 있는데, 주요 도시마다 서로 다른 특징이 있다. 수도이자 정치, 행정 도시인 하노이와 최대 상업 도시 호찌민 그리고 다낭, 하이퐁, 껀터 등 다섯 개 도시가 중앙직할시로 지정되어 있다.

- 하노이

하노이는 베트남의 정치 및 행정 수도이다. 호찌민에 비해 상대적으로 보수적이다.

코로나19 대유행 중에는 하노이를 중심으로 경제 발전이 진행됐다. 베트남 내 모든 국제 행사가 대개 하노이에서 개최됐으며 베트남 북부 홍강 삼각주를 중심으로 하이퐁, 박린, 닌빈, 빈폭, 하이즈엉 등은 글로벌 첨단 기술 및 고부가가치 산업 투자처가 되었다.

수도인 하노이에 베트남 국영 기업과 글로벌 기업의 본사가 다수 자리 잡고 있다. 인구수는 800만 명 이상이며, 북미정상회담을 비롯해 다양한 국제 행사를 개최함으로써 외국인들이 가장 많이 찾는 곳이기도 하다.

석탑, 호암제, 호암궁 등의 역사적인 유적지와 함께 호안끼엠 호수와 호안끼엠 기차 건널목 등이 대표적인 유명 관광지이다.

| 베트남 내 외국인직접투자(FDI) 상위 10개 지역

(단위 : 100만 달러)

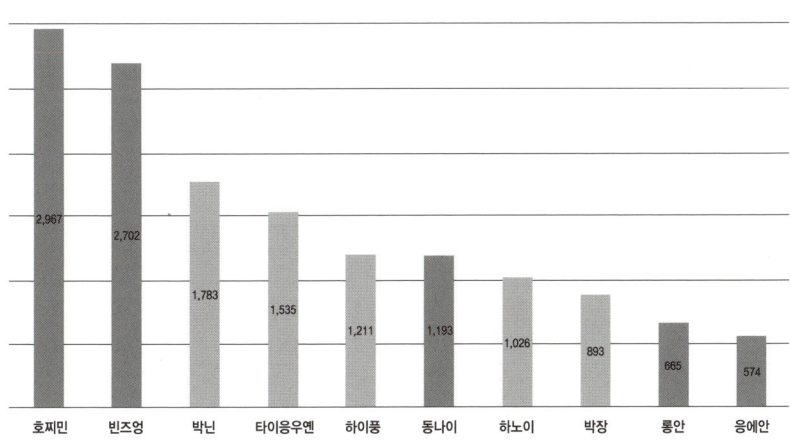

출처: 베트남 기획투자부, KOTRA, 2022.12.

– 하이퐁

하이퐁은 베트남 북부의 항구 도시이며, 공업 도시이다. 베트남 북부 해안 지역의 기술, 경제, 문화, 의학, 교육, 과학 및 무역의 중심지이다. 특히 중국과의 국경에 위치하여 중국과 경제 교류가 활발하다. 2019년 기준 인구는 202만 명이다. LG전자 스마트폰 공장을 비롯해 LG이노텍과 LG디스플레이 공장이 들어서 있다. 하이퐁은 프랑스 식민지 시대부터 시멘트 공업이 활발했고, 방적, 알루미늄, 통조림, 그리고 유리 등 공업이 발달했다.

- 다낭

다낭은 베트남 중부 지역에 있는 최대의 상업 도시다. 다낭 인구는 2021년 기준 137만 명 이상이다.

다낭은 베트남의 가장 대표적인 관광 도시이다. 약 20km 길이의 해안가에 위치해 친환경적인 자연경관을 자랑하며, 베트남 사람들의 대표적인 신혼여행지로 손꼽힌다. 남쪽으로 마을 전체가 유네스코 세계문화유산으로 지정된 호이안, 북쪽으로 100km 거리에 베트남의 고도(古都) 후에가 있다. 뉴욕타임스는 2019년 1월 세계 최고의 관광 도시 52곳을 선정하면서 다낭을 15위에 꼽기도 했다.

역사적으로 보면 다낭은 참파 왕국의 중요한 거점이었고, 베트남 전쟁 때는 한국의 청룡부대가 주둔했다. 다낭의 해산물은 베트남 사람들도 일부러 찾아가서 먹을 정도로 유명하다.

- 껀터

껀터는 베트남 남서부 교통·경제의 중심지로 베트남에서 네 번째로 인구가 많은 도시이다. 인구수는 2018년 기준 158만 명이다. 메콩강 하류 삼각지 메콩델타(미얀마, 라오스, 캄보디아 등을 거쳐 남중국해로 흐르는 메콩강 하류에 위치) 중심부에 있는 껀터는 베트남 최대 곡창지대이다. 베트남 쌀 생산량의 50%를 차지하며, 수산물 양식 수출의 거점이기도 하다. 2025년 구축을 목표로 남서부 지역의 스마트 도시 건설 프로젝트를 시행하고 있다.

- 호찌민

호찌민은 베트남 최대의 상업 도시이며, 경제 도시이다. 과거에는 사이공$^{Sài Gòn}$이라고 불렸고, 남베트남의 수도였다. 호찌민 주석이 이끄는 북베트남이 통일하면서 그의 이름을 붙여 호찌민이 되었다.

호찌민 시민들은 소비 수준이 높아 세계 유명 브랜드 매장의 중심지가 되었다. 호찌민의 2018년 기준 1인당 국내총생산^{GDP}은 6,000달러(하노이는 5,000달러)이다. 호찌민에는 50개의 종합대학과 단과대학이 있고, 여기에 30만 명 이상의 학생이 수학하는 고등 교육이 가장 잘 발달한 곳이다.

호찌민은 베트남의 다양한 역사와 문화적 유산을 보유하고 있으며, 유네스코 세계문화유산으로 지정된 궁전과 미술관 등의 역사적 건축물과 베트남 전쟁 기념관 등의 역사적인 유적지도 많다.

7. 오토바이 천국 베트남

'베트남의 대중 교통수단은 오토바이?' 이 물음에 대한 답은 '현재까지는 그렇다.'이다.

'베트남에서 걸어 다니는 것은 '외국인'과 '개' 뿐이다.'라는 말이 있다. '베트남' 하면 쉽게 떠오르는 게 오토바이로 꽉 찬 도로의 모습과 세 명 이상이 작은 오토바이에 함께 타고 질주하는 모습일 것이다.

그렇다면 베트남의 오토바이 수는 얼마나 될까?

베트남 도로교통부에 따르면, 베트남에 정식으로 등록된 오토바이 수는 2022년 말 기준으로 약 6,500만 대이다. 약 1억 명의 인구를 감안하면 2명당 한 대 이상의 오토바이를 소유하고 있어 사실상 인구 절반 이상이 오토바이를 교통수단으로 이용하고 있는 셈이다. 만 18세 이상 남녀 네 명 중 세 명이 오토바이를 타고 있다.

베트남의 경제 수도라고 일컬어지는 호찌민에 등록된 오토바이 수는 하노이에 비해 더 많다. 실제로 호찌민 출퇴근 시간대에는 오토바이가 도로의 주요 차선을 거의 독차지하는 광경이 펼쳐진다.

베트남은 세계에서 손꼽히는 오토바이 판매 시장이다. 베트남오토바이제조협회^{VAMM}는 2022년 베트남 시장에서 신규 판매된 오토바이는 약 300만 대라고 발표했다. 인도(2,150만 대), 중국(1,550만 대), 인도네시아(638만 대)에 이어 세계 4대 오토바이 시장이다.

베트남 하노이, 호찌민의 출퇴근 시간대 중심 도로에 오토바이가 자동차보다 넓게 퍼져 있다.

출처: 저자, 2023.

동남아시아 지역의 다른 나라보다 베트남에 오토바이가 많은 이유는 빠른 경제성장과 도시화 속에서 낙후된 기반 시설과 대중교통의 부족을 우선 꼽을 수 있다. 여기에 무더운 날씨로 걷기 어려운 기후 환경도 한몫한다.

오토바이 수가 많다 보니 여러 문제도 발생한다. 무엇보다 오토바이가 내뿜는 매연으로 대기오염이 심각하다. 최근 베트남의 대기오염 수준은 중국을 넘어서고 있다. 필자가 근무하는 하노이와 호찌민에서는 회사에 출근할 때 집안의 창문을 열고 갈 때 먼저가 쌓여 대청소해야 할 정도이다.

오토바이 사고도 빈번하다. 베트남 교통안전위원회에 따르면, 2020년 베트남에서 약 1만 2,000건의 교통사고가 발생했는데, 그중 약 9,000건은 오토바이와 관련된 사고였다. 이에 따라 약 7,000명이 사망하고 약 1만 3,000명이 부상을 입었다. 이렇게 오토바이로 인한 사망 사고가 많은 이유는 오토바이를 탈 때 착용하는 헬멧의 내구성 문제, 무질서 그리고 열악한 도로 상황 등 여러 문제가 얽혀 있다.

이에 베트남 정부는 오토바이로 인한 다양한 문제를 해결하기 위해 노력하고 있다. 2007년 이후 베트남에서는 오토바이를 운전할 때 헬멧을 반드시 착용하도록 의무화됐다. 2022년 기준으로 오토바이 운전자 90%가 헬멧을 착용하고 있다.

대기 오염과 관련해서도 여러 방면에서 개선을 꾀하고 있다. 2019년 들어 베트남 가구 소득이 증가하고, 베트남 정부의 오토바이 규제가 강화되기 시작하면서 오토바이에서 자동차 또는 전기 오토바이로 전환하는 사례가 늘고 있다.

오토바이는 비좁은 공간도 쉽게 이동할 수 있는 기동성과 속도 그리고 편의성을 장점으로 한다. 코로나19 대유행 중에는 오토바이를 기반으로 한 공유 차량 서비스와 배달서비스 그리고 이동성 노점서비스 등 온라인과 오프라인을 연계하는 스타트업 창업이 활기를 보였다. 기업들도 오토바이 무료 주차 및 발렛 서비스 등 베트남 오토바이 문화 특성을 이해하고 접목한 다양한 비즈니스 모델을 앞다퉈 도입하고 있다.

8. 남자는 나라를, 여자는 가족과 지역사회를 책임진다

베트남은 전통 사회부터 현대 사회에 이르기까지 여성들이 사회적으로 주도적인 역할을 수행해 왔다. 그들은 국가가 처한 각종 위기에서 적을 상대로 투쟁하고, 노동과 생산 현장에서 가족을 부양하고, 이웃과 화목을 이루는 중추가 되었다. 이러한 배경 때문에 베트남 여성은 국가의 정체성을 지키고 가족과 사회에서 그들의 위상을 강화할 수 있었다. 베트남 정부도 남녀평등을 제도적으로 뒷받침하고 있는데 이는 헌법부터 가족법까지 여느 선진국 못지않게 잘 정비되어 있다.

호찌민 주석은 베트남 국민에게 '노인을 공경하고 젊은 사람과 자녀들을 사랑하고 여자를 존경하라'고 항상 강조했다.

1930년 10월 20일은 베트남여성연맹 Vietnam Women's Union이 공식적으로 설립된 날이다. 이날만큼은 '베트남 여성들에게 여성으로 태어난 것에 감사하고, 축하해야 한다.'라며 새로운 기념일로 삼았는데, 바로 오늘날 베트남 '여성의 날'이다.

'베트남 여성의 날'에는 베트남 전역에서 모든 여성의 존재가치를 되새기는 날로 여성들에게 선물과 축하 메시지 또는 연인 관계일 경우 사랑의 메시지가 담긴 엽서와 꽃을 선물한다. '베트남 여성의 날' 외에도 여성을 위한 날로 세계 여성의 날(3월 8일)과 어머니의 날(5월 둘째 주 일요일)이 있다. 이날은 가정의 여성, 직장의 여성 모두에게 축하의 꽃다발과 선물 그리고 메시지를 전한다. 특히 베트남 대다수의 회사는 여성의 날에 한 해 성실히 근무한 여성에게 여성의 날 보너스를 지급하거나 축하연을 마련한다.

유엔 보고서에 따르면, 2017년 기준 베트남 정치계에서 여성의 비율은 27.3%로 전 세계에서 가장 높은 것으로 나타났다. 세계은행과 국제통화기금^{IMF} 등의 조사에서도 베트남 여성의 사회 참여율은 73%에 달하고, 국내총 생산^{GDP}의 40% 이상을 여성이 담당하는 것으로 조사됐다.

핑거비나에서 진행한 여성의날 행사 모습. 젠더^{gender}도 여성성을 인정하는 분위기라 직원 중 남성 한 명도 같이 포함되어 있다.

출처: 핑거비나

베트남에서는 도이머이$^{Đổi\ mới}$ 정책 이후 대도시 출신이면서 경제적 풍요 속에서 고등교육을 받으며 성장한 1990년대생 여성을 '신여성(푸느떤떠이·$^{Phụ\ nữ\ tân\ thời}$)'이라고 칭한다. 신여성은 각종 매체와 소셜미디어^{SNS}를 통해 전반적인 소비 트렌드를 주도하며, 남성보다 많이 소비하고 다른 여성 세대보다 구매력이 압도적으로 높다. 이들은 삶의 질을 중요하게 생각하기 때문에 자기 자신에게 투자하며 계획적이고 합리적인 소비를 추구한다. 특히 코로나19 대유행 중 베트남에서 K팝$^{K-Pop}$, K-푸드$^{K-Food}$, K-드라마$^{K-Drama}$ 등 신한류가 트렌드로 부상한 것도 신여성들의 역할이 크다고 할 수 있다.

9. 명분과 실리를 추구하는 실용주의

베트남은 정치는 물론이고 개인 관계에서도 어느 한쪽으로 치우치지 않고 이익이 되는 쪽을 우선하는 경향이 있다. 베트남의 국가 이익은 국가 안보, 경제 성장, 국제 지위 등 다양한 측면을 포함한다. 이를 위해 베트남은 다양한 국제 조직에 가입하고, 미국, 중국, 일본, 유럽, 한국 등 주요 국가들과 경제적, 정치적 관계를 강화하고 있다. 또한 베트남은 국가 이익을 위해 명분보다는 실질적인 이익을 우선하는 실용주의적인 방식을 취하고 있다.

베트남은 중국과 가까운 지리적 위치와 역사적, 문화적 유사성 때문에 중국과의 관계가 중요하지만, 최근 몇 년간 미국과의 경제적, 정치적 교류를 늘리고 있다. 중국과의 종속적인 관계에서 벗어나려는 노력도 엿보인다.

베트남은 실용주의적인 방식으로 국가 이익을 추구하며, 국제적인 동맹과 협력을 통해 국가 이익을 보호하고 증진하고 있다. 베트남 사람들은 명분과 실리 모두를 중요하게 생각하면서도 현실적인 이익을 추구하는 경향이 강하다.

10. 베트남의 MZ 세대

베트남 인구의 연령대를 보면 2021년 기준으로 20대에서 40대 사이의 인구층이 전체 인구의 약 46%를 차지한다. 전체 인구의 평균 연령은 32.5세로 젊은 인구층이 두껍게 분포하며 '젊은 국가'로 분류된다. 베트남의 10대 인구는 전체 인구의 16.1%, 20대 인구는 15.1%, 30대는 16.8%로 10대에서 30대의 인구는 전체 인구의 52%를 차지한다.

베트남에서 1995년부터 2010년대 초까지 출생한 MZ 세대는 10대에서 30대를 지칭한다.

베트남 MZ 세대는 인터넷과 스마트폰이 익숙한 디지털 네이티브 digital native 세대로 교육 수준이 높고 글로벌 시장에서 경쟁력을 갖추고 있다. 대체로 개방적이고 개인의 자유와 사회적 책임을 중요시 한다. 대부분 영어에 대한 거부감이나 불편함을 느끼지 않고, 자신이 필요하면 브랜드와 상관없이 구매하는 경향이 있다.

베트남 MZ 세대는 베트남의 빠른 경제 성장과 글로벌화에 노출된 세대이기에 이전 세대와는 여러 방면에서 다르다. 앞선 세대가 먹고 살기 바빴다면 MZ 세대는 여행, 음악, 스포츠 등 다양한 취미 활동을 즐기며 자신만의 취향을 선호한다. 온라인 쇼핑을 즐기고 소셜미디어 ^{SNS}를 통해 소통하며 편의점을 주로 이용하고 패스트푸드를 즐기는 편이다.

특히 상품을 구매할 때 사전에 온라인상에서 자신의 니즈^{needs}에 맞는 상품 정보를 광범위하게 검색한다. 구매 후보군으로 좁혀진 상품에 대해 소셜미디어(페이스북, 잘로 등)와 유튜브, 틱톡 등을 통해 지인이나 전문가의 의견을 충분히 듣는다. 상품에 따라서 오프라인 매장을 방문하고 실제 상품을 눈으로 확인하기도 한다. 상품이나 서비스를 구매한 이후에도 MZ 세대 소비자들은 사용 과정에 대해서 기업과 적극적으로 커뮤니케이션한다. 사용 경험은 주변의 사람들에게 소셜미디어^{SNS}를 통해 적극적으로 알리고 공유한다. 이는 자신의 주변에 있는 다른 사람이 다시 해당 상품을 구매하고자 할 때 의사결정에 영향을 미친다.

이처럼 MZ 세대 소비자의 구매 의사결정을 위한 행동의 대부분이 온라인 상에서 이루어지고 있으며, 구매 행위 자체는 이러한 의사결정에 따른 결과적 행동일 뿐이다.

위아소셜$^{We\ are\ social}$과 훗스위트^{Hootsuite}가 공동으로 발간한 '베트남 디지털 현황 2022$^{2022\ Digital\ I\ Vietnam}$' 보고서에 따르면, 2022년 2월 기준 베트남인이 가장 많이 이용하는 서비스는 페이스북(93.8%)이며, 베트남의 카카오톡이라고 할 수 있는 잘로^{Zalo}가 91.3%, 페이스북 메신저$^{Facebook\ Messenger}$가 82.8%, 틱톡^{Tiktok}은 75.6% 순이다. 소셜 미디어를

| 디지털 네이티브의 주요 특징

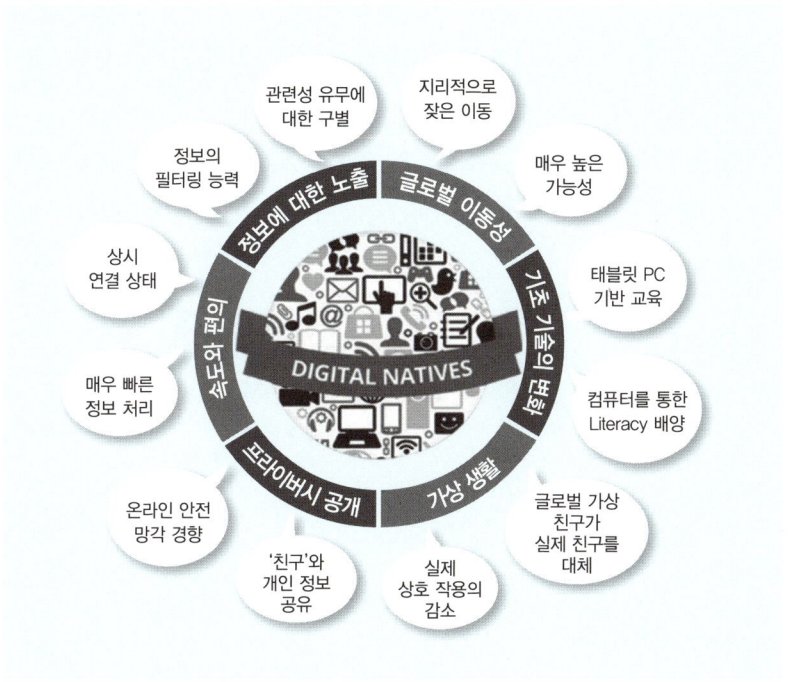

출처: 저자, 2023. 7.

이용하는 주된 이유는 1위가 친구와 가족과의 연락이 62.2%, 뉴스 읽기 57.1%, 인터넷 이슈 살피기 37.8%, 라이브 스트리밍 시청 36.1% 순이다.

[참고 자료]

2023년 베트남 경제전망, KOTRA, 2022. 12. 27.

韓은행, 中 대신 베트남 공들였는데 親중화에 난감… "인니·태국으로 거점 넓혀야", 조선비즈, 2023. 3. 6.

베트남 숙취해소제 시장 동향, KOTRA, 2023. 3. 20.

글로벌 공장의 "익스텐션 암(Extension Arm)"으로 도약하는 베트남 북부지방, KOTRA, 2022. 12. 13.

인터뷰로 엿보는 베트남 비즈니스

게임·교육

VTC 온라인 이용득 부대표

VTC 온라인은 언제, 어떤 목적으로 설립되었나요?

VTC 온라인$^{VTC\ Online}$은 베트남 정보통신부 산하 VTC 방송국을 소유하고 있던 VTC(1988년 설립)에서 디지털 콘텐츠 기술 서비스 부문이 독립해 2006년 VTC 인터콤$^{VTC\ Intecom}$이라는 이름으로 출범했습니다.

이후 글로벌 사업을 강화하면서 벤처캐피털$^{IDG\ Ventures\ Vietnam}$로부터 투자를 유치하여 2008년 VTC 온라인으로 사업을 시작했습니다. 2023년은 VTC 온라인이 설립된 지 15년 되는 해입니다.

| VTC 온라인 조직 현황

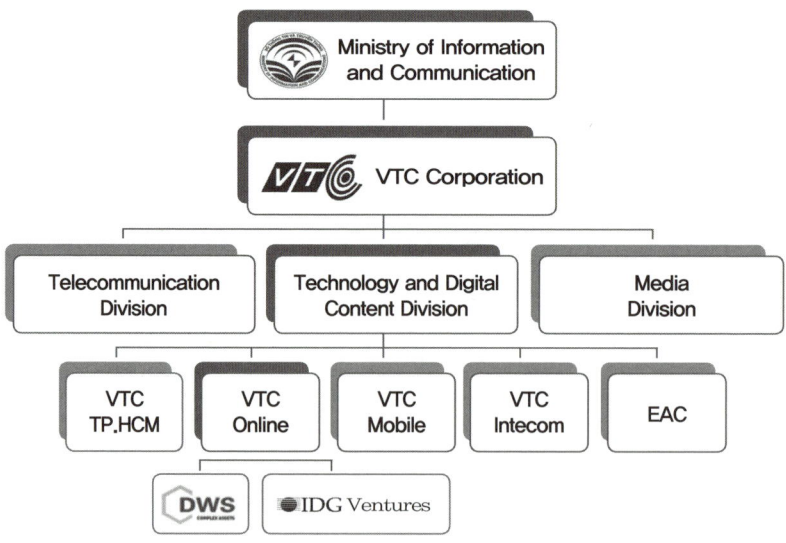

출처: VTC 온라인, 2023.

VTC 온라인의 사업 영역을 소개해 주십시오. 대표적인 제품과 서비스도 궁금합니다.

사업 초기에는 '베트남의 네이버'를 목표로 게임과 검색 서비스, 뉴스 포털, 온라인동영상^{OTT}, 영화, 음악 등을 아우르는 포털을 지향했습니다. 변화하는 시장 환경에 따라, 현재 VTC 온라인이 집중하는 분야는 게임과 교육, 두 분야입니다.

게임 사업에서는 회사 설립 초반부터 한국에서 모바일 및 PC 게임 판권을 수입하여 베트남에 제공하고 있습니다. 교육은 영어와 한국어 교육 서비스를 제공합니다. 영어는 초·중·고에 초점을 맞추고 있는데, 2010년부터 베트남 교육부로부터 위임받아 종이가 아닌 컴퓨터로 시험을 치르는 IBT$^{Internet\ Based\ Test}$ 방식의 영어경시대회$^{Internet\ Olympiad\ of\ English,\ IOE}$를 전국 단위로 시행하고 있습니다.

VTC 온라인은 베트남 콘텐츠 서비스 회사로는 이른 시기인 2009년부터 한국, 미국, 중국, 동남아시아 지역 등 10개국에 지사를 설립해 글로벌 서비스를 추진해 왔습니다. 2015년에는 한국의 카카오톡 서비스를 베트남에서 선보이기도 하였습니다. 다른 퍼블리셔들과는 달리 VTC 온라인이 서비스하는 게임의 상당 수는 한국 업체들이 개발한 것이고, 이러한 콘텐츠 서비스를 통해 한국에 많은 로열티를 지불하고 있는 로컬 베트남 기업이라고 말할 수 있습니다.

베트남 내 게임 및 정보기술 시장을 어떻게 전망하십니까?

베트남에서 선보이는 게임은 대부분 중국과 한국 등 외국에서 판권을 매입하여 서비스하는 구조입니다. 베트남에서 제작한 게임 중에서 의미있는 수준의 매출을 올리는 사례는 모바일 게임에서 볼 때 통칭 '고포류(고스톱이나 포커류의 게임)'를 제외하면 10~15% 정도입니다. 관할 부처인 정보통신부는 외국산 게임으로서 판호(정식 인허가)를 받지 않은 게임에 대한 규제를 강화함으로써 자국 게임 업체를 보호하고 있습니다. 하지만 시장에서 만족할 정도의 높은 품질의 게임이 나오지 않는 한 해외 게임에 대한 의존도는 지속될 것으로 보입니다.

베트남이 다른 동남아시아 국가에 비해 어떤 장점이 있다고 보십니까?

저는 2006년에 VTC 온라인에 합류해 현재까지 해외 콘텐츠의 수입, 유통, 판매의 전 과정 그리고 개발, 결제, 플랫폼, OTT, 투자 등 여러 방면의 사업을 진행하면서 베트남의 시스템과 사람을 겪어 왔습니다.

베트남에는 베트남어를 쓰는 1억 명의 사람이 있지만, 그들만의 언어로 이루어진 시장이 썩 좋은 편은 아닙니다. 이는 베트남어의 특성에서 기인합니다. 베트남어가 어순 뿐 아니라 영어처럼 '로마식Roman' 알파벳을 사용하고 있기 때문에 영어를 비교적 빠르고 쉽게 터득합니다.

이는 영어로 만들어진 소프트웨어나 앱 그리고 웹 서비스가 베트남어로 현지화 될 필요 없이 바로 시장에 침투할 수 있다는 의미이고, 곧 베트남 소프트웨어 산업이 발전하는 데 저해 요소로 작용하게 됩니다. 굳이 베트남어로 소프트웨어를 개발할 필요 없이, 영어로 된 서비스를 그대로 사용하는 것에 적응하기 때문이지요.

상대적으로 영어에 익숙하지 않고, 영어 학습에 엄청난 시간을 투자하는 한국, 중국, 일본 등이 자국 내 언어 시장(자국산 소프트웨어 자체 개발)이 현 시점에도 매우 발달한 것과 대조를 이룹니다.

반면에 베트남 엔지니어들은 대체로 영어를 잘 구사하는 덕분에 베트남의 정보통신기술[ICT] 산업은 인도처럼 해외로부터 아웃소싱을 유치하는 데 유리합니다.

실제로 베트남의 대표적인 정보기술 업체인 FPT 소프트웨어는 매출의 대부분을 일본으로부터 아웃소싱으로 거두고 있습니다. 또 얼마 전에는 삼성전자가 CMC 지분을 획득하여 아웃소싱을 주는 것을 떠올릴 수 있습니다. 베트남에는 해외 아웃소싱 전문 기업이 다수 있으며, 매해 그 규모가 커지고 있습니다.

VTC 온라인에서도 해외 10개국에 지사를 세우면서 베트남 직원을 현지 지사장으로 임명하고 엔지니어들을 파견했습니다. 베트남 직원들은 대개 영어도 잘하고, 적응력도 뛰어나며, 해외에 나가서 경험한다는 데에 긍정적입니다.

요즘 인력난에 허덕이는 한국 업체들이 해외시장 진출 또는 아웃소싱을 고려할 때 베트남 인력을 잘 활용하면 좋지 않을까 생각합니다.

베트남 내 정보기술 아카데미를 통해 개발 인력을 직접 양성하는 것으로 알고 있습니다. 베트남 정보기술 인력 현황은 어떻습니까?

VTC 온라인은 2010년 게임 및 포털사이트를 개발하면서 약 400명의 개발 인력을 고용했는데, 그때 설립한 교육 법인이 VTC 아카데미[VTC Academy]입니다. 코로나19 대유행 중에 기술주가 급등하면서, 베트남에서도 코딩 인력의 몸값이 많이 올랐는데, VTC 아카데미도 이 과정에서 외형을 키웠습니다. 하노이와 다낭에 각각 한 곳씩 새로 아카데미를 개설해 현재 총 네 곳에서 운영하고 있습니다. VTC 아카데미는 2년제로 교육이 이뤄지고 있는데 한국에서 그래픽이나 코딩 작업 등이 필요한 곳에 졸업생을 소개시켜 주고 있기도 합니다.

베트남에 진출했거나 준비하고 있는 한국 기업들이 많습니다. 베트남에 진출할 때 주의해야 할 사항은 무엇일까요.

베트남과 비즈니스를 하려면 우선 베트남을 잘 알아야 한다고 생각합니다. 그래서 우선은 이곳에서 충분히 생활하며 베트남 사람들과 가깝게 지내면서 친구를 많이 사귀라고 조언하고 싶습니다. 저는 전공이 베트남어인데, 사회 초년 시절 사귀었던 베트남 친구들과 아직도 사업을 함께하고 교류하고 있습니다.

속도를 비록 조금 늦추더라도 방향이 같은 사람들과 오래 가면 좋지 않을까 싶습니다. 저는 한국 사람이 '성미가 급하다$^{Hot\ temper}$'는 사실을 베트남에 오래 살면서 깨우치게 되었습니다. 조금 되돌아볼 필요가 있습니다.

한국에서는 사회적인 당위성이 우위를 점하지만, 베트남은 개인의 현실 문제가 좀 더 앞에 있는 듯합니다. 베트남이 해외에 문호개방한 것은 1986년이지만 사실상 1990년대 초에 이르러야 해외투자 유치 등 국제 사회에 본격적으로 데뷔해서 이제 겨우 30년 정도의 국제 경험이 있다고 봐야 합니다. 이제 한 세대가 막 지나고 있는 단계라고 할 수 있습니다.

베트남 전문가로서 한국 기업들이 베트남 비즈니스를 할 때 알아야 하는 비즈니스 매너를 몇 가지 소개해 주십시오.

우리와 다른 부분이 여럿 있는데, 예를 들면 차를 탈 때 베트남에서 상석은 우리의 조수석, 운전자 바로 옆입니다. 식사할 때 맛있는 음식은 따로 젓가락으로 떼어 상대방 그릇에 직접 올려 주면 매우 배려심이 있다는 인상을 줄 수 있습니다.

비록 정확한 통계는 아니지만 베트남 남편들은 한국보다 공처가가 꽤 많은 편입니다. 외근 시 저녁 먹을 때 와이프에게 누구와 어디서 식사하는지 인증 사진을 찍어서 보내거나, 저녁 9시가 되면 먼저 일어나서 집에 가는 남편도 어렵지 않게 볼 수 있습니다.

VTC 온라인의 2017년 전사 야유회 모습. 하롱베이에서 배 한 척을 대여했다.

출처: VTC온라인, 2023.

술자리에서는 계속 첨잔을 하는데, 술을 많이 못 하면 미리 얘기를 하는 게 좋습니다. 직장 상사나 나이 차를 막론하고 이에 대해서는 우리보다 관대한 편입니다. 술을 권하지만, 강요는 하지 않습니다. 회식 자리에서 말단 직원이라도 그냥 음료수만 마셔도 무방합니다.

VTC 온라인이 도입하고 있는 복지 프로그램과 직원을 위한 동기 부여 방법이 있다면 소개해 주십시오.

베트남 회사를 한국 기업에 비할 것은 아니지만, 매해 전 직원들과 국내외로 야유회를 갑니다. 2023년에는 5일 일정으로 타이완에 다녀왔습니다. 베트남 회사가 국내 기업보다 좀 더 많이 쉬고, 더 많이 놀러 다니는 것 같습니다. 회사 야유회때 가족이나 아이들을 동반하는 것이 자연스럽기도 합니다.

VTC 온라인의 향후 성장 전략을 말씀해 주십시오.

구글 같은 글로벌 기업의 힘이 앞으로 더 커지는 추세로 판단됩니다. 로컬에서 VTC 온라인만의 포지셔닝을 찾고 고민하는 것이 전략의 핵심입니다. 가까운 시기에 교육 사업을 좀 더 확장할 계획입니다.

해외 진출을 고려 중인 한국 기업에게 인력 채용과 관련해 조언한다면.

한국의 스타트업들이나 정보기술 업체들이 베트남에 출장을 오면 자주 만나는 편입니다. 인재 및 직원 채용 문제는 언제나 주된 주제 중의 하나입니다. 신입 직원을 채용해도 회사 문화와 잘 맞지 않아 일종의 사회 문제로까지 비화되기도 한다는 말을 듣습니다.

베트남에서 사업을 할 경우 현지 인력을 채용하는 일은 쉬운 일은 아닙니다. 하지만 만약에 언어 문제를 (영어 등을 통해서라도) 어느 정도 극복할 수 있다면, 매뉴얼에 따른 기능적인 업무 정도는 베트남 직원을 고용하는 것이 비용과 효율성 측면에서 괜찮은 선택이 될 수 있습니다.

3장
베트남 위드 코로나 전환과 디지털 역동성

코로나19의 대유행으로 세계 곳곳에서 어려움을 겪고 있던 시기. 베트남에서는 코로나19가 발발한 지 불과 120일 만인 2021년 10월 1일로 봉쇄와 격리 조치를 풀었다. 다른 나라에서라면 쉽게 취할 수 없는 조치였다. 당시 코로나19 확진자가 하루 5,000명 수준으로 발생하는 상황에서 베트남 정부는 봉쇄와 격리가 궁극적인 해결책이 아니라고 판단하고 '위드 코로나$^{\text{With COVID19}}$'로 전격적으로 전환했다.

2021년 10월 이후 시작된 '위드 코로나' 체제 속에서 베트남 정부가 내세운 경제 성장 재개 시나리오는 크게 세 가지로 요약할 수 있다.

첫째, 신속한 백신 접종으로 올해 중으로 전 국민이 1차 이상 백신 주사를 맞도록 한다.

둘째, 관광 사업을 재개한다. 베트남의 대표 관광지인 하롱베이, 호이안, 달랏, 푸꾸옥 등에는 백신 접종을 완료한 외국인 대상으로 12월 내 입국을 허용한다.

셋째, 전국 23개 지방이 3개월 이상 진행된 봉쇄 조치로 공장 문을 닫아 3분기 국내총생산^{GDP}이 직전년도 동기 대비 6.17%나 감소했다. 이에 베트남 정부는 공공투자 지출을 가속화하고 시골로 내려간 노동자들이 속히 공장에 복귀하도록 하는 등의 경제 재건에 총력을 기울인다. 경제 재건을 위해 세금 감면 혜택, 임대료 인하 등 각종 인센티브 정책도 추진한다.

베트남 정부의 이러한 '위드 코로나' 전환에 대해 한국을 포함한 각국 상공인 연합회에서는 환영의 뜻을 전했고, 공장을 이전하기보다는 투자를 늘릴 계획이라고 밝혔다.

베트남의 디지털 역동성

코로나19 대유행 기간 중 봉쇄와 격리는 베트남 국민 삶의 형태를 코로나 이전과 완전히 다르게 만들었다.

베트남을 포함한 45개국 소비자를 대상으로 정기적으로 조사해 관련 내용을 지속적으로 업데이트하고 있는 글로벌 컨설팅 업체인 맥킨지와 보스턴컨설팅그룹$^{Boston\ Consulting\ Group}$ 보고서는 이를 확인시켜 준다.

베트남을 포함한 인도, 인도네시아, 필리핀, 말레이시아, 중국 등 한국 기업들이 많이 진출해 있는 시장에서 코로나19 이후 온라인 쇼핑의 최초 경험자가 20% 이상 증가했으며, 온라인(특히 모바일)을 통한 미디어 소비, e러닝, 전자결제 등도 20%~40% 늘어난 것으로 조사됐다. 그동안 온라인을 어색하게 여겼던 수많은 사람이 속속 디지털 세상으로 진입하고 있다. 각국 정부도 그동안 불법이었던 비대면 거래와 관련해서 규제를 완화하거나 샌드박스를 만들어 한시적으로 허용하는 등 긍정적인 모습을 보인다.

코로나19 대유행 이후 모든 산업이 디지털화되고 있다. 본격적인 디지털 시대로 접어들면서 우리는 매일 혁신적인 아이디어와 기능을 지닌 새로운 상품이나 서비스를 접하고 있다. 디지털 기기는 이미 그 자체가 '라이프 플랫폼'이 되고 있으며, 똑똑해진 디지털 기기는 이제 사용자에게 스케줄이나 새로운 소식을 알려주고 건강 또는 생활 습관을 개선하도록 도와주는 '라이프 조력자'의 역할을 할 수 있게 되었다.

유럽 디지털경쟁력센터[ECDC]가 세계 137개국을 대상으로 디지털 분야의 경쟁력 변화를 조사해 2021년 9월 발표한 '디지털 역동성 보고서 2021'에서 베트남은 339점이라는 높은 점수로 1위를 차지했다. 보고서는 디지털 분야 생태계와 사고방식의 두 가지 범주에서 2018년부터 2020년까지 3년 동안 각국이 보인 경쟁력 변화로 디지털 역동성을 평가했다.

베트남은 디지털 생태계 평가 항목 중 ▲벤처자본 유용성 ▲창업 비용 ▲창업 기간 ▲외국인 노동자 고용 ▲대졸자 기술 역량에서의 역동성을 인정받았고, 사고방식 평가 항목에서는 ▲활동 인구의 디지털 기술 ▲창업 리스크에 대한 태도 ▲노동력 다양성 ▲모바일 인터넷 가입 ▲기업의 혁신 아이디어 수용 등을 높게 평가받았다. 이는 향후 베트남 내 디지털 분야에 더 많은 기업들이 생겨날 것을 시사하고 있다.

코로나19 대유행 중 약 800만 명의 신규 온라인 소비자가 유입되면서 베트남 디지털 전환의 시계는 더 빨라졌다. 구글^{Google}, 테마섹^{Temasek}, 베인앤컴퍼니$^{Bain \& Company}$가 2022년 10월 공동으로 발표한 '동남아시아 디지털 경제 2022$^{e-Conomy\ SEA\ 2022}$' 보고서는 2022년 베트남의 디지털 경제 규모를 230억 달러(약 29조 8,733억 원)에 달할 것으로 전망했다. 해당 수치는 동남아시아 국가 중 3위로, 인도네시아와 태국의 2022년 디지털 경제 규모는 각각 770억 달러(약 100조 106억 원)와 330억 달러(약 42조 8,584억 원)로 추정했다.

특히 베트남 디지털 경제 중 가장 큰 비중을 차지하는 것은 전자상거래로, 2022년 기준 약 140억 달러(약 18조 1,823억 원)로 잠정 집계했다. 이 밖에도 2022년 베트남의 온라인 미디어와 플랫폼 운송 및 식품 부문의 규모는 각각 43억 달러(약 5조 5,846억 원)와 30억 달러(약 3조 8,962억 원)로 예상했다.

베트남 중앙은행이 추진하는 금융 부문의 디지털 전환도 베트남의 디지털 경제 전환을 가속하고 있다는 평가를 받고 있다. 베트남 중앙은행은 2022년 11월 디지털 경제 발전을 위한 은행 부문의 발전 계획을 발표하며, '현금 없는 결제'가 보편화될 수 있도록 금융, 수수료, 요금 등에 관한 정책을 정비하겠다고 강조한 바 있다.

또한 은행 부문의 온라인 운영 비율을 최소 50%로 높이기 위한 정책들을 내놨다. 이 밖에도 베트남 중앙은행은 국가 디지털 플랫폼 활용 촉진 계획, 사이버 보안, 디지털 기업 개발 지원, 디지털 사회 전환을 위한 국제 협력 등을 추진하고 있다.

베트남 정부의 디지털 전환

베트남 정부는 2020년 6월 '디지털 전환을 위한 국가 프로그램 Decision No. 749/QD-TTg'을 공식 발표했다. 주요 내용은 ▲디지털 정부 ▲디지털 경제 ▲디지털 사회 등 세 가지 부문으로 나누어 2025년부터 2030년까지의 목표를 각각 설정했다. 특히, 디지털 전환을 점진적이고 단계적이 아닌 '획기적인^{Breakthrough} 전환'으로 정의하면서 현재 국내총생산^{GDP}의 8.2% 비중인 디지털 경제를 2030년까지 30%로 끌어올리고, 2030년까지 총 10만 개의 디지털 기업을 육성한다는 다소 공격적인 목표를 설정하며 디지털 전환을 빠르게 달성하고자 하는 정부의 의지를 담았다.

베트남 정부가 디지털 전환의 방향으로 내건 슬로건은 '메이크인 베트남$^{Make\ in\ Vietnam}$'으로 베트남의 정보통신기술^{ICT} 생태계를 외부가 아닌 자체적으로 만들어 가겠다는 의지를 내포하고 있다. 베트남 정부 주도하에 민간 기업의 투자를 끌어들여 미래 베트남이 고부가가치의 기술 국가로 발전할 수 있도록 노력하겠다는 의미이기도 하다.

베트남 기업들이 매우 빠른 속도로 디지털 전환에 나서고 있는 것으로 조사됐다. 싱가포르에 본사를 둔 금융 사업자인 DBS가 10개 국가(호주, 홍콩, 인도, 인도네시아, 중국 본토, 싱가포르, 대만, 영국, 미국, 베트남)를 대상으로 진행한 디지털 전환 관련 조사를 토대로 2023년 5월 내놓은 보고서에 따르면, 베트남 기업의 약 68%는 고객 참여와 고객 경험을 디지털화하는 데 있어 전략적이며 일관된 접근 방식을 취하는 것으로 나타났다. 이는 이번 조사 대상 국가 평균치인

| 베트남의 국가 디지털 혁신 개발 계획

구분		2025년 목표	2030년 목표
디지털 정부	레벨4* 수준의 온라인 공공서비스	전체 공공서비스의 80%	전체 공공서비스의 10%
	전자정부 발전지수 순위	70위	50위
디지털 경제	GDP에서 디지털 경제 비중	20%	30%
	ICT 발전지수(IDI) 순위	50위	30위
	글로벌 경쟁력지수(GCI) 순위	50위	30위
	글로벌 혁신지수(GII) 순위	35위	30위
디지털 사회	광섬유 인터넷 보급	가계의 80%	전국적 보급
	4G/5G 서비스 보급	4G/5G 서비스 전국적 보급	5G 서비스 전국적 보급
	온라인 예금계좌 보급률	인구의 50%	인구의 80%
	글로벌 사이버안전지수(GCI) 순위	40위	30위

*주: 온라인 공공서비스는 1~4단계로 분류, 4단계는 온라인으로 신청-결제 및 결과까지 수령 가능

출처: 베트남 정부, 2020. 6.

64%보다 높은 편이다.

베트남 기업 열 곳 중 여섯 곳 이상(63%)은 디지털 전환이 전반적인 수익 향상에 도움이 된다고 말했다. 또한 '고객 통찰'(61%)과 '시장 경쟁력 향상'(57%) 등의 효과를 거두고 있다고 전했다. 조사 참여 기업 절반 이상(56%)이 고객 서비스 및 참여 분야에서 디지털 기술을 효과적으로 사용하고 있다고 답했다.

베트남 기업들이 디지털 혁신을 통해 이루고자 하는 가장 중요한 목표는 자동화와 같은 '효율성 향상'(40%)이었고, '신제품이나 서비스 또는 비즈니스 모델을 통한 성장'(35%)과 '기능 및 팀 간 협업 개선'

| 베트남 기업의 디지털 전환 기대 효과

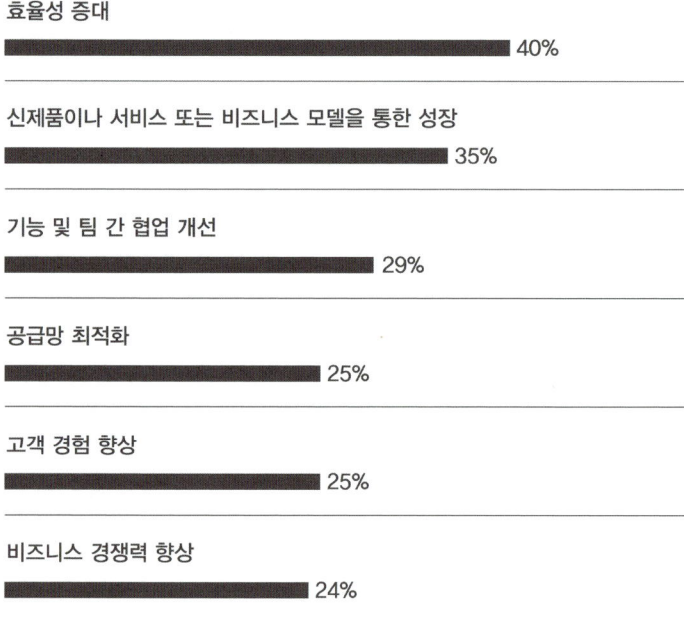

출처: DBS, 2023. 5.

(29%)으로 파악됐다. 하지만 베트남 기업들의 디지털 전환을 가로막는 최대 장벽은 '인재 격차'(48%)로 조사됐다. 이외에 '데이터 추출 문제'(44%)와 '데이터 개인정보 보호문제'(35%) 등이 꼽혔다.

실제로 코로나19 대유행은 베트남 기업들이 디지털 전환을 더욱 가속하는 계기가 되었다. 사회적 거리 두기와 국내외 이동 제한으로 인해 오프라인 비즈니스가 어려워지면서, 기업들은 온라인 채널과 디지털 플랫폼을 활용한 비즈니스 모델로 전환할 수밖에 없게 되었다. 코로나19 대유행이 지나고 2021년 이후로 베트남 기업들은 디지털 전환에 대한 가속화를 경험하고 있다. 베트남 정부가 2019년에 디지털 경제 전략을 발표하면서, 디지털 전환을 촉진하기 위한 다양한 정책과 지원을 제공하고 있으며, 베트남 경제 성장과 긍정적인 비즈니스 환경하에서 경쟁력을 유지하고 성장하기 위해 디지털 기술을 적극 도입하고 있다.

베트남 디지털 전환의 주요 분야

베트남에서 디지털 생태계를 이끄는 주역 세대는 MZ세대가 될 것으로 예상된다. 베트남 소비의 주축인 20~30대의 젊은 세대인 MZ(1980년대 초반에서 2000년대 초반 출생한 밀레니엄 세대와 1990년대 중반에서 2000년대 초반 출생한 Z세대를 통칭) 세대는 베트남 전체 인구의 47.2%로 거의 절반에 육박한다. 이는 한국(37.1%) 등 다른 국가에 비해 매우 높은 비율이다. 베트남 MZ세대도 다른 나라의 동일 세대와 마찬가지로 일상생활의 대부분에 디지털 기기를 활용하고 있다.

위드 코로나 시대로 전환되면서 베트남을 포함한 동남아시아는 경제가 다시 회복하고 일상생활도 코로나19 이전처럼 활기를 찾았다. 이는 디지털 기술을 활용해 기존과는 차별화되면서도 새로운 사용자 경험을 누릴 수 있는 다양한 상품, 서비스, 비즈니스 모델이 동남아시아 소비자들에게 소개되고, 또 비약적으로 성장할 기회가 되고 있다.

베트남 소프트웨어 및 정보기술 서비스 협회^{VINASA}는 2021년 5월 진행한 '베트남 디지털 혁신의 날$^{Vietnam\ DX\ Day\ 2021}$' 행사에서 디지털 헬스케어, 교육, 금융, 에너지, 물류, 산업 제조, 농업 등 8대 디지털 혁신 우선 분야$^{Decision\ No.\ 749/QD-TTg}$를 선정, 발표했다.

베트남의 디지털 전환은 아직 한계점이 많이 보인다. 우선 절대다수의 중소 및 중견 기업이 디지털 전환에 따른 비용 부담과 전문가에 대한 부재로 정부가 주도하는 디지털 전환에 부응하지 못하고 있다. 사이버 보안 및 개인정보보호법 등에 대한 가이드라인이 제대로 정비되지 않아 정부와 기업 간 혼선도 지속될 것으로 보인다. 하지만 베트남 정부는 디지털 전환을 강력하게 드라이브하기 위해 다양한 인센티브를 내놓는 등 지속적으로 뒷받침할 것으로 예상된다.

2023년에 들어 필자는 대한무역투자진흥공사^{KOTRA} 등에서 베트남 관련 강의하면서 베트남 시장 진출에 관심 있는 국내 기업인들과 자주 접하게 된다. 이를 통해 우리나라 기업이 베트남 진출에 고민이 많다는 것을 알고 있다. 국내 기업의 핵심적인 궁금증은 '시장 기회가 있느냐'는 것이다. 개개 기업마다 상황이 다르겠지만, 적어도 2021년 이후 베트남 정부가 전략적으로 추진하고 있는 디지털 혁신 8대 개발 분야에는 기회가 많다는 점을 강조하고 있다.

한국 기업의 강점인 인재와 뛰어난 기술력을 바탕으로 베트남 정부의 외국인투자^{FDI} 우대 정책을 잘 살펴본다면 베트남 진출 시 리스크를 최소화할 수 있다.

| 8대 디지털 혁신 우선 분야 주요 내용

분야	세부 개발내용
헬스케어	- 원격 의료 플랫폼 개발을 통해 원격 의료 서비스를 제공 - 디지털 기술을 기반으로 한 예방 및 의료 시스템을 점진적으로 개발 - 의료 시설에 디지털 기술을 종합적으로 적용해 행정 개혁을 촉진
교육	- 원격 학습 및 교육을 지원하는 플랫폼을 개발하고 관리 - 교육 및 학습 활동에 디지털 기술 적용, 자료 및 교과서 디지털화 - 모든 교육 기관은 원격 학습 및 교육 활동 구축, 커리큘럼의 최소 20%는 실험적으로 온라인으로 진행
금융	- 전자 금융을 개발하고 현대적이고 지속가능한 디지털 금융 플랫폼 구축 - 세금, 관세, 재무 및 증권의 모든 측면에 디지털 기술을 적용 - 유통 채널을 다양화하고 프로세스를 개혁 및 자동화하는 방식으로 디지털 뱅킹 서비스를 제공하기 위해 상업 은행을 디지털 방식으로 전환 - 핀테크 회사 및 지불 중개자와의 협력을 촉진해 국가 금융 통합을 촉진 - 모바일 결제 및 P2P대출과 같은 기술 혁신을 기반으로 은행의 접근성 강화
농업	- 스마트 농업, 정밀 농업에 중점을 두고 첨단 농업을 촉진하고 경제에서 디지털 농업의 비중을 향상 - 토지, 농작물, 가축, 수산물 등 대규모 농업정보시스템 개발에 주력 - 농업 활동에 대한 서비스의 공중 및 지상 통합 모니터링 및 관측 네트워크를 구축 - 제품 공급망과 원산지를 관리하고 감독해 적시성, 투명성, 정확성, 식품 위생 및 안전을 보장
교통 및 물류	- 고속도로 및 국도를 중심으로 스마트 교통 시스템을 개발 - 물류 인프라 전환(항만, 내륙항, 공항, 철도, 창고 등) - 교통 인프라 관리, 상업용 차량, 차량 운영자 관리, 디지털 문서를 통한 차량 등록 및 관리, 디지털 차량 운전 면허증 발급 및 관리
에너지	- 전력 산업과 효율적인 전력 공급을 위한 네트워크 최적화 및 자동화 - 디지털 전기 계량기 연결을 통한 전력망 문제 식별, 전력 절약, 전기 에너지 손실 감지
천연자원 및 환경	- 국토 및 기타 분야(국가 지리, 천연자원 및 환경 모니터링, 생물 다양성, 폐기물 출처, 원격 감지, 바다 및 섬, 기후변화 등) 데이터베이스 구축 및 정보 시스템 개발
산업 제조	- 스마트 전략 및 조직 구조, 스마트 공장 구축, 스마트 운영, 스마트 제품 및 데이터 관련 서비스 개발, 근로자의 디지털 기술 향상

출처: Decision No. 749/QD-TTg, 2020. 6.

[참고 자료]

베트남의 디지털 전환 가속화 및 협력 기회, KOTRA, 2022. 2. 24.

베트남의 디지털 전환 (1) 베트남의 국가 디지털 혁신 개발계획, KOTRA, 2021. 12. 8.

베트남의 디지털 전환 (2) 디지털 혁신 기업 성공 사례, KOTRA, 2022. 2. 11.

인터뷰로 엿보는 베트남 비즈니스

디지털 역동성

NIPA 호치민IT지원센터 이주남

NIPA 베트남에 대해 간단히 소개해 주십시오.

정보통신산업진흥원^{NIPA}은 과학기술정보통신부 산하 기관으로 다섯 곳의 해외사무소를 두고 있습니다. 미국 실리콘밸리, 인도 방갈로르, 싱가포르, 베트남 하노이 그리고 호찌민에 각각 위치해 있습니다.

2019년에 개소한 호치민IT지원센터의 초대 센터장으로 부임하여 2022년까지 센터 설립 및 운영을 담당하다가 2022년 5월 한국으로 복귀했습니다. 현재는 2기 센터장인 박민규 센터장이 호치민IT지원센터를 맡고 있습니다.

IT 지원센터에서 주로 어떤 역할을 하셨습니까?

초대 지원센터장으로 부임하였기 때문에 처음에는 조직 설립을 위해 많은 시간을 들였습니다. 재임 중 주요 역할은 한국 기업에게 베트남 시장 정보를 제공하고, 현지 기업과의 네트워킹을 통해 비즈니스 기회를 찾을 수 있도록 지원하는 일을 중점적으로 수행하였습니다.

NIPA 베트남 센터의 역할과 책임은 무엇입니까?

해외 IT 지원센터$^{Korea\ IT\ Cooperation\ Center}$는 과학기술정보통신부가 한국 기업의 해외 진출을 돕기 위하여 만든 해외 사무소로, 해외 현지에서 비즈니스를 하기 위한 업무 공간, 컨설팅, 마케팅, 네트워킹 등을 지원하도록 규정되어 있습니다.

2019년 호치민IT지원센터 개소식 모습.

출처: NIPA

베트남에서 코로나19 대유행의 전후를 겪었는데, '위드 코로나' 이후 베트남 정부가 적극적으로 추진하는 정치, 경제, 사회 부분에서의 디지털 전환에 대해 어떻게 생각하십니까?

베트남 정부의 디지털 전환$^{Digital\ Transformation}$ 정책은 2020년 발표된 '국가 디지털 전환 프로그램 2025$^{National\ Digital\ Transformation\ Programmed\ towards\ 2025}$'을 바탕으로 2025년까지 전자정부$^{e-Government}$ 50대 국가에 진입하겠다는 목표로 진행되고 있습니다.

대외적으로는 글로벌 정보통신기술^{ICT} 기업의 투자를 유치하고, 대내적으로는 자국 기업의 ICT를 활용하여 디지털 전환을 추진하겠다

2020년 베트남 정보기술 주무 장관이 디지털 전환 정책을 발표하는 모습.

출처: NIPA

는 '메이크 인 베트남Make in Vietnam' 전략을 추진하고 있습니다. 베트남 정부의 디지털 전환 정책은 ICT 기업에게는 분명 기회이지만, 베트남에서는 외국 기업인 한국 기업이 실질적인 수혜를 얻기 위해서는 현지화에 힘써야 할 것입니다.

베트남에는 이미 수천 개의 한국 기업이 진출해 있고 최근에는 스타트업 및 정보기술 기업도 동남아시아 시장을 겨냥해 해외에 진출하는 사례가 많습니다. 베트남에 진출하는 한국 기업이 특히 주의해야 할 점이 있다면 무엇일까요?

베트남을 방문한 한국 기업인에게 가장 많이 듣게 되는 베트남에 대한 긍정적인 특징은 '젊은 인구가 많다,' '물가가 저렴하다' 등입니다. 그러나 이러한 느낌은 베트남에서 비즈니스를 하는 기업의 입장이 되면 동전의 양면과 같습니다.

'젊은 인구가 많다'는 것은 인력이 풍부하다고 볼 수 있으나, '숙련된 고급 인력이 많지 않다'는 의미이기도 합니다. 실제로도 고급 인력은 인건비가 매우 높습니다. 그리고 '물가가 저렴하다'는 것은 기업 운영 시 비용이 적게 들 수 있다고 볼 수 있으나 '한국 기업이 파는 제품이나 서비스의 가격도 높게 책정하지 못한다'는 의미이기도 하고, 실제로도 그렇습니다.

또한 현지에서의 한국 기업은 외국 기업이기 때문에 베트남 기업보다 유럽, 미국, 일본 기업들과 경쟁하는 입장이 된다는 점도 고려해서 베트남 진출을 준비해야 할 것입니다.

주재원으로 베트남에서 생활하면서 느꼈던 불편함이나 어려움은 무엇이었습니까?

구체적인 데이터를 들어 설명할 수는 없지만, 베트남은 아마도 한국 주재원이 살기에는 가장 좋은 국가가 아닐까하는 생각이 듭니다. 지리적이나 문화적으로 가깝다는 점, 물가가 저렴하다는 점 그리고 한국식 서비스(한국 식당, 배달문화, 한국식 아파트 등)가 잘 갖춰져 있다는 점이 장점입니다. 다만 병원이나 공공행정 등의 서비스가 다소 느리고 취약합니다.

한국과 베트남 기업의 문화 차이를 몇 가지 소개해 주십시오.

베트남은 인구가 1억 명에 달하고 지리적으로는 남과 북의 길이가 1,700km이며, 지역별(성)로도 매우 다양한 문화와 특성을 보이고 있습니다. 한국 기업을 일반화하여 정의할 수 없듯이 베트남 기업의 문화도 일반화하기는 쉽지 않습니다.

현지에 진출한 기업 관계자들이 공통적으로 어려워하는 부분은 직원의 높은 이직률과 직원 채용 시 적합한 직원을 선별하는 것 등입니다.

베트남 MZ세대는 어떤 특징이 있나요? 한국 세대와 다른 점도 많이 있을까요?

요즘 많이 언급되는 MZ세대의 특징은 글로벌한 것이 아닌가 생각됩니다. 아무래도 MZ세대의 문화나 유행이 온라인 플랫폼(SNS, 틱톡, 유튜브 등)을 통해서 전 세계적으로 유행하기 때문인 것 같습니다.

다만 베트남은 아직 경제적인 성장 가능성이 높기 때문에 저성장 기조에 들어선 우리나라에 비해서 MZ세대의 도전 정신과 성공하고자 하는 의지와 열정은 더 크게 느껴집니다.

해외 진출을 고려 중인 한국 기업에게 어떤 조언을 하시겠습니까?

제가 국내 ICT 기업의 해외 진출을 약 15년 정도 지원하면서 한국은 내수 시장의 한계가 명확한 시장이라 한국 기업에게 해외 진출은 선택이 아닌 필수라는 이야기를 많이 했습니다.

해외에서 3년 정도 한국 기업의 현지 비즈니스를 지원해 보니, 일부 기업은 해외 비즈니스를 너무 쉽게 생각하는 것 같다는 느낌도 많이 받았습니다. 해외 비즈니스는 분명 긍정적인 일이지만, 그에 앞서 한국 기업의 제품 및 서비스가 해외서도 경쟁력이 있을 것인지에 대한 고민과 준비가 더 많이 필요하다는 생각입니다.

4장
로컬화 시대를 준비하는 베트남

일본국제협력은행[JBIC]은 해외에 진출한 일본 기업 954개 사를 대상으로 진행한 조사를 토대로 2021년 1월 발표한 2020년도 '일본 제조 기업의 해외 사업 전개에 관한 조사 보고서'를 통해 베트남이 2019년에 이어 중기·장기 모두 세계 3위(중국-인도-베트남)를 기록하였으며, 동남아시아 국가연합(아세안 지역)에서는 가장 유망한 나라로 선정했다.

베트남은 여전히 투자 유망국

베트남은 코로나19 확산을 매우 성공적으로 방어했을 뿐만 아니라, 미·중 무역 갈등으로 중국 내 생산 시설을 중국 외 다른 지역으로

| 국내 기업 중 생산 기지 베트남 이전 및 이전 의향

연번	기업명	본사 소재국	품목
1	삼성	한국	스마트폰, 가전
2	LG	한국	가전
3	파나소닉	일본	가전
4	폭스콘 Foxconn	대만	전자부품
5	러브색 Lovesac	미국	가구
6	샤프	일본	PC, LCD패널
7	교세라	일본	프린터
8	구글	미국	스마트폰
9	마이크로소프트	미국	태블릿PC, 노트북
10	브룩스러닝 Brooks Running	미국	신발
11	TCL	중국	TV
12	패스트 리테일링 Fast Retailing	일본	의류
13	고어텍 GoerTek	중국	전자부품
14	ACTR	중국	타이어
15	구이저우타이어(州輔)	중국	타이어
16	닌텐도	일본	게임기
17	델	미국	노트북
18	만와(敏华控)	홍콩	가구

출처: KOTRA, 2020. 8.

이전하는 제조 업체들이 늘면서 '포스트 차이나'로 주목받기 시작했다. 2022년 현재 베트남에서 사업을 전개하는 일본 제조 업체들도 베트남에서의 사업을 지금보다 강화하거나 확대하겠다는 곳이 60%를 넘어섰다.

삼성전자는 중국 톈진^{Tianjin}에 있는 TV 공장을 베트남 호찌민으로 이전하고, 2022년 8월에는 8억 5,000만 달러(약 1조 1,000억 원) 규모의 반도체 부품 공장을 베트남에 설립하기로 했다. SK하이닉스 역시 중국 리스크를 줄이기 위해 베트남에 반도체 공장을 이전하는 방안을 검토하는 것으로 알려졌다.

LG전자는 2019년부터 스마트폰 생산 거점을 베트남 하이퐁으로 재배치한 후 2021년부터 스마트폰 사업을 철회한 후에는 가전 제조 공장으로 전환해 운영하고 있다.

대만의 폭스콘^{Foxconn}은 애플의 요청으로 아이패드와 맥북 생산 라인을 중국에서 베트남으로 이전해 생산하고 있다.

이외에도 마이크로소프트, 샤프, 파나소닉 등 다수의 글로벌 기업이 탈(脫)중국 하면서 베트남으로 이전했거나 이전하고 있다.

베트남은 2020년 말 기준 330개가 넘는 산업 단지가 있는데, 주로 호찌민을 중심으로 남쪽 지방과 하노이를 중심으로 북쪽 지방에 모여 있다.

베트남 산업 단지 운영 기업들은 코로나19 대유행 중 대부분의 산업이 불황으로 고전하고 있는 가운데도 많은 곳이 역대급 호황을 누렸다. 베트남 정부도 외국 기업들의 투자 확대를 위해 산업 단지 주변의 기반 시설을 개선하고, 규제를 완화했으며, 보조금 지원 등의 정책으로 '글로벌 제조 기업 베트남'을 적극 뒷받침하고 있다.

하지만 2023년 1분기 기준으로 외국 기업들이 베트남에 투자한 금액은 54억 달러(약 7조 1,523억 원)로, 전년 같은 기간 대비 38.3% 줄었다. 한국의 1분기 투자액도 4억 7,440만 달러로, 전년 동기 16억

680만 달러 대비 70.4%나 급감했다. 일본(-46.0%)과 중국 (-38.2%), 싱가포르(-26.3%) 등 다른 주요 국가들의 베트남 투자도 크게 줄었다.

외국의 투자 감소 원인은 무엇보다 미국의 인플레이션감축법^{IRA}에 따른 미국으로 공급망 이전, 신흥 유망 시장으로 여겨지는 인도의 성장, 글로벌 경기 악화에 따른 판매 물량 감소, 고금리로 인한 투자자금 조달 문제 등 복합적인 요인이 작용한 것으로 분석된다.

이에 베트남 팜 민 찐 총리는 직접 나서 정부가 할 수 있는 최선의 노력(최저 세율, 노동 허가, 비자 연장, 소방 시설 승인 절차 완화 등)을 다하겠다고 외국 투자 기업들을 달래고 투자를 독려하고 있다. 특히 베트남에 진출한 기존 기업들이 안정적인 활동을 이어 나갈 수 있도록 환경을 개선하기 위해 총리가 직접 관여할 뜻을 밝히기도 했다.

로컬화 준비하는 베트남

베트남은 위드 코로나로 접어든 이후 빨라진 경제 성장과 함께 글로벌 시장에 대한 접근성이 좋아지면서 로컬화 시대를 준비하고 있다. 이는 베트남 기업들이 국내 시장뿐만 아니라 해외 시장에서도 경쟁력을 유지하기 위한 노력의 일환이다.

2023년 들어 베트남 최대 기업인 빈 그룹$^{Vin\ Group}$내 자동차 부문인 빈패스트^{VinFast}는 베트남 토종 완성차 업체로는 처음으로 미국과 캐나다에 스포츠유틸리티^{SUV} 전기차 VF8 1,800대를 수출했다.

베트남 토종 전기자동차 회사 빈패스트가 미국 시장에 진출했다.

출처: VinFast, 2023. 5.

앞으로 베트남에서는 로컬화가 경제 성장과 함께 중요한 이슈로 대두될 전망이다. 이는 베트남 기업이 외국 기업과의 경쟁에서 뒤처지지 않도록 기술력과 인력을 강화하고, 다양한 비즈니스 모델을 개발하여 고객에게 새로운 가치를 제공하겠다는 의지이다.

글로벌 제조 업체들이 베트남으로 생산 공장을 이전하면서 베트남 내 다수의 공단이 호황을 누리고 있지만 문제가 없는 것은 아니다. 지금까지 문제로 거론되고 있는 것 중 가장 심각한 것은 관련 산업의 기반을 갖춘 현지 기업과 숙련된 전문인력이 턱없이 부족하다는 점이다.

글로벌 기업들이 베트남으로 생산 공장을 이전하더라도 부품 공급 등 협력 업체가 없다 보니 가치망 구성이 이뤄지지 않고 있다. 상황이 이렇다 보니 기존 공급망을 확보한 기업들의 협력 업체와 숙련된 인력을 빼내기 위해 다양한 편법이 이뤄지기도 한다. 베트남 내 15세 이상 노동 가능 인구는 2020년 5,460만 명에서 2021년 5,050만 명으로 약 419만 명이 줄었다.

베트남 정부도 글로벌 기업의 부품 공급이 가능한 후방 산업을 육성하고는 있지만 현실적으로는 수익성이 낮다는 이유로 제조업의 부품, 소재, 장비 등 투자를 꺼리고 있고 대신 부동산, 관광, 서비스 등 투기성 산업에 많은 기업들이 몰리고 있는 상황이다.

이와 함께 높은 임대료와 인건비 상승이 문제로 대두되고 있다. 베트남 부동산 업체 존스랑라살베트남$^{\text{Jones Lang LaSalle Vietnam}}$에 따르면, 호찌민과 인근 지역 산업 단지 임대료는 2019년 2분기에는 2018년 동기 대비 15.8% 증가한 1㎡당 95달러였으며, 2020년에는 9.7% 상승한 1㎡당 106달러를 기록했다.

베트남 최저 임금 평균 인상률은 2017년부터 한 자리 수로 안정적이지만 최근 5년 평균 8.8%로 동남아시아에서 세 번째로 수준이었던 저임금이라는 장점이 퇴색하고 있다. 그나마 베트남 정부가 코로나19로 인한 경기침체를 고려해서 2021년과 2022년 최저 임금을 2020년 기준으로 동결했다. 다만 호찌민 1~4 지역은 2022년 7월부터 평균 6% 인상하기로 한 바 있다.

2022년 7월부터 최저임금 적용되는 지역 목록에 따르면, 호찌민과 하노이와 같은 대도시 중 일부 지역과 동나이, 빈증, 하이퐁 등 한국 제조 업체가 많이 진출한 산업 도시의 일부 지역이 1 지역에 속한다.

채용 정보업체 비엑람24$^{Viec\ Lam\ 24h}$의 '2023년 채용시장 동향 보고서'에 따르면, 베트남 전체 고용주의 75% 이상이 2023년에 임금을 인상할 것이라고 밝힌 바 있다. 평균 임금 인상률은 8.9% 수준이다.

베트남에서 외국인직접투자^{FDI}는 베트남 내 프로젝트를 실행하기 위한 자금과 기술 이전 방식으로 전개됐는데 이러한 프로젝트에 활용되는 기술은 대개 베트남에서만 사용되는 낙후된 기술이 많아 세계 시장에서는 경쟁력이 낮다는 지적이 있었다.

이에 베트남 정부는 2017년 6월 베트남보다 발전된 나라에서 사용

| 베트남 최저 임금(1지역) 및 평균 인상률

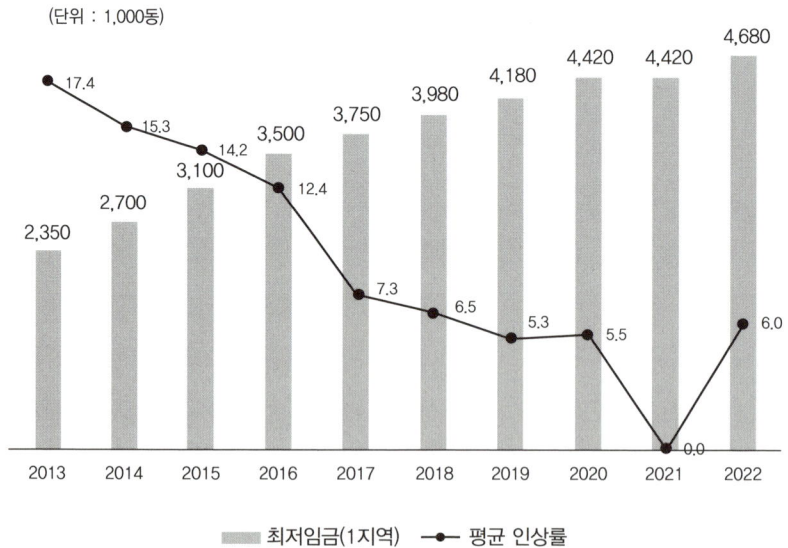

출처: 베트남 노동보훈사회부, KOTRA 2022. 6.

하지 않는 기술이나 기계의 이전을 금지하는 초안을 발표했다. 하지만 저렴한 것을 선호하는 베트남 기업들의 인식이 변하지 않고 관련 교육이 선행되지 않는다면 정부가 아무리 낙후한 기술의 수입을 금지한다고 하더라도 기대한 성과를 거두기는 쉽지 않으리라고 예상된다.

현안을 해결하고 장기적 관점 견지

코로나19 대유행 이후 글로벌 가치망에서 중국을 대신하려는 베트남 정부의 노력은 어느 정도 성과를 거두고 있다. 베트남은 정부의 노력과 국민의 지원 덕분에 전 세계적인 코로나19 대유행 상황에서도 국제적 투자 유망국에서 신뢰할 수 있는 투자국으로 인정받을 수 있었다.

베트남 정부가 원하고 필요로 하는 반도체, 인공지능, 로봇, 핀테크, 스마트시티, 블록체인 등 4차 산업혁명 분야 기술을 지속적으로 유입하기 위해서는 장기적인 관점에서 고학력 숙련 노동자를 양성해야 한다는 사실은 새삼스러운 것이 아니다.

베트남 정부가 주관하는 기술 인력 양성 계획에 따라 정부–기업–대학을 연계한 범국가적 관산학(官産學) 협력 조정프로그램을 통해 직업 훈련과 대학 과정에 언어와 소프트웨어 기술을 포함하는 등 장기적 관점의 기술 중심의 교육 개혁이 시작됐다. 또한 교육 기관은 기업이 원하는 인력 수요를 충족시킬 수 있도록 맞춤형 교육을 채택하고 있다.

외국인 투자 협력 전략 실행을 위한 실행 계획

	내 용	실현 시점(보고 시점)
기획투자부	공공조달법 프로젝트(개정)	2022-2023
	공공조달에 관한 법률 시행령 제정	2023
	벤처캐피털 관련 법 제정 방안 보고	2023-2024
	2030년까지 노동 생산성 향상을 위한 국가 프로그램 이행 방안 개발	2023-2024
	국가 생산성 위원회 발족 사업	2023-2025
	외국인 투자기업 제공을 위한 베트남 기업 공급망에 관한 데이터베이스 구축	2022-2023
	국가 재정 투입 해외 투자유치 활동 관리 시스템 구축	2023-2025
	해외 투자유치 활동을 평가하기 위한 기준 개발	2023-2024
	국가혁신센터 및 지역, 지역혁신센터, 기업 간 연계를 기반으로 한 창업, 혁신 생태계 구축	상시
	지역 및 거점 내 혁신센터와 글로벌 센터와의 네크워크 연결	상시
재무부	의정서 No.02/2015/ND-CP(통관절차, 검사 및 감독에 관한 법령) 개정	2023
	글로벌 최저한세에 관한 국별 대응정책 연구 및 베트남의 대응책 마련	2023
노동보훈 사회부	해외 수출 노동자의 베트남 귀국 이후 근로현황 보고	2023-2024
	베트남 인력의 해외 취업을 위한 장려정책 연구	2023-2024
	대기업, 외국기업의 수요에 부합하는 인력 양성을 위한 협력 시스템 구축방안 연구	2023
산업무역부	2026~2035년 부품소재산업 발전 전략 수립	2023-2025
	외국투자기업과의 효과적인 협력을 위한 관세 및 비관세 장벽에 대한 정책, 조치 필요 사항 조사	2023
	국가 전력망 공급 수요를 초과하는 대규모 프로젝트의 자가 발전시설 건설 허가를 위한 방법 연구 조사	2023-2024
	국가 전력망과 연결되는 민간 송배전 건설, 설치 허가에 대한 연구 보고	2023-2024
	2030 및 2050까지의 베트남 제조, 가공 분야 선제 발전 전략 수립	2023-2025

	내 용	실현 시점(보고 시점)
교육부	외국 교육기관 유치를 위한 투자환경 조성 및 국제 교육특구 조성을 위한 정책 개발 연구	상시
	FDI 기업과 베트남 고등 교육기관 간의 연구 및 훈련 협력 촉진	상시
	교육 분야 효과적인 투자 촉진을 위한 투자 및 협력, 국제화에 관한 심층적 지식, 기술 훈련	상시
정보통신부	글로벌 테크기업 유치 및 디지털 혁신 분야 투자 장려를 위한 솔루션 및 지원정책 연구 보고	2023-2024
	테크기업 투자자의 수요(4차 산업혁명 및 5G, AI, 반도체)에 부합하는 산업단지, 정보통신단지 및 하이테크 단지 인프라 구축을 위한 평가, 조사 실시	2023
	글로벌 테크기업 유치를 위한 국제표준에 부합하는 정보통신 산업단지개발 구축을 위한 연구	2023
	2021~2030년 기간, 베트남 정부의 정보통신 분야 발전 및 투자유치를 위한 홍보 강화	상시
	베트남 기업의 AI, 블록체인, 빅데이터, IoT 등 신기술 기반 제품 생산 참여를 위한 방안 마련	2023-2024
교통운송부	외국인 투자유치가 필요한 인프라 개발 프로젝트에 대한 상세 프로젝트 프로필 작성	2023-2024
공안부	투자 이전, 인수, 합병, 돈세탁 목적 지하경제 활용, 탈세 등 행위 척결 등 경제 안보 보장을 위한 조치 시행	상시
외교부	고위급 공무원의 외교활동 및 경제 외교 수행을 통한 투자 촉진 활동 강화	상시
	베트남 투자환경에 대한 국제 평가에 대한 모니터링 및 연구 실시	상시
	글로벌 대기업의 투자전략 업데이트 및 기획투자부와 협력 대응 솔루션 연구 및 방안 마련	상시
	외교적 민감 프로젝트에 대한 평가 및 처리 방안 마련	

*실행 계획은 기획투자부 담당으로 실시되며, 매년 총리에게 실행 결과가 보고된다.

출처: KOTRA 하노이무역관 종합, 2023. 3.

베트남 정부는 2023년 3월 베트남 내 각 행정기관(각 부처 및 지방성 정부)의 전략 실행을 위한 구체적인 실행 계획을 마련하고, 외국인 투자 유치 및 국가 경쟁력 강화를 위한 본격적으로 움직이기 시작했다.

하지만 정부의 야심 찬 움직임은 아직 현실에서는 제대로 작동하지 않는 듯하다. 필자는 한국국제협력단^{KOICA}의 지원을 받아 베트남 대학과 정보기술 개발자 양성과 기술 이전을 위한 산학 협력 프로그램을 통해 정부, 대학, 산업체 간 동상이몽(同床異夢)을 많이 경험했다.

수많은 글로벌 제조 기업들이 베트남으로 생산 공장을 이전하는 호기를 맞은 베트남 정부와 기업 그리고 대학은 현실을 직시하고 현재 드러난 문제를 해결하고 장기적인 관점에서 지속 가능한 성장 모델을 만들어야 한다는 목소리가 커지고 있다.

[참고 자료]

현장에서 확인한 생산기지 베트남 이전 움직임, KOTRA, 2020. 8. 18.

베트남, 7월 1일부터 최저임금 6% 인상, KOTRA 호치민무역관, 2022. 6. 22.

베트남, 외국인 투자 감소세에 긴장, KOTRA 하노이무역관, 2023. 4. 12.

2부

위드 코로나 시대, 베트남에 기회가 있다

1장

베트남에서 급부상하는 라이프스타일 테크 산업

    2023년은 '위기와 기회가 공존'하는 시간으로 기록될 듯하다. 러시아와 우크라이나의 전쟁으로 인한 갈등은 전 세계의 블록^{block}화를 촉진하였다. 또 전례 없는 인플레이션이 계속되고 있으며, 기후변화와 아울러 지진과 화산폭발은 불안을 가중하고 있다.

    전 세계적인 여러 악재 속에서도 희망을 얘기하는 사람들과 기업은 여전히 많다. 여기에 새로운 기술이 더해져 보다 나은 세상을 꿈꿀 수 있다는 것은 다행스럽다.

    과거에도 불황 속에서 인터넷, 스마트폰, 자율주행차 등 혁신적 기술과 제품이 등장하면서 지금의 세상을 만들었고, 또 변화는 지금도 계속되고 있다.

    2023년 1월 미국 라스베이거스에서 열린 CES에 전시된 제품 및 서비스에서 유독 '라이프스타일 테크$^{lifestyle\ tech}$'와 관련된 것이 많았다는 점을 상기할 필요가 있다.

'라이프스타일 테크'는 일상생활에서 사용되는 제품, 서비스, 기술 등을 통해 사람들의 삶의 질을 향상하는 기술을 의미한다. 예를 들어, 스마트폰 앱을 활용해 운동량을 추적 또는 관리하거나, 스마트 워치로 건강 상태를 모니터링하는 것 등이 라이프스타일 테크의 대표적인 예이다.

라이프스타일 테크는 사람들의 일상생활에서 발생하는 문제를 해결하고, 더 나은 삶을 살 수 있도록 돕는 기술로 다양한 분야에서 활용되고 있다. 2023 CES 행사에 출시된 제품들만 하더라도 피트니스, 건강, 미용, 여행, 숙박, 음식 등 다양한 분야에서 라이프스타일 테크가 적용되고 있다는 것을 증명하고 있다.

라이프스타일 테크는 기존 산업과는 다른 방식으로 문제를 해결하고, 창조적인 기술 혁신과 새로운 비즈니스 모델을 만들어 냄으로써 사회와 경제의 변화를 이끌고 있다. 특히 지금처럼 계속되는 불황의 시대에서 창조적 혁신 제품은 라이프스타일 테크 분야에서 특히 많이 등장할 것으로 예상된다.

'인구 1억 명'이 지닌 의미

베트남의 인구는 2023년 현재 1억 명을 돌파한 것으로 추정된다. 베트남 통계총국^{GSO} 산하 인구노동통계국의 추정치에 따르면, 베트남 인구수는 4월을 전후에 1억 명을 돌파해 세계 15위, 인도네시아와 필리핀에 이어 동남아 3위의 인구 대국이다.

통계총국은 '인구 1억 명 돌파'는 노동경쟁력이 글로벌 경쟁력의 한 요소라는 점에서 중요한 이정표가 될 것이라고 그 의미를 강조하고 있다. '인구 1억 명'이 지닌 잠재력과 함께 베트남의 안정적인 정치 환경과 정책, 고도화된 문화와 국가 정체성 등으로 국제사회에서의 위상과 발언권이 한층 제고될 수 있다고 내심 기대하고 있다.

베트남은 인구 대비 인터넷 이용자 비율이 높아지면서 인터넷 기반 서비스 시장도 확대되고 있다. 이는 기업들이 디지털 마케팅 및 광고, 온라인 상담 및 채팅, 클라우드 컴퓨팅 등의 온라인 서비스에 대한 수요도 부추기고 있다.

베트남은 최근 몇 년간 꾸준한 경제성장과 함께 도시화가 빠르게 진행되고 있다. 라이프스타일 테크 업계도 이에 맞춰 비약적으로 성장하고 있다. 특히 인터넷과 스마트폰 보급률이 높아지면서 온라인 서비스와 모바일 앱이 생활 속에 자리 잡아 생활 속에서 편리함을 찾는 수요도 함께 증가하고 있다.

코로나19 대유행 이전에는 신기술이 물리적 기술에 초점이 맞춰졌다면 '위드 코로나' 시대에는 생활형 기술 중심으로 이동하고 있다. 테크 분야는 지속적으로 진화하고 있으며, 코로나19 대유행과의 전쟁 이후 트렌드는 라이프스타일과 관련된 테크로 이동하고 있다. 이는 다양한 기술 혁신과 함께 인간 중심적인 경험과 소비자의 삶의 질 향상을 강조하는 것으로 요약할 수 있다.

주요 라이프스타일 트렌드 기술

- **스마트홈**: 사물인터넷과 스마트 기기를 활용하여 가정 내부를 자동화하고, 편리하게 관리한다. 가정 내부의 조명, 온도, 보안 시스템, 가전제품 등을 스마트폰으로 제어할 수 있다.
- **헬스케어**: 체중 감량, 운동, 수면, 건강 관리 등을 기록하고 분석한다. 이를 통해 사람들은 자신의 건강 상태를 더 쉽게 파악하고 개선할 수 있다.
- **스마트워크**: 원격 근무나 유연한 근무 시간을 가능하게 뒷받침하는 기술이다. 이를 통해 사람들은 일과 삶의 균형을 더 쉽게 유지할 수 있다.
- **디지털 노마드**: 위치에 구애받지 않는 일을 하는 사람들을 말한다. 모바일 기술과 인터넷 연결은 필수적이다.

베트남 라이프스타일 테크에서 주목받는 분야

새로운 라이프스타일 트렌드는 앞으로 더 많은 인간 중심적인 혁신 기술이 접목될 것으로 예상된다. 라이프스타일과 관련된 트렌드는 다양한 산업에 영향을 미치고 있으며, 새로운 비즈니스 모델과 기회를 창출할 것으로 전망된다.

- **편의점 픽업**: 베트남에서는 마트와 편의점에 상품을 주문하고, 픽

업하거나 배달받을 수 있는 서비스가 빠르게 확산하고 있다. 고객은 앱이나 웹사이트를 통해 언제, 어디서나 주문할 수 있다. 점주는 더 많은 고객을 확보하며 매출을 늘릴 수 있다. 주요 사업자는 빈마트^{VinMart}, 써클K$^{Circle\ K}$, 패밀리마트$^{Family\ Mart}$, 미니스톱^{MiniStop}, K-마켓$^{K-Market}$, GS25 등이 있다.

- **디지털 결제**: 베트남에서는 현금 결제에서 디지털 결제로 빠르게 전환되고 있다. 디지털 지갑을 이용한 결제가 확산하면서, 디지털 결제 기업들이 라이프스타일 테크 분야에서 중요한 역할을 하고 있다. 대표적인 모바일 결제 앱은 모모^{MoMo}, 잘로페이$^{Zalo\ Pay}$, 비엣텔 페이$^{Viettel\ Pay}$, VN페이$^{VN\ Pay}$ 등이 있다.

- **디지털 은행 및 금융 정보기술 기술**: 은행 및 금융 서비스도 디지털화되고 있으며, 대출과 예금을 비롯한 금융 상품은 인터넷 뱅킹, 모바일 뱅킹, 디지털 지갑 등을 통해 이용할 수 있게 됐다. 주요 기업으로는 티모 뱅크$^{Timo\ Bank}$, CIMB 은행$^{CIMB\ Bank}$, TP은행$^{TP\ Bank}$, 베트남 신한은행, 베트남 우리은행 등이 있다.

- **디지털 보험**: 베트남의 보험 시장은 최근 빠르게 성장하고 있으며, 디지털 보험(여행 보험, 건강 보험, 자동차 보험 등) 상품도 다수 출시되고 있다. 주요 기업으로 바오비엣 인슈어런스$^{Bao\ Viet\ Insurance}$, FWD 베트남$^{FWD\ Vietnam}$, BIDV 메트라이프$^{BIDV\ Metlife}$, 한화생명 베트남법인 등이 있다.

- **전자상거래**: 베트남의 전자상거래 시장은 코로나19 대유행, 절대다수의 인구층인 MZ세대, 지속적인 경제 성장과 접근성 높은 모바일 시장의 확대, 해외 전자상거래 기업들의 진출 등 다양한

요인들이 결합하여 급속도로 성장하고 있다. 쇼피Shopee, 티키Tiki, 라자다Lazada 등과 같은 온라인 쇼핑 플랫폼 기업들이 시장을 주도하고 있다.

- **핀테크 스타트업**: 베트남은 동남아시아 핀테크 시장에서 성장 잠재력이 매우 높은 지역 중 하나로 꼽힌다. 핀테크 스타트업은 모바일 결제, 온라인 대출, 디지털 지갑, 인공지능 등 다양한 분야에서 활발하게 사업을 펼치고 있다. 주요 기업으로는 티마Tima(P2P 대출 플랫폼), 핀하이Finhay(로보어드바이저 플랫폼), 인포플러스(B2B 핀테크) 등이 있다.
- **원격 의료 및 헬스케어**: 베트남에서 민간 의료 서비스가 대중화되고 있다. 코로나19 대유행 이후 베트남 정부와 보건부는 원격 의료의 필요성을 인식하고 적절한 프로그램을 마련해 의료 혜택을 받지 못하는 곳부터 차례대로 지원하기 시작했다.

원격 의료 서비스가 확대되면서 온라인 상담과 연계된 헬스케어 서비스도 증가하고 있다. 최근 보급이 늘어나는 스마트워치나 스마트밴드 등의 헬스케어 제품들은 운동량, 심박수, 수면 패턴 등을 측정하여 개인의 건강 상태를 관리하는 데 도움을 주고 있다. 헬스케어 기업들은 의료 예약과 환자의 전자 의료 기록 등의 서비스를 앞다퉈 제공하고 있다. 베트남에서 원격 의료 및 헬스케어 서비스를 전개하고 있는 주요 기업으로는 지오 헬스Jio Health, e닥터eDoctor, 닥터애니웨어Doctor Anywhere, 비엣텔 텔레헬스Viettel Telehealth 등이 있다.

- **온라인 교육**: 베트남에서는 코로나19 대유행 기간에 대면 교육이 어려워지면서, 온라인 교육 시장이 단기간에 급성장했다. 온라인 교육 기업들은 교육 콘텐츠와 학습 플랫폼을 개발하여 학생들이 언제 어디서나 학습을 계속할 수 있도록 지원하고 있다. 주요 기업은 토피카 에드테크 그룹[Topica Edtech Group], 호크마이[Hocmai], 카이나[Kyna], 마인드엑스[MindX] 등이 있다.

- **음식 배달**: 베트남에서는 음식 배달 시장이 매우 활기를 띠고 있다. 음식 배달 기업들은 점포와 고객 간의 중개 플랫폼을 제공하며, 고객들은 앱을 이용해 원하는 음식을 주문하고 서비스받고 있다. 주요 음식 배달 플랫폼 기업에는 그랩푸드[GrabFood], 고젝[Gojek], 나우[Now.vn], 배민[Baemin] 등이 있다.

- **OTT 서비스**: 베트남은 코로나19 대유행 동안 강력한 사회적 거리두기 정책이 시행됐다. 이에 따라 PC와 모바일로 자신이 원하는 영화, 애니메이션, 스포츠, 음악, 웹툰 등의 콘텐츠를 저렴한 가격으로 언제 어디서든 즐길 수 있는 OTT[Over-The-Top] 서비스가 젊은 층을 중심으로 크게 인기를 얻었다. 주요 서비스는 넷플릭스[Netflix], 유튜브 프리미엄[YouTube Premium], FPT 플레이[FPT Play], 아이플릭스[iFlix], 징TV[Zing TV] 등이 있다.

- **여행 플랫폼**: 베트남의 경제가 장기간 침체를 벗어나 회복하고 성장하면서 관광 산업도 기지개를 켜고 있다. 숙박을 포함한 여행 플랫폼 또한 시장 성장에 크게 기여하고 있다. 이들 플랫폼은 주로 호텔, 항공권, 렌터카, 투어 등을 예약할 수 있는 서비스를 제공한다. 주요 기업은 아고다[Agoda], 트래블로카[Traveloka], 부킹닷컴[Booking.com], 에

어비앤비^{Airbnb}, 룩스테이^{Luxstay}, 브이앤트립^{Vntrip} 등이 있다. 한국 기업으로는 고투조이^{Go2Joy}가 있다.

급증하는 베트남 편의점

재래시장 유통이 80% 이상을 차지했던 베트남에서 유통 환경이 급격하게 바뀌고 있다. 코로나19 대유행 중 변화한 소비 습관과 높아진 소비자 구매력 등이 맞물린 결과이다. 한국 편의점인 GS25가 2017년 1호점 개장한 후 4년 만에 200곳을 넘어섰고 지금도 계속 새로운 매장을 열고 있다.

필자가 생활하는 베트남 호찌민 빈홈 시티에는 한국의 대표적인 편의점인 GS25, CU, 이마트24 등이 건물 1층에 나란히 영업하고 있어 여기가 베트남인지 한국인지 혼란스럽기도 하다.

시장 조사 전문 업체인 큐앤미$^{Q\&Me}$에 따르면, 베트남에 있는 편의점의 약 75%가 호찌민에 소재하고 있고, 하노이에는 약 18%가 있다. 2021년 코로나19 대유행이 최고조에 달했을 때 호찌민의 편의점은 정부가 신선한 농산물과 포장 식품을 가정에 배급할 수 있도록 지원하기도 했다.

GS25, 세븐일레븐^{7Eleven}, 써클K$^{Circle\ K}$ 등과 같은 외국계 편의점은 모바일 앱을 통해 다양한 이벤트와 로열티 프로그램 등을 제공하면서 매출을 늘리고 있다.

베트남 현지인도 전통 잡화점보다는 깔끔한 인테리어에 브랜드명

베트남 GS25 매장 내 음식 먹을 수 있는 공간.

출처: GS리테일

이 붙어 있고, 24시간 영업을 하는 편의점을 약속 장소로도 이용하는 추세여서 방문 고객 수나 매출은 지속해서 증가하고 있다. 현재 편의점의 주 이용 고객은 젊은 학생에서 직장인까지 주로 MZ세대이지만 점차 40대~50대까지 확대되는 추세이다.

베트남 편의점은 실내 에어컨과 깔끔한 인테리어 덕분에 만남의 장소가 되었다. 다양한 도시락 메뉴와 24시간 영업 그리고 저렴하면서도 간편하면서도 다양한 즉석 음식을 먹을 수 있는 공간을 따로 갖춰서 청소년과 직장인들에게 꾸준하게 인기를 얻고 있다.

외국계 브랜드와 베트남 로컬 브랜드와의 편의점 전쟁

코로나19 대유행 이후 해외 기업의 베트남 진출과 높은 경제 성장률 덕분에 소비자들의 구매력이 높아지고 있다. 이러한 추세는 편의점 시장에서도 그대로 반영된다. 베트남의 편의점 시장은 매우 빠르게 성장하고 있다. 베트남에는 한국계 편의점을 포함해 다양한 국가의 편의점 브랜드가 진출해 있지만, 아직은 시장 초기 단계이기 때문에 선점을 위한 경쟁이 치열하다. 베트남 내 편의점 수는 2020년 874개에서 3년간 8% 이상의 평균 성장률을 보이며 2023년 기준으로 1,100개까지 늘어났다.

베트남 편의점 시장은 외국계 브랜드와 베트남 내 로컬 브랜드로 양분되어 있다. 외국계 브랜드는 GS25, CU, 세븐일레븐^{7Eleven}, 써클K$^{Circle\ K}$, 훼밀리마트^{FamilyMart}, 미니스톱^{Ministop} 등이며, 베트남 지역 브랜드는 빈마트^{VinMart}, 코옵 푸드$^{Co.op\ Food}$, 비스마트$^{B's\ Mart}$, 사트라푸드$^{(Satrafoods)}$ 등이다.

| 베트남 내 주요 프랜차이즈별 편의점 수 (2023년 기준)

구분	GS25 (한국)		써클K(미국)		비스(B's) 마트 (태국)		패밀리 마트(일본)		세븐일레븐 (일본)		미니스톱(일본)		총계	
	2023년	비중	2023년	비중	2023년	비중	2023년	비중	2023년	비중	2023년	비중	2023년	비중
호찌민	164	77%	204	48%	78	100%	116	79%	90	98%	145	99%	797	72%
하노이	0	—	161	38%	0	—	0	—	0	—	0	—	161	15%
그 외 지역	49	23%	58	14%	0	—	31	21%	2	2%	2	1%	142	13%
계	213	100%	423	100%	78	100%	147	100%	92	100%		100%	1,100	100%

출처: KOTRA 호치민무역관

베트남 편의점 시장이 인구 증가, 소비자들의 취향 변화, 개인 소비 증가에 코로나19 대유행 이후 온라인 주문 및 배송 서비스 등과 연계되면서 빠르게 수요가 증가함에 따라 외국계 브랜드와 로컬 브랜드가 치열한 경쟁을 하고 있다.

젊은 세대에서 전체 세대로 이용자가 늘고 있다

현재까지 베트남 내 편의점을 이용하는 주요 세대는 20대와 30대가 많다. 이들이 소비력이 높고, 도시 생활에서 바쁜 일상을 보내며 편의점의 다양한 서비스와 제품을 활용하기 때문이다. 또한, 대학생이나 직장인 등의 젊은 층은 편의점에서 저렴한 가격으로 먹거리나 생활용품을 구매할 수 있어 인기가 높은 편이다.

최근에는 40대와 50대도 편의점을 많이 이용하는데 이는 가족 구성원의 수가 적어서 적은 양의 식료품을 사거나, 집에서 먹을 만한 것이 없을 때 편의점을 이용하기 때문이다. 또한, 편의점에서 제공하는 다양한 서비스(지불 서비스, ATM 서비스, 세탁 서비스, 택배 서비스, 주유소 등) 때문에 자주 찾게 된다고 한다.

아직은 60대 이상의 노년층이 편의점 이용하는 비중은 크지 않지만, 한국과 일본을 볼 때 노년층 이용자도 점차 늘 것으로 전망하고 있다.

편의점이 생활 플랫폼화 되어가고 있다

　베트남 편의점 대부분은 식료품, 음료, 과자, 생활용품, 약국 용품 등 다양한 상품을 온라인과 오프라인을 통해 판매하고 있다. 그 외 ATM 서비스와 택배, 세탁, 지급 등의 서비스까지 점진적으로 O2O 플랫폼으로 새로운 비즈니스 영역으로 확대해 나가고 있다. 한국 편의점에서는 은행과 연계하여 금융 서비스도 제공하고 있다. 향후 베트남 편의점도 금융서비스 업무 외 다양한 신규 서비스를 경쟁적으로 선보일 것으로 예상된다.

　코로나19 대유행 이후 한국 영화, 드라마, 음악 등 한류 인기와 한국 식문화에 대한 베트남 현지인들의 관심이 높아짐에 따라 젊은 층

베트남 내 한국GS25 편의점에서 한국 즉석식품을 판매하고 있다.

출처: GS리테일

이 많이 있는 대학가와 오피스 타운 등에 한국식 매장 인테리어와 한국식 먹거리(김밥, 즉석떡볶이, 라볶이 등)를 즉석식품으로 판매하면서 호응을 얻고 있다. 베트남 하노이에 있는 인포플러스 김상석 이사는 "직원들이 호찌민에 출장 갈 때마다 GS25를 방문하는 걸 취미로 삼는 직원들이 있을 정도로 한국의 K-컬쳐와 K-푸드를 경험하는 명소가 되고 있다"라고 전했다.

베트남 편의점은 고객 편의를 중심으로 온라인과 오프라인이 통합된 O2O 플랫폼으로 진화될 것으로 전망된다. 배송과 택배, 퀵서비스 등 다양한 서비스 기업과의 융합형 서비스를 내놓을 것으로 예상된다. 베트남에 진출하는 한국 유통 기업들의 현지 편의점과 협업하는 것은 좋은 시장 침투 전략이 될 것으로 보인다.

인사이트

코로나19 대유행 이후 베트남의 일상생활에 많은 변화가 있었다.

라이프스타일 테크는 사람들의 '비대면 일상생활'에서 발생하는 많은 문제를 해결해 주는 기술이며, 더 나은 삶을 살 수 있도록 돕는 기술이다. 그 때문에 다양한 분야에 접목될 수 있다. 창의적인 아이디어를 지닌 스타트업들이 속속 등장하고 있으며, 관련 기업에 투자가 몰리고 있다. 국내 기업과 투자사들도 베트남 내 라이프스타일 테크 분야에 대한 많은 관심을 둘 필요가 있다.

인터뷰로 엿보는 베트남 비즈니스

전자결제

VNPT 이페이(VNPT EPAY) 김제희 대표

VNPT 이페이$^{\text{VNPT EPAY}}$에 대해 간략하게 소개해 주십시오.

VNPT 이페이$^{\text{VNPT EPAY}}$는 한국의 전자결제 시스템을 기반으로 베트남 내 다양한 지불수단을 하나의 채널로 통합해 제공하는 PG$^{\text{Payment Gateway}}$사 입니다. VNPT 이페이$^{\text{VNPT EPAY}}$는 베트남 중앙은행의 규정을 준수하고 PCI DSS$^{\text{Level 1}}$ 표준을 충족하는 정보기술 시스템을 통해 안정성과 보안성을 확보하고 있습니다.

2008년 설립된 이후 2017년 한국 자본이 경영권을 인수했고, 2018년부터 한국 경영진이 운영하고 있습니다. 2021년과 2022년 연속으로 베트남 상위 500대 기업$^{\text{VNR 500}}$에 이름을 올릴 정도로 성장했습니다.

VNPT 이페이$^{\text{VNPT EPAY}}$의 비즈니스 모델은 무엇입니까?

한마디로 말하면 '하나의 연결로, 모든 결제를$^{\text{One Connection, All Payments}}$' 이라고 할 수 있습니다. 신용카드, ATM 카드, 전자지갑$^{\text{Momo, Zalo, ShopeePay, Moca, Viettel Money, VNPAY QR}}$, 계좌이체 등 베트남에서 이용하는 모든 지불수단을 하나의 결제창으로 제공하고 있습니다.

베트남 PG사로는 처음으로 가상계좌와 펌뱅킹(실시간 이체) 서비스를 선보였으며, 휴대폰 선불충전을 위한 탑업$^{\text{Top up}}$ 서비스(다섯 개 통신사)와 함께 베트남 결제 시장에 맞춰 전국 1만여 곳의 오프라인 채널을 대상으로 현금 수납 대행 및 현금 지급 대행 서비스를 진행합니다.

베트남 결제 시장에 진출한 특별한 이유가 있었습니까?

무엇보다 베트남의 빠른 경제 성장과 전자상거래의 성장 가능성을

2022 VNPT 이페이^{VNPT EPAY} 송년회 모습.

출처: VNPT EPAY

보았습니다. 베트남은 현금 거래 비중이 70%~80% 수준으로 매우 높지만 베트남 정부의 지속적인 '현금 없는 사회^{cashless society}' 정책과 함께 빠르게 정보기술 환경을 받아들이고 적응하는 젊은 층의 인구 구성 비중이 매우 높기 때문에 PG 시장을 선점하고 성장시킬 수 있는 최적의 환경이라고 판단했습니다.

베트남은 현금 거래 비중이 높기 때문에 모바일 결제 시장에 진출할 때 많은 어려움이 있었을 것으로 보입니다. 어떤 과정을 거쳐 시장을 확대할 수 있었습니까?

아직도 베트남 전자상거래 시장은 현금 거래 비중이 높고 신용카드 발급률이 낮습니다.

COD^{Cash On Delivery} 방식의 거래가 많은데, 이는 판매자에 대한 신뢰도와 관련이 있습니다. COD는 판매자가 배송한 물건을 구매자가 직접 확인한 후 전달업자^{Shipper}에게 현금을 지급하는 방식입니다. 하지만, 전자상거래 시장이 커지고 신뢰도가 높아지면서 편리하고 다양한 지불수단을 사용하는 구매자가 급격히 증가하는 추세입니다.

VNPT 이페이$^{VNPT\ EPAY}$는 2018년부터 판매자가 한 번의 계약과 연동으로 베트남 내 모든 지불수단을 이용할 수 있도록 지원하기 시작했고, 이를 통해 구매자는 선호하는 지불수단을 통해서 결제할 수 있게 됐습니다.

기존 PG사는 40여 개 베트남 은행들 중에 약 20여 개씩 정도만 연동하여 누가 더 많은 은행과 연결이 되었는지를 가장 중요한 차별점으로 삼고 있습니다. 하지만 이런 방식으로 40여 개 은행들과 연결하려면 비용과 시간이 너무 많이 필요합니다. 그래서 VNPT 이페이$^{VNPT\ EPAY}$는 한국의 금융결제원과 같은 역할을 하는 NAPAS와 연결하여 베트남 내 40여 개 모든 은행과의 서비스를 시작할 수 있었습니다.

이를 성사시키는 과정에서 중앙은행과 많은 논의와 설득이 필요했습니다. 한국의 앞선 사례를 소개하는 한편 한국에서의 결제 전문가로 쌓아 온 경력 등을 인정받아 중앙은행의 승인하에 NAPAS와 최초로 연동한 PG사가 될 수 있었습니다.

VNPT 이페이$^{VNPT\ EPAY}$의 핵심 경쟁 역량은 무엇입니까?

다시 한번 강조하면 '하나의 연결로, 모든 결제를$^{One\ Connection,\ All\ Payments}$'입니다.

베트남은 신용카드보다 전자지갑이 더욱 빠르게 자리 잡았습니다.

따라서 PG사로서의 지불수단을 신용카드에만 초점을 맞추지 않고 베트남 내 모든 지불수단을 하나로 통합하는 전략을 세웠습니다.

초기에 전자지갑 사업자에게 파트너십을 제안했을 때, VNPT 이페이$^{\text{VNPT EPAY}}$를 경쟁 상대라고 여기고 파트너십 제안을 쉽게 받아들이지 않았습니다.

전자지갑 사업자는 비자나 마스터카드 등과 같이 원천 지불수단 제공사로 경쟁 상대는 카드 회사이며, VNPT 이페이$^{\text{VNPT EPAY}}$를 통해서 더 많은 고객에게 서비스를 제공할 수 있다는 점을 설득하였고, 어려움 속에서 통합 결제창을 완성할 수 있었습니다.

기존 전자상거래 사업자는 카드사 및 전자지갑 사업자와 별도로 계약을 체결하고 시스템을 연동해야 하는 어려움이 있었습니다. 하지만 VNPT 이페이$^{\text{VNPT EPAY}}$를 통하면 한 번의 계약과 시스템 연동으로 베트남 내 모든 지불수단을 제공할 수 있습니다. 또한 간편결제, 할부, 정기구독, URL 결제 등의 차별화된 지불방식을 빠르게 시장에 선보이면서 판매자의 매출 증대를 도우며 시장을 확대해 나가고 있습니다.

금융 전문가로서 볼 때 한국과 베트남의 디지털 금융 그리고 핀테크에서 어떤 차이가 있을까요?

기술 수준이 다르기도 하겠지만 가장 중요한 차이는 문화에서 비롯된다고 생각합니다.

많은 한국 기업과 창업자가 베트남에 진출하고 있으나 아직 성공 사례가 많지는 않습니다. 그 이유는 디지털 금융과 핀테크를 기술이나 한국에서의 경험 혹은 사례만으로 해결하겠다는 시도에서 비롯된다

| 2022 VNPT 이페이VNPT EPAY 모바일 앱 화면 및 서비스 영역

44
44개 이상의 국내 및 외국계 은행과 연결

+10,000
전국 63개 성,시에서 1만 곳 이상의 제휴사를 통한 수납/지급 대행

+30,000
서비스 이용 고객사 약 3만 곳

349위
2021, 2022년 연속 매출액 기준 상위 500대 기업 진입 (VNR500)

73조(VND)
거래금액 약 73조 VND (KRW 약 4조 원)
매출액 약 3,2조 VND (KRW 약 1,630억 원)
(2022년 연간 실적)

1.1억 건
거래 건수 1억1천만 건 (2022년 기준)

PG 서비스
- 전자결제 시스템Megapay
- 펌뱅킹 서비스Firm Banking
- 가상계좌 서비스Deposit code
- 학교 포털 서비스School Portal
- 수납/지급 포털 서비스
  Collection Portal/Disbursement Portal

수납/지급 대행 서비스
- 현금 수납 대행 서비스
- 현금 지급 대행 서비스
- Bill Payment (청구서 납부 서비스)

E-WALLLET 서비스MEGAV
- B2B2E 전자지갑
- 직원을 위한 편의 기능 (직원 장터, 공지)
- 금융 서비스
- 직원 전용 복지몰

부가 서비스
- 탑업 서비스
- Esan (B2C 탑업)
- Shipantoan 서비스

출처: VNPT EPAY

고 생각입니다.

저는 '결제는 하나의 문화'라고 생각합니다. 문화에 맞는 기술을 적용하기 위해서는 기술적인 시장 분석이 아니라 시장환경과 정부의 정책 그리고 사용자 중심의 생각과 환경을 이해하는 것이 우선입니다. 이를 토대로 시장을 분석하고 직원들을 이해하면서 그에 맞는 기술과 사례를 응용하여 적용하는 것이 중요합니다.

직원을 위한 동기 부여 방법이나 복지 프로그램을 소개해 주십시오.

가장 중요한 동기 부여는 VNPT 이페이^{VNPT EPAY}에서의 경험이 '베트남 내 최고 전문가가 되는 길'이라고 인식할 수 있도록 지속적으로 장기적인 계획과 전략 그리고 목표를 직원과 공유하는 것입니다.

현재 도입한 복지 프로그램은 격주 금요일을 온라인 근무일로 정해서 본인이 원하는 장소(커피숍, 휴양지, 자택, 친구 회사, 야외 등)에서 근무하도록 하고 있습니다. 이에 대한 직원들의 만족도가 가장 큽니다. 사무실이 아닌 다른 환경에서 일을 하면서 더욱 창의적인 생각을 할 수 있으며 워라벨^{work and life balance}도 높일 수 있습니다.

또한 매주 2~3회 간식 시간을 마련해 직원들이 모여서 다과를 하며 이야기 나누고 있습니다.

이 외에도 병원비 50% 지원, 매년 2회 이상 단체 여행 등 여러 프로그램을 도입했습니다.

VNPT 이페이^{VNPT EPAY}는 앞으로 어떤 도전을 계속 이어 나갈 계획입니까?

베트남에서 최고의 PG사로 확고하게 자리 잡는 것입니다. 베트남은 아직 초기 시장이라고 생각합니다. 이미 정해지고 만들어진 파이^{pie}를 서로 뺏는 레드오션^{red ocean} 시장이 아니라, 무한한 성장 가능성이 있기 때문에 지속적으로 커지는 파이를 빠르게 선점하겠다는 각오입니다.

베트남 진출을 고려하는 한국 기업에게 조언할 내용은 무엇입니까?

문화를 한마디로 정의하기는 매우 어렵습니다. 하지만 문화를 이해하는 노력이 가장 중요합니다.

시장, 정부, 정책, 직원들을 이해해야 하고, 이어서 새로운 기술과 그동안 축적한 다양한 경험을 베트남에 맞게 접목하는 노력이 필요합니다.

2장
베트남 전자상거래 현황 및 전망

코로나19 대유행으로 사람들이 집에 머무르는 시간이 길어지면서, 전자상거래, 디지털 결제, 온라인 교육 등 비대면 산업이 급속히 성장했다. 베트남에서는 인터넷 접근성이 좋아졌고, 저비용의 스마트폰과 태블릿 등이 보급되면서 온라인 및 모바일 시장이 대폭 성장했다. 이는 베트남에서 전자상거래^{eCommerce} 시장, 디지털 결제 시장, 디지털 헬스케어 시장, 생활형 플랫폼 시장 등의 성장을 이끌었다.

반면 소매업 등 전통적인 산업은 오프라인 방식으로 운영되는 경우가 많아, 비대면 거래가 확산하면서 위기를 맞고 있기도 하다.

베트남 전자상거래 시장 현황

전자상거래 시장은 디지털 채널을 통해 개인 최종 사용자에게 실제 상품을 판매하는 방식으로 PC, 모바일, 태블릿을 통한 구매 방식을 말한다.

세계적 경제 침체에서도 베트남의 소매시장 성장세는 가파르다. 코로나19 대유행으로 2020년과 2021년 사이에 소매 부문이 다소 주춤했지만, 2022년 소매 판매는 대유행 이전 수준을 회복했다. 베트남 통계청[GSO]에 따르면, 2022년 연간 소매 판매 증가율은 2021년 대비 19.8% 증가한 5,680조 동(약 2,413억 달러)이고, 그중 전자상거래 규모는 205억 달러로 전체 소매 판매액의 8.5%(2021년 7%)를 차지했다.

2022년 들어 베트남에서는 소셜미디어나 전자상거래 플랫폼을 통한 비즈니스 활동이 많이 증가하고 있으며, 기업 소유의 자체 앱[App]이

| 베트남 전자상거래 시장 전망

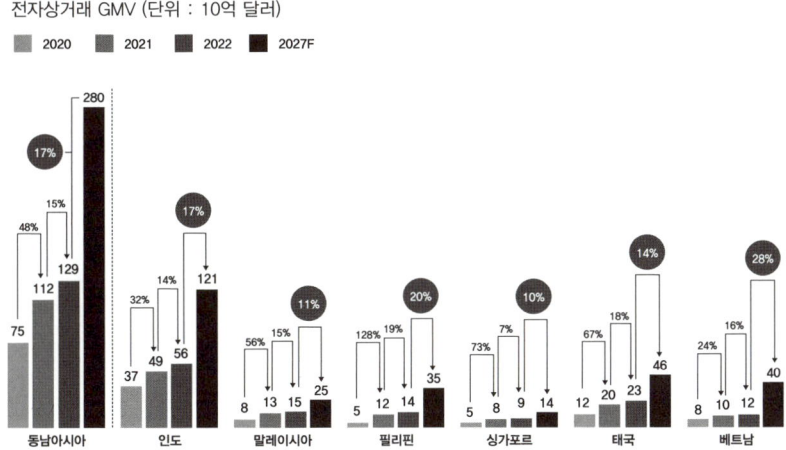

출처: Meta Platforms, Bain & Company, 2022. 9.

나 웹사이트보다는 틱톡 숍$^{Tiktok\ Shop}$, 쇼피^{Shopee}, 라자다^{Lazada}, 잘로^{Zalo} 등과 같은 전자상거래 플랫폼을 중심으로 판매가 더 확대되고 있다.

베트남 전자상거래협회$^{Vietnam\ E-commerce\ Association}$와 베트남 산업무역부의 분석에 따르면, 베트남 전자상거래 시장의 성장 속도는 세계에서 가장 빠른 국가에 속한다. 전자상거래를 주로 이용하는 연령대는 베트남의 인구 구조와 유사하게 20대와 30대가 32%로 가장 큰 비중을 차지하고 있으며, 30대와 40대가 그 뒤를 잇는다.

시장 조사 업체인 글로벌 웹 인덱스$^{Global\ Web\ Index}$에 따르면, 16세에서 64세 사이의 베트남 인터넷 사용자 중 78%는 이미 전자상거래를 이용하고 있으며, 모바일 장치를 이용한 온라인 구매는 58%에 달한다.

현지 소비자들은 주로 대형 슈퍼마켓 웹사이트, 전자상거래 애플리케이션을 통해 전자상거래를 이용하고 있으며, 그 외 라이브 스트리밍 기술을 응용한 유튜브^{Youtube}, 페이스북^{Facebook}, 기타 SNS에서도 전자상거래가 성행하고 있다.

베트남 전자상거래 시장에서 가장 선호하는 결제 방식은 현금 결제이다. 2023년 기준으로 현금 결제 비율은 75%이다. 그 뒤를 이어 신용카드 결제(15%), 직불카드 결제(5%), 온라인 결제(3%), 모바일 결제(2%)가 차지하고 있다.

베트남에서 현금 결제가 가장 선호되는 이유는 아직 신용카드와 온라인 결제 인프라스트럭처가 충분히 발달하지 않은 상태이고, 베트남 소비자는 현금 결제를 통해 구매한 제품에 대한 소유권을 더 확실하게 느끼는 경향이 있기 때문으로 분석된다.

코로나19 대유행 이후 신용카드와 온라인 결제 사용이 증가하고 있다. 베트남 정부는 신용카드와 온라인 결제 인프라스트럭처를 구축하기 위해 노력하고 있으며, 소비자도 신용카드와 온라인 결제의 편리함을 경험하면서 사용이 늘고 있다.

모바일 결제는 코로나19 대유행 이후 가장 빠르게 성장하는 결제 방식이다. 베트남은 스마트폰 보급률이 높고, 젊은 소비자들의 일상에서 모바일을 통해 쇼핑, 배달, 구매 등 다양한 결제 활동을 경험하고 있다. 이에 따라 모바일 결제의 사용이 젊은 MZ세대를 중심으로 더 증가할 전망이다.

베트남 전자상거래 주요 사업자

2022년 기준 베트남 내 주요 전자상거래 플랫폼 사업자는 쇼피^{Shopee}, 티키^{Tiki}, 라자다^{Lazada}, 센도^{Sendo} 등을 꼽을 수 있다. 2018년 2분기까지 베트남 내 온라인 플랫폼 방문객 순위 1위는 라자다였지만, 2018년 3분기 이후 쇼피^{Shopee}의 월평균 방문객이 3,400만 명을 확보하면서 순위가 바뀌었다. 쇼피^{Shopee}는 입점 업체가 비교적 짧은 시간에 제품을 등록하고 판매할 수 있다는 장점을 내세우며, 공격적으로 마케팅으로 전개하며 사업자를 끌어모았다.

- **쇼피**^{Shopee} : 쇼피는 중국 텐센트^{Tencent}를 모기업으로 하는 싱가포르 SEA 그룹의 일원으로 2015년 싱가포르에서 설립되었다. 이후 말레이시아, 태국, 인도네시아, 베트남, 필리핀 등으로 시장을

넓혀 운영되고 있다. 현재 베트남에서 가장 접속자가 많은 온라인 종합 쇼핑몰 플랫폼이다.

　무엇보다 손쉬운 판매자 등록 등으로 가장 많은 상품을 보유하고 높은 거래량을 기록하고 있다. 아이프라이스^{iPrice} 보고서에 따르면 2019년 웹사이트 트래픽 순위는 쇼피, 테저이지동, 센도, 티키, 라자다 순이다. 막대한 재정을 투입해 크리스티아누 호날두를 홍보모델로 기용하고, 12월에는 그랩 익스프레스$^{Grab\ Express}$와 파트너쉽을 맺었다.
　상점간 과당 경쟁을 조정하거나, 판매자 창고에서 상품을 가져오는 문제 등으로 구매자에게 추가 비용이 발생하는 등 해결해야 할 문제도 노출하고 있다.

- 티키^{Tiki} : 2010년 온라인 서점에서 출발한 종합 쇼핑몰로 서적, 온라인 강좌 코스 등에 강점을 보인다. 베트남 메신저 서비스 사업자 잘로^{Zalo}를 보유한 VNG가 모기업이다. 중국 징둥닷컴$^{JD.com}$이 지분 21%를 보유하고 있다.

　'티키 나우'라는 서비스를 통해 멤버십 고객을 대상으로 2시간 배송 서비스를 제공한다. 이를 시행하기 위해 한국의 쿠팡과 비슷한 형태의 자체 물류센터에 재고로 상품을 보관하고 즉시 배송을 진행하는 점이 다른 서비스와의 차별적인 특징이다. 매끄러운 서비스 등으로 젊은 층에 인기가 높다.

- **라자다**^{Lazada} : 중국 알리바바가 대주주인 라자다는 인도네시아, 말레이시아, 싱가포르, 태국에 진출한 동남아시아 최고의 전자상거래그룹인 라자다그룹^{Lazada Group}의 산하에 있다. 베트남 시장에는 2012년 진출했다. 가장 많은 트래픽을 기록하고 있으며, 거의 유일하게 영어를 지원한다. 하지만 구매자 정보를 관리할 수 있는 시스템이 없어 잘못된 주문 등으로 문제가 지적되기도 한다.
- **센도**^{Sendo} : 베트남 대표적인 정보기술 대기업인 FPT의 자회사로 2012년부터 오픈 마켓 서비스를 시작했다. 패션 의류, 액세서리, 화장품 등에서 강점을 보이며, 2014년 SBI 등 세 곳의 일본 기업이 1,800만 달러, 2018년 SBI 홀딩스, 다이와 PI 파트너스^{Daiwa PI Partners}, 비노스^{Beenos}, 소프트뱅크 벤처스 코리아^{SoftBank Ventures Korea} 등으로부터 5,100만 달러를 투자받았다.

베트남 전자상거래 시장은 4대 플랫폼 기업이 80% 이상을 점유하고 있었다. 최근 들어 스마트폰 및 인터넷 보급률이 증가하고, 많은 베트남인의 일상생활에서 SNS가 필수가 되면서 변화가 일고 있다. 스마트폰과 SNS는 친구와 가족과의 연락 수단을 넘어 각종 기업 및 브랜드에서 국내외 소비자에게 다가가기 위해 사용하는 강력한 도구로 그 역할이 확장되고 있다.

시장조사업체 OOSGA에 따르면, 2022년 베트남의 월평균 SNS 이용자는 7,610만 명으로 전 세계에서 소셜 미디어 사용자 수가 가장 많은 상위 10개국 중 하나이다.

디시전랩^{DecisionLab}이 발표한 2023년 1분기 베트남 SNS 플랫폼 데

이터에 따르면, 페이스북, 잘로^{Zalo}, 유튜브^{Youtube}가 90% 이상을 차지한다.

　SNS가 사람들을 연결하는 본래의 기능 외에도 기업의 브랜드 소통의 창구와 광고 플랫폼 역할에 더해 판매 플랫폼으로도 확대되고 있다. 베트남에서는 SNS 활용도가 높기 때문에 인플루언서 마케팅, 소셜커머스 등 소셜미디어를 통해 실시간 판매 및 구매 채널로 변화시켜 거래 참여자 간 직접적으로 상호 작용하고 있다. 이는 기존 전자상거래 기업에는 위협이 되고 있다.

| 베트남 전자상거래 및 소셜커머스 침투율 (2021년 4분기 기준)

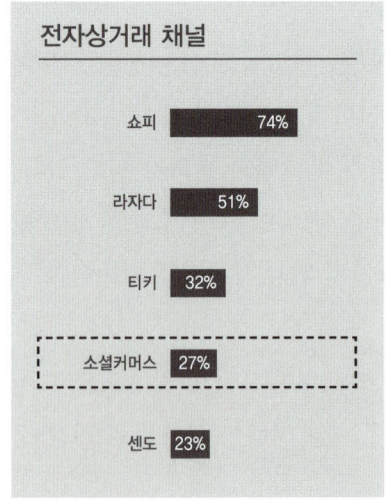
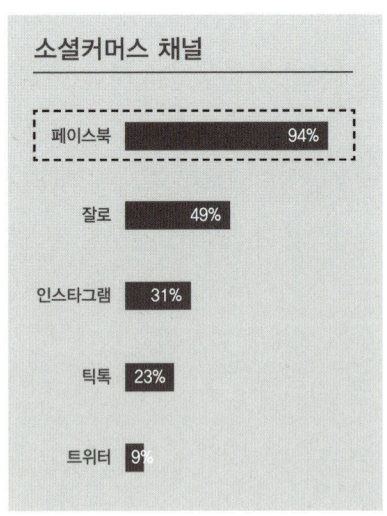

출처: Decision Lab

인사이트

현시점에서 베트남은 지속 성장하는 시장으로 인식되고 있다. 코로나19 대유행 기간에도 다른 국가들이 마이너스 성장을 기록한 것과 달리 소폭이지만 성장세를 기록했다. 2021년 경제성장률은 2.58%로 2019년 7%대의 높은 성장률에 비하면 10년 만에 최저치를 기록했다고 하지만, 다른 아세안 국가에 비해서는 확실하게 대비된다.

젊은 인구가 주축이 된 소비, 모바일 장치의 광범위한 보급 그리고 상대적으로 편리한 인터넷 이용 환경 등은 전자상거래가 활성화되기에는 최적의 조건이다. 이런 이유로 베트남의 전자상거래 시장에서는 매년 적자를 기록하면서도 지속적으로 자금을 투입하며 선두 탈환 혹은 시장 점유율 유지에 안간힘을 쓰는 사업자들이 많다. 현재 베트남 전자상거래 시장에는 글로벌 거대 기업의 경쟁이 매우 치열해 후발주자들이 시장점유율을 확보하기 위해서는 상당한 손실도 감수해야 하는 상황이다. 사실 플랫폼 비즈니스는 아마존의 사례를 보더라도 5년에서 10년 간의 손실을 감당할 수 있을 만큼의 '기초 체력'을 갖추고 있어야 성공할 수 있다는 것이 정설이다.

베트남 전자상거래 시장이 지속해서 성장하기 위해서는 개선되어야 할 사항도 적지 않다. 첫 번째로 체계적인 배송 시스템의 구비와 확충이 필요하다. 배송 수수료는 매우 저렴한 편이나 배송의 정확도, 추적 등은 상당히 미흡하다. 두 번째, 온라인 결제의 활성화가 시급하다. 여전히 온라인 구매의 80% 이상이 현금으로 결제되고 있으며 이는 향후 시장 확대에 걸림돌로 작용할 것이다. 세 번째, 좀 더 다양한 제품 소싱을 통해 더욱 풍부한 제품의 유통이 뒷받침되어야 한다.

베트남 전자상거래 및 디지털경제부[IDEA]는 2025년까지 베트남의 B2C 전자상거래 시장 규모가 390억 달러(약 51조 원)에 이르러, 인도네시아에 이어 동남아시아 지역 내 2위를 차지할 것으로 예상한다.

동남아시아 지역에 한국 제품을 판매하는 전자상거래 기업인 ㈜코미코퍼레이션의 장건영 대표는 "베트남 전자상거래 시장에 진출하려는 한국 기업들은 베트남의 법률과 문화, 언어를 이해하는 것뿐만 아니라 현지 상황을 정확하게 인식해야 한다"라며 "베트남의 물류와 배송 기반은 한국과 비교해서 열악하고 결제의 대부분이 COD 방식이어서 현지 고객을 위한 다양한 결제 방식을 접목해야 한다"라고 조언한다.

베트남은 농업 중심의 가족 공동체를 형성한 나라로 가족 외 관계에서는 대체로 선을 긋는 편이다. 거래 시 물건을 직접 보고 현금을 지급하는 COD 방식이 여전히 주를 이루는 것은 타인에 대한 불신 풍조가 반영된 것이라는 분석도 있다. 이를 고려할 때 전자상거래에서도 안전장치를 더욱 강화하는 것이 바람직하다. 예를 들어, 에스크로^{escrow} 서비스로 안전성을 확보하는 것도 하나의 방법이다.

[참고 자료]

전자상거래 시장, 2027년까지 400억 달러 도달 전망. KOTRA 하노이무역관. 2022. 10. 18.

Viet Nam's e-commerce market to reach US$40 bln by 2027, VGP, 2022. 10. 15.

베트남 이커머스 주요 플레이어, Techbiz.network, 2023. 3. 2.

인터뷰로 엿보는 베트남 비즈니스
전자상거래

고미 코퍼레이션 장건영 대표(왼쪽)와 이상곤 대표

고미 코퍼레이션은 어떤 회사인지 소개해 주십시오.

고미 코퍼레이션(이하 고미)은 주요 동남아시아 시장에 한국 제품을 판매할 수 있도록 토탈 솔루션을 제공하는 기업입니다.

좀 더 자세히 보면 고미는 한국 기업과 해외 진출 계약을 맺고, 자체 개발한 현지 최적화 정보기술 솔루션을 제공하여 현지 온오프라인 커머스를 연계해 줍니다. 필요한 데이터 등은 실시간으로 가공, 처리하게 됩니다. 해외에 진출하고자 하는 국내 기업은 고미의 솔루션과 현지 세일즈 채널을 통해 온오프라인에서 매출 파이프라인을 구축할 수 있게 되는 것입니다.

고미는 단순한 가교 역할에서 끝나지 않고 수출 과정에서 반드시 필요한 수입 허가 등록, 공급망 관리, 마케팅, 풀필먼트, 고객서비스 그리고 정산에 이르기까지 올인원 서비스를 제공합니다.

이렇듯 고미는 한국 브랜드의 동남아시장 진출을 위한 허브 역할을 수행한다고 보시면 됩니다.

고미의 구체적인 사업 영역과 주요 제품 및 서비스는 무엇인가요?

고미의 사업 영역은 정보기술 솔루션, 커머스, 리테일, 마케팅, PG, OTT로 이루어져 있습니다. 주력 서비스는 정보기술 솔루션이며 상품을 판매하기 위한 종합 데이터 센터로 보시면 됩니다. 고미에서는 이를 '고미 파트너,' '고미 인사이트,' '고미 OMS'라고 부르고 있습니다. 커머스는 24시간 운영되는 사업이다보니 '오픈 AI'를 활용한 인공지능 기술도 도입하고 있습니다.

| 고미코퍼레이션 수입허가 등록 시스템 프로세스

* 예시 이미지: 수입 허가 등록 시스템 도식

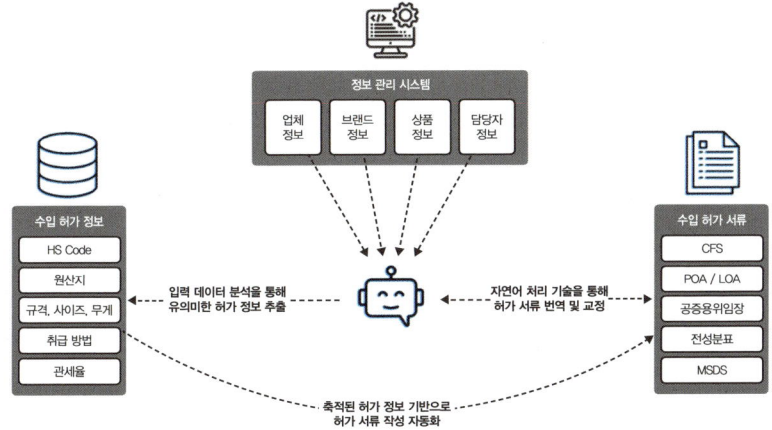

출처: 고미코퍼레이션

현재 기술적으로 낙후된 에너지 산업을 디지털로 전환하는 친환경 에너지 사업도 진행하고 있습니다.

본사는 베트남에 있고, 태국을 비롯해 인도에도 진출하는 등 글로벌 진출을 확대하고 있습니다. 특별한 이유가 있습니까?

고미가 현재 진출한 국가는 모두 '개발도상국'입니다. 개발도상국은 해외 지사를 두지 않으면 '행정 및 법률'적으로 여러 한계가 있습니다. 그래서 반드시 현지에 직접 진출해 사업을 진행하고 있습니다.

동남아시아 여러 나라 중 베트남에 본사를 둔 이유가 있습니까.

창업 전에 베트남에서 주재원 생활을 했습니다. 당시 근무하던 회사는 게임, 프랜차이즈 사업을 하는 상장기업이었는데, 회사 사정이 어려워지면서 어느 날 갑자기 상장이 폐지됐습니다.

그때 한국으로 귀국하지 않고 베트남에 남아 함께 일하던 베트남 직원들과 부동산 관련 사업을 시작했습니다. 그 중엔 뷰티 전시회나 박람회에 참가하는 한국 브랜드의 부스를 확보해 주는 일도 있었는데, 행사가 끝나면 우리에게 재고를 주고 가는 경우가 많았습니다. 그래서 시험 삼아 웹사이트를 개설해 재고를 판매해 봤는데 생각보다 잘 팔렸습니다. 커머스 사업의 묘미를 그때 처음 느꼈고, 베트남에서 한국 제품의 인기가 높다는 것을 몸소 체험할 수 있었습니다.

당시 베트남에서 증강현실 게임 스타트업을 운영 중이던 이상곤 대표에게 한국 제품을 베트남에 판매하는 전자상거래 사업을 해보자고 제안하고, 본격적으로 리테일 사업을 시작하게 되었습니다.

한국 브랜드의 동남아 진출을 위한 가교 역할을 하고 있는 셈인데요. 조금 구체적으로 소개해 주십시오.

상품 유통 과정에서 발생하는 방대한 데이터는 브랜드 입장에서 매우 중요하고 필요한 자료입니다. 해당 데이터를 확보, 가공해서 기업에 제공하는 서비스를 일찌감치 준비했습니다.

간략히 소개하자면, 우선 '고미 파트너$^{Gomi\ partner}$'는 기업들이 해외 시장에 빠르게 진출하고 판매와 물류를 정확하게 예측하고 운영할 수 있게 도와주는 '서비스형 솔루션^{SaaS}'입니다. 정보 관리, 수출입 인허가, 매출 리포트, 정산 시스템 등의 기능을 제공합니다.

'고미 인사이트$^{Gomi\ insight}$'는 동남아시아 마켓플레이스 데이터를 분석해 상품 소싱 및 등록, 마케팅, 운영에 관한 인사이트 도출에 도움을 주는 솔루션입니다. 키워드 검색량을 분석해 마켓 인사이트를 제공하고, 가격 흐름 등을 분석해 가격 전략 수립 등에 도움을 주게 됩니다.

예를 들어 고미몰에 입점한 브랜드는 쇼피, 티키, 라자다 등과 같은 제휴 몰에도 동시에 입점하는데 어디에서 얼마나 팔렸는지 데이터가 궁금할 겁니다. 고미 파트너 센터에 로그인하면 각 판매 채널에서 어떤 제품이 얼마에, 또 어느 정도 판매되었는지 모든 데이터를 파악할 수 있습니다.

국내에서는 리테일 기업이 이미 제공하는 솔루션이지만, 베트남에서는 아직 선보이지 않은 서비스이기 때문에 베트남 내 리테일 시장에서 고미를 주목하고 있기도 합니다.

베트남 진출 과정에서 특별히 어려웠던 점은 무엇인가요?

동남아시아 시장은 아직도 신용카드보다 현금, 즉 COD$^{Cash\ on\ Delivery}$ 결제 비율이 절대적으로 높은 편입니다. 현금 결제 비율이 70% 이상입니다. COD는 배송 기사가 고객에게 직접 돈을 받은 후 배송 업체를 통해서 정산하는 프로세스인데, 현지에서 대응할 수 있는 인력이 없으면 COD를 이용할 수가 없습니다.

그래서 한국에서 활성화된 역직구 형태의 해외 진출은 어려움이 큽니다.

베트남 리테일 시장은 경쟁이 매우 치열한 것으로 알려져 있습니다. 고미의 차별화된 강점은 무엇인가요?

고미는 한국 법인보다 베트남 법인을 먼저 설립했습니다. 그만큼 현지화가 잘 되어 있다고 할 수 있습니다. 또 수입허가부터, 물류 풀필먼트, 고객서비스, 정산 등 해외 진출에 필요한 모든 업무를 올인원$^{all-in-One}$으로 해결한다는 것도 장점입니다.

고미에서 보유하고 있는 창고는 3,966㎡(1,200평) 규모로 주요 도시인 하노이와 호찌민 두 곳에서 직접 풀필먼트를 운영함으로써 현지에서 빠르게 배송할 수 있고, 물류비용도 절약할 수 있습니다. 베트남 최초로 두 시간 배송 서비스도 선보이고 있습니다.

쇼피, 티키, 라자다 등이 고미를 경쟁사로 인식하는 경우가 많은데 이들은 경쟁자가 아니라 고미의 판매 채널입니다. 고미는 해외 진출을 돕는 올인원 솔루션을 제공하기 때문에 모든 리테일 플랫폼은 고미에게는 마켓플레이스이자 협력 업체입니다.

고미는 오픈마켓이 아니라 브랜드와 정식으로 계약을 맺고 입점하는 형태이기 때문에 최근 이슈가 되는 가품 관련 문제도 원천 차단됩니다.

고미의 향후 성장 방향과 전략은 무엇입니까?

2023년 1월 싱가포르에 '고미플레이'라는 합작법인을 설립했습니다. '고미플레이'는 키즈 콘텐츠를 기반으로 교육·학습 콘텐츠를 제공하고, OTT와 TV 채널에 유통하면서 캐릭터를 활용한 상품을 온오프라인으로 유통하는 비즈니스입니다.

OTT와 전자상거래를 연계했다는 점이 차별화 포인트인데, 넷플릭스에서 상품을 구매할 수 있다고 생각하시면 됩니다. 예를 들어, 뽀로로를 시청하면서 뽀로로 치약, 칫솔을 동시에 구매할 수 있는 식입니다. 구매는 고미몰로 연결돼 진행됩니다.

베트남에서는 매년 100만 명 가까운 신생아가 태어나고 있습니다. 한국의 2.5배이며, 교육열도 만만치 않다는 점을 고려했을 때 키즈 관련 산업이 유망하다고 판단했습니다.

유튜브나 다른 OTT는 한국의 키즈 콘텐츠에 자막만 넣어 제공되기 때문에 글자를 모르는 아이들은 보기 어렵습니다. 이에 착안해 고미는 자체적으로 더빙 작업을 진행하고 있습니다.

최근에는 영국의 국민 크림이라고 불리는 'E45'의 더마 브랜드와 아시아 최초로 독점 계약을 맺었습니다. 이 브랜드는 지금까지 국내에 공식 유통되지 않았고, 주로 맘카페나 입소문으로 해외 직구로 유입되고 있었습니다.

E45 브랜드 모회사는 한국 아모레퍼시픽의 시가 총액과 비교하면, 약 세 배 정도가 될 정도로 규모가 큰 글로벌 기업입니다. 고미가 아시아 뷰티의 중심국인 한국 회사라는 점과 동남아시아 유통 시장까지 진출해 있다는 점을 피력해 계약할 수 있었습니다.

해외 진출을 고려 중인 한국 기업 또는 자영업자들에게 조언하고 싶은 내용이 있다면 무엇인가요?

해외에서 창업할 때는 현지인과 비즈니스를 함께 시작하는 것이 현명합니다. 베트남에서 영향력 있는 기업은 베트남 기업이고, 행정이나 법률 등 대부분 절차에서 발생하는 언어적인 문제 등을 고려할 때 현지인과 동업하는 것이 효율적입니다.

　한국에서 성공한 레퍼런스가 반드시 해외에서도 통할 것이라고 생각해서는 안 됩니다. 언어와 문화가 다르고 특히 리테일 및 전자상거래 시장에서는 대한민국 브랜드 가치가 절대적으로 선진국(서방 국가)보다 높지 않다는 점을 인식해야 합니다.

3장
베트남에서 급성장하는 디지털 헬스케어 산업

장면 하나.

우스갯소리로 들리겠지만, 베트남 한인회는 '베트남에서 하지 말아야 할 것' 중 제일 우선으로 '아프지 말아야 한다'를 꼽는다고 한다.

베트남에서의 병원비는 한국과 비교할 때 매우 높은 편이다. 한국을 기준으로 생각하면 이해되지 않는 것까지 추가로 부담해야 하는 경우도 많다. 병원비가 갑자기 변경되는 예도 있고, 혹시 문병인이 와서 함께 밤을 새우면 숙박비를 청구하기도 한다. 병원비는 선결제가 기본이다. 결제 후에도 의사와 간호사가 부족해 장시간 대기해야 하는 경우가 비일비재하다.

장면 둘.

베트남 병원에는 환자와 환자의 가족들이 검진받으러 오는 경우가 많아 대기실과 복도, 계단까지 길게 대기 줄이 만들어지고 있으며 덥고 습하기까지 해서 없던 병까지 생길 것 같은 기분이 든다.

　장면 셋.
　베트남 정부는 코로나19 대유행이 어느 정도 진정되고 의료 서비스의 중요성을 인식하면서, 2022년 이후 디지털 헬스케어 시스템을 강화하기 위한 구체적인 정책 목표를 수립했다. 기존 시행 규칙을 개정해 전자 처방전을 의무화하는 등 본격적으로 제도를 개선하고 있다. 베트남 의료 시장에 한국을 포함해 외국인 투자자의 관심이 증가하고 있는 이유이다.

3시간 줄 서서 3분 진료

　핀란드의 이스턴 핀란드 대학교^{University of Eastern Finland} 연구팀은 조사 보고서를 통해, 호찌민에 약 120만 명의 주민이 제대로 된 의료 서비스를 누리지 못하고 있다고 지적한 바 있다. 이에 따르면 호찌민 주민들은 가장 가까운 병원에 가는 데 걸리는 시간은 최소 30분이고, 동네 의원에 가려고 해도 15분 이상이 걸리는 것으로 나타났다.
　베트남 의료 서비스 산업은 공공 의료서비스와 민간 의료서비스로 나뉘며, 각각 50%의 비중을 차지하고 있다.
　세계보건기구^{WHO}의 2023년 통계에 따르면, 베트남에 1,600개의 병원이 있는데 그중 1,200개는 공립병원이고, 400개는 사립병원이다. 공립병원은 정부가 운영하고 관리하는 병원으로, 환자들이 무료 또는 저렴한 비용으로 진료를 받을 수 있다. 반면 사립병원은 민간 기업이 운영하는 병원으로, 환자들이 질 좋은 의료서비스를 빠르게 받을 수 있어 비싼 비용이라도 선호도가 높은 편이다.

2023년 기준 베트남 인구 1,000명당 의사 수는 1.7명이고 간호사는 2.2명이다. 이는 세계 평균인 의사 2.8, 간호사 2.9명에 비해 낮은 수준이다. 베트남 정부는 의료 인력 부족 문제를 해결하기 위해 의사와 간호사를 양성하기 위해 힘쓰고 있지만 빠르게 성장하는 경제와 함께 개인 의료 서비스에 대한 수요가 증가하고 있어, 의료 인력 부족 문제는 앞으로도 지속될 것으로 예상된다.

베트남 의료 시장은 코로나19 이후 부쩍 높아진 건강에 관한 관심과 더불어 베트남의 중산층 인구와 노인층 인구의 증가와 경제 성장에 따른 소득 수준 향상 그리고 베트남 정부의 의료 시장의 발전과 의료 서비스의 향상을 위해 노력하고 있으며 다양한 정책 및 프로그램을 통해 의료 시스템의 혁신과 개선을 촉진하고 있다.

베트남 경제 성장과 의료 종사자 현황

국제통화기금[IMF], 세계은행[WB], 아시아개발은행[ADB] 등과 같은 국제기관과 스탠다드차타드은행 등 글로벌 주요 은행들은 2022년 베트남 경제가 아시아에서 가장 높은 7%~8% 정도 성장할 것으로 전망했다. 또 인플레이션은 4% 안팎으로 다른 국가와 달리 안정적일 것으로 예상했다.

베트남이 저비용 생산 구조와 비교적 잘 개발된 인프라스트럭처, 정부의 친기업 정책, 글로벌 생산 공장의 탈중국 수혜 등으로 외국인 직접투자^{FDI}가 꾸준히 유입되고 있어 베트남 경제 성장을 이끄는 원동력이라고 평가된다.

2023년 베트남 정부는 경제성장률 목표치를 6.5%로 설정했다.

코로나19 대유행 이후 높은 경제성장률과 개인 건강에 대한 관심 증가가 맞물리면서 베트남 정부는 국가 차원에서 공중보건 시스템을 강화하기 위해 공공지출을 늘리고 있다.

하지만 현시점에서 보면 의사와 간호사가 부족하고 의료 서비스의 질은 여전히 낮은 편이다. 특히 베트남 공립 병원들은 코로나19 대유행 기간 중 방역을 위해 매일 야근하는 과중한 업무와 낮은 임금 등을 이유로 의료진의 퇴사가 이어지며 의료 서비스 공백마저 우려된다. 2021년 초부터 2022년 중반까지 전국 3,000명 이상의 의사와 2,800명 이상의 간호사를 포함하여 1만 명에 가까운 공립 병원 의료 종사자들이 직장을 그만두거나 이직을 한 것으로 집계됐다.

베트남 의사들은 의과대학에서 6년 동안 공부한 후 18개월 동안 실습을 거친 후 의사 면허증을 발급받는다. 공립 병원에 채용되면 월 급여와 수당을 포함해서 대략 50만 원 수준의 급여를 받지만, 사립 병원에서는 최소 300만 원 이상의 급여를 받고 있다.

인적 자원 전문 컨설팅 업체인 퍼솔켈리^{PersolKelly}가 2022년 발간한 베트남 연봉 가이드$^{Vietnam\ Salary\ Guide}$에 따르면, 호찌민에서 5년~10년 경력을 지닌 사립병원 의사의 월 실수령액은 최소 2,500달러에서 최대 3,500달러이며, 하노이의 경우 2,000달러에서 3,000달러 수준으로 나타났다. 수간호사의 경우 10년 경력을 기준으로 호찌민과 하노이 모두 1,500달러에서 3,000달러 사이를 받는다. 2년~5년 경력의 일반 간호사는 호찌민·하노이 모두 600달러에서 1,200달러를 월 실수령액으로 받는다.

베트남 의료 종사자의 공립 병원과 사립 병원의 급여 차이는 환자들에게서 받는 의료비의 차이에서 비롯된다. 베트남 병원의 87%가 공공 소유이지만, 이들 중 많은 병원이 공공 및 민간 의료서비스 모두 제공한다.

공립 병원에서의 공공 및 민간 서비스는 외형상 유사하지만 다소 차이가 있다. 두드러진 차이는 해당 서비스를 제공하는 데 사용되는 시설과 장치의 소유권이다. 정부가 공립 병원용 장비를 구매하고 의사들에게 월 급여를 지급하기 때문에 공중 보건 서비스의 가격은 소모품과 장비 비용만으로 이뤄진다.

반면 사립 병원인 민간 의료서비스에서는 장비 감가상각비와 인건비를 포함하기 때문에 공공서비스보다 가격이 높아질 수밖에 없다. 의사가 민간 서비스를 제공할 때 제공된 서비스에 따라 추가 수입이 생긴다.

의사의 이중 진료에 따른 부작용으로 공립 병원을 이용하는 환자의 대기 시간이 사립 병원보다 훨씬 길어진다. 문제가 발생하는 이유는 이중 진료 관행을 실천하는 의사가 공공 부문보다 시간당 소득이 더 높은 민간 시설에서의 진료에 더 많은 시간과 자원을 쓰기 때문이다. 또한 이중 진료를 하는 의사는 공공 의료시설을 찾는 환자들이 민간 의료시설에서 치료받도록 권장하려고 일부러 공공시설에서 질적으로 낮은 진료를 제공하기도 한다.

디지털 의료에 정부가 나서다

2023년 현재 베트남 의료 상황은 한국의 1990년대 후반과 비슷한 수준이다. 한국과 달리 인구가 계속 늘고 있으며 경제도 지속적으로 성장하고 있어 국민의 의료 수준에 대한 기대감은 갈수록 높아지고 있다. 하지만 의료 관련 예산이 적어 시설과 기기는 낙후되어 있으며, 인구 대비 병원이 적어 늘 포화 상태이다. 이마저도 대도시에 편중되어 있다.

베트남 정부와 보건부는 의료 부문에 대한 민관협력^{Public-Private Partnership} 투자를 독려하고 있다. 지역별로 격차가 심한 의료 불균형을 해소하기 위해서 2023년까지 인구 1만 명당 10명 이상의 의사를 확보하는 것을 목표로 삼았다.

민관 협력 투자 외에도 베트남 정부는 의료 디지털화의 중요성을 느끼고 의료 분야에서의 비대면 진료 등 관련 정책에 관심을 기울이고 있다. 코로나19 대유행 기간 중 강력한 사회적 거리 두기, 제한된 여행, 과밀집된 병원 등은 환자에게 정확한 진단과 효과적인 의료 서비스를 제공하는 비대면 의료 시스템의 필요성을 부각했다.

2020년 6월 베트남 총리는 2025년까지 국가 디지털 혁신 프로그램과 2030 비전을 승인[749/QĐ-TTg]했고, 이에 근거하여 보건부 장관은

2020년부터 2025년까지 '원격 의료 검사 및 치료' 프로젝트를 승인하는 결정문$^{2628/QĐ-BYT}$을 발표했다.

베트남 정부와 보건부는 코로나19 대유행을 경험하면서 원격 의료의 잠재력을 발견하였고 2020년 4월 베트남 보건부는 정보통신부와 협력하여 원격의료 프로그램을 개발하였다. 2021년 8월에 지역^{distrct} 수준의 보건 시설을 연결하기 위한 원격 보건 플랫폼을 선보였다.

베트남 최대 이동통신사인 비엣텔 그룹$^{Viettel\ Group}$이 개발한 비엣남넷^{Vietnamnet}을 이용하면 환자와 의사가 가상 플랫폼에서 연결되어 문진할 수 있다. 여기에는 병력 청취와 같은 기초적인 문진에서 영상 진단$^{image\ diagnostic}$뿐만 아니라 외과 수술에 대한 상담까지도 포함된다.

베트남–독일 친선 병원은 원격 상담, 진료 그리고 수술을 했고, 바익마이$^{Bach\ Mai}$ 병원은 351개의 하급 병원과 연결하여 원격 의료 상담에 참여했다.

호찌민 중앙 이비인후과 병원 등은 매주 목요일에 정기적으로 하급 병원들과 상담을 진행하고 있다. 대도시뿐만 아니라 지방에서도 활기를 띠었다. 중남부에 있는 빈딘$^{Binh\ Dinh}$ 지방에서는 코로나19 관련 검사 및 치료를 위한 원격 진료 지원 플랫폼^{telehealth}이 도입됐다. 이 플랫폼을 기반으로 건강 검진과 치료를 위하여 성^{province} 내 종합병원, 전문병원, 보건소에 화상회의 장비를 갖추기 시작했다.

원격 의료 서비스는 일반적인 상담 이외에도 온라인 응급 상담은 많은 환자에게 시기에 적절하고 효과적인 도움이 되고 있다. 의료 서비스에 대한 접근성이 크게 향상되어 이전에는 치료하기 어려웠던 심각한 질병으로 고통받는 많은 사람도 병원 서비스를 받을 수 있는 등 긍정적인 효과가 나타나고 있다.

정부는 제한된 의료 인력 및 부족한 접근성을 보완하기 위하여 상급과 하급 의료 인력의 공유와 원격 진료 제도를 도입함으로써 하급 수준의 의료 시설은 정보 기술을 기반으로 상급 수준의 병원으로부터 정기적이고 임시적인 전문적 지원을 받도록 했다. 이를 통해 상급 병원의 과부하를 줄이고 건강 진단 및 치료의 품질과 효율성을 증진하며 의료서비스 이용에 대한 접근이 어려운 사람들의 만족도를 높여 나가는 과정이다.

베트남 정부의 디지털 의료 추구 방향에 따라, 원격 진료 및 의료 차트 관리, 의료용 로봇, 환자 관리 소프트웨어 등 향후 해당 분야의 외국인 투자를 늘리기 위한 장려 정책이 확대될 것으로 예상된다. 특히

| 베트남 디지털 헬스 시장 규모

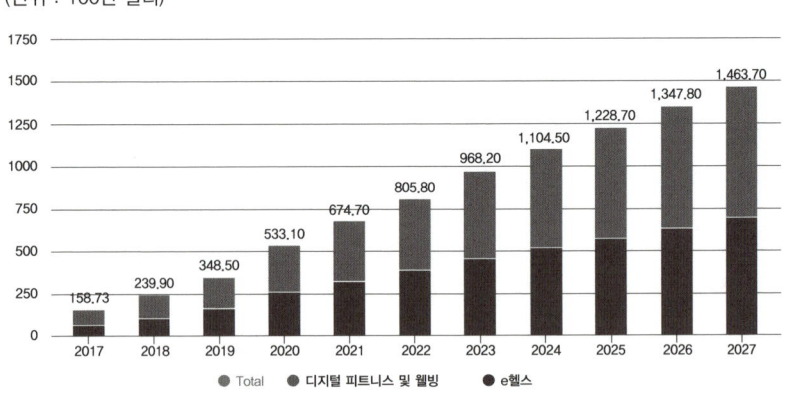

출처: Statista, 2022. 12.

| 베트남 디지털 헬스 분야 주요 성장 요인

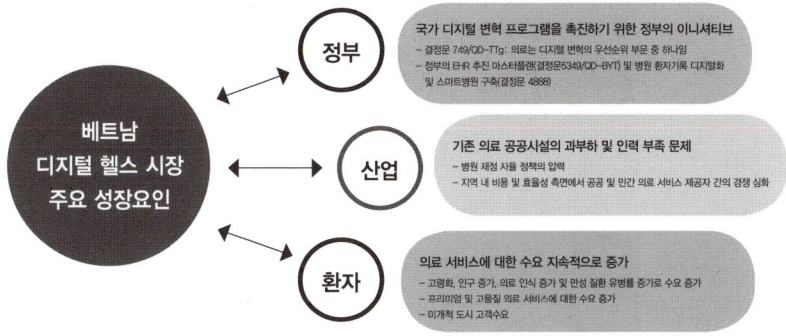

출처: KPMG, KOTRA, 2022. 3.

지리적으로 의료 시설에 대한 접근이 어려운 지방성 정부의 투자 수요나 환자 관리 효율화에 관심이 큰 병원과의 협업을 기대할 수 있다.

시장 조사 업체인 스타티스타^{Statista}에 따르면, 2022년 베트남 디지털 헬스케어 부문 매출은 총 3억 8,780만 달러이다. 2025년까지 연평균 성장률은 29.6%로 헬스케어 분야에서 가장 높은 성장세가 예상된다. 오는 2027년에는 5억 5,220만 달러 규모의 시장을 형성할 것으로 전망된다.

베트남은 1억 명의 인구와 중산층의 증가 그리고 코로나19 대유행을 경험한 이후 건강에 관한 관심이 높아지고 있다. 기대 수명 또한 늘고 있다. 베트남에서 고품질 의료 서비스에 대한 니즈^{needs}가 증가하고 있지만 의료 자원의 불균형으로 인해 디지털 헬스케어 시장이 유망할 것으로 예상된다.

베트남 호찌민에서 헬스케어 사업을 전개하고 있는 양포의 베트남 법인 박정재 대표에 따르면, 대도시에 집중된 의료 서비스로 인해 대도시가 아닌 지방에 거주하는 많은 베트남 사람은 건강 진단과 치료를 위해 대도시에 머물면서 큰 비용을 지급하는 실정이다. 박정재 대표는 "지방에도 병원이 들어서고 우수 장비가 도입되고 있지만 이를 가동할 인력과 기술이 부족하고 환자들의 믿음 또한 부족한 상황"이라고 전한다. 이에 따라 디지털 헬스케어는 이러한 틈을 줄이면서 획기적으로 성장할 것이라고 강조한다. 특히 베트남 내 디지털 헬스케어 시장은 이제 시작 단계이기 때문에 관심 있는 한국 기업들은 치밀하게 베트남 현지 시장을 조사하고 준비한다면 시장을 선점할 기회를 잡을 수 있다고 귀띔하고 있다.

인사이트

디지털 헬스케어는 환자에게는 의료 접근의 편의성을, 의료기관에는 운영 효율성이라는 장점을 각각 제공한다. 특히 코로나19 대유행을 거치면서 많은 사람은 스마트폰 앱을 통한 원격 진료나 의사 예약 등의 편의성을 경험해 그 가치를 경험한 것은 향후 성장의 촉진제가 작용할 것으로 예상된다.

QR코드를 통한 앱 결제 시스템이 확산한 것처럼 스마트폰 앱을 통한 원격 의료의 확산, 병원 내 의료 기록 솔루션의 전파 등도 보편화될 것으로 보인다. 이 과정에서 베트남 디지털 헬스케어 분야에 진출하거나 투자하려는 한국 헬스케어 스타트업 또는 병원 정보기술 기업은 베트남 지방성과 연계한 병원 디지털 시스템 도입 프로젝트에 참여하거나 국공립 병원과 연계한 의료진 교육 프로그램 제공 등을 통해 기회를 찾을 수 있을 것으로 보인다.

[참고 자료]

베트남 디지털 헬스 산업 동향. KOTRA 하노이무역관, 2022. 12. 8.

2022 베트남 디지털 헬스·원격진료 시장동향. KOTRA 호치민무역관, 2022. 3. 16.

베트남의 보편적 건강 보장과 의료접근성 강화: 의사의 이중 진료와 원격진료. 대외경제정책연구원, 2022. 7. 11.

인터뷰로 엿보는 베트남 비즈니스

헬스케어

자연한의원 최성주 원장

대학에서는 공학을 전공한 것으로 아는데, 지금 베트남에서 한의원을 열게 된 과정을 소개해 주십시오.

한국과학기술원^{KAIST}에서 항공우주공학을 전공하고, 졸업 후 대전대학교 한의학과에 다시 입학한 후 한의사가 되었습니다. 한의원을 개원해 운영하다가, 이제는 베트남으로 자리를 옮겼습니다. 현재 호찌민에서 자연한의원이라는 이름으로 한의원을 운영하고 있습니다.

공학도에서 한의사로, 한국 한의원에서 베트남 한의원으로 큰 변화를 거친 셈입니다.

베트남 한의원에서 제공하는 서비스도 국내와 다를 바 없는지요?

그렇습니다. 한의원으로서 한의학적 의료 서비스를 제공하고 있습니다. 통증 클리닉, 피부 비만 클리닉, 성장클리닉, 부인과 질환, 신경정신과 질환, 자가면역 질환, 난치성질환 등 다양합니다. 침, 약침 요법, 추나 치료, 매선 치료 등을 이용하여 질환에 다각적으로 접근하고 있습니다.

한의원을 찾는 베트남 환자는 일의 과로에서 오는 근골격계 질환이 많지만, 더불어 경련^{tic}, 불면증 등 스트레스로 인한 심신의 문제를 동반하는 질환도 적지 않습니다. 다행스럽게 이런 질환에는 한의학적 치료가 매우 효과적입니다. 이를 통해 베트남 사람들에게 한의학의 우수성을 알릴 수 있다고 생각하고 있습니다.

코로나19 대유행 이후 베트남 사람들이 건강을 우선시하는 경향이 두드러지고 있고, 소득 수준 향상으로 중산층이 확대되면서 의료 서비스에 관

한 관심이 높아지고 있다고 말합니다. 현실은 어떤가요?

　베트남 사람은 일반적으로 자신의 건강에 관한 관심이 많습니다. 코로나19 이후에는 더욱 건강에 관한 관심이 높아지고 있습니다. 이는 먹는 음식에 관한 관심으로도 나타나는데, 최근에는 좋은 음식에 대한 관심이 커지면서 유기농 식품에 관한 수요도 늘고 있습니다. 또한 홍삼, 비타민, 오메가3 등 건강기능 식품도 많이 찾고 있습니다.

　예방의학 관점에서 보면 평소 건강에 관한 관심이 높아지고 있습니다. 건강검진에 대한 관심도 자연스럽게 늘고 있습니다. 베트남에도 한국과 같이 일반적인 건강검진 제도가 있는데, 이에 대한 수요도 많

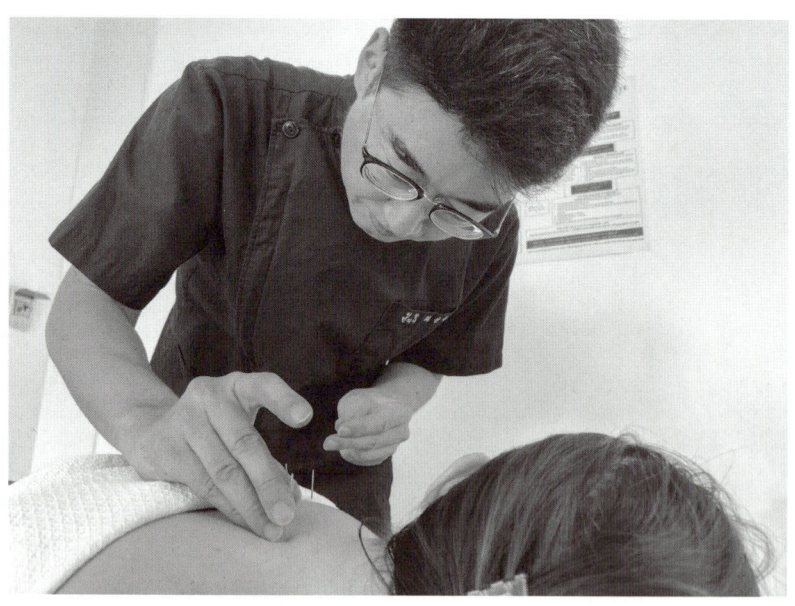

침 시술을 하고 있는 최성주 원장.

출처: 자연한의원, 2023.

아지고 있고 더불어 개인이 비용을 지급하고서라도 좀 더 정밀한 검사를 받고자 하는 사람들이 많습니다.

경제적 여건이 되는 사람은 외국에 나가서 건강검진을 받는 사례도 드물지 않습니다. 이에 따라 현지에 있는 외국계 병원에서도 건강검진 프로그램을 새롭게 마련해 광고하는 것을 볼 수 있습니다.

앞으로 중산층이 좀 더 증가한다면 다양한 건강검진에 대한 수요는 더욱 증가할 것으로 보입니다.

베트남 의료 분야에 여러 문제점이 있다고 들었습니다. 실제로 한의원을 운영하면서 느끼는 문제는 어떤 것이 있습니까?

베트남 의료 시스템은 공립과 사립으로 나뉩니다. 공립 의료기관 종사자는 낮은 보수 등으로 이직률이 높습니다. 이에 따라 의료인의 인력 수급이 어려운 것으로 알고 있습니다. 사립 의료기관은 상대적으로 높은 급여 덕분에 인력을 확보하는 데 큰 어려움이 없다고 합니다. 일정 정도 규모가 있는 사립 병원은 주로 외국계 투자 병원인데, 이들 병원은 주로 하노이와 호찌민에 있습니다. 이는 베트남의 의료 불균형을 초래하기도 합니다.

베트남의 보험은 본인이 거주하거나 근무하는 지역 위주의 병원이 먼저 지정되기 때문에 암 등 중증 질환으로 수술받기 위해서는 지역에서부터 시작하여 주위의 큰 도시의 병원으로 옮기는 단계를 거쳐 최종적으로 하노이 또는 호찌민에 있는 병원으로 오게 됩니다. 이런 과정에서 지방이나 소도시에 사는 사람들은 많은 어려움을 겪고 있습니다.

베트남은 원격 의료 등 의료 분야에 정보기술을 접목하는 것이 허용된다고 하는데, 특별히 관심을 두는 분야가 있는지요?

코로나19 대유행 중 베트남에서도 원격 의료가 도입되었습니다. 코로나19 이후에 이에 관한 관심이 다소 줄긴 했지만, 베트남의 지리적 여건과 병원의 대도시 집중 현상으로 인한 의료 불균형 등을 보면 앞으로 발전 가능성은 높다고 생각합니다.

베트남은 아직 의료 시스템 전산화가 미흡합니다. 종이 차트도 많이 사용하고 있습니다. 지금은 의료 시스템 전산화와 이를 위한 소프트웨어 개발이 필요한 시점이라고 할 수 있습니다. 개인적으로는 빅데이터를 기반으로 한 인공지능 진단 서비스에 관심이 있습니다. 인공지능의 학습 능력과 데이터 해석 역량은 앞으로 발전할 것이고, 이에 따라 의료 시스템도 변화할 것입니다.

공학에서 한의학으로 전공을 바꾼 것도 쉽지 않았을 테고, 한국이 아닌 베트남이란 새로운 곳에서 라이선스를 획득하는 과정도 힘들었을 것으로 생각됩니다. 가장 어려웠던 점은 무엇이었나요?

새로운 길을 갈 때는 당연히 많은 어려움이 있을 수밖에 없습니다. 하지만 예측할 수 있는 어려움이라면 해결 방안을 찾기가 좀 더 수월할 것입니다. 예측할 수 없고, 예상하지 못한 난관이 닥치면 어려움은 더욱 심해집니다. 그런 면에서 베트남은 예상하지 못한 난관들이 많았던 것 같습니다.

제가 한의사(또는 한의원) 라이선스를 준비하면서 가장 어려웠던 점은 돌발 변수로 인해 일의 진행이 순조롭지 못해서 오는 기다림의 시간을 견디는 것이었습니다. 코로나19라는 예기치 못한 변수가 있어서 기다림의 기간이 더 늘어난 것도 있습니다만 어느 정도 예상했던 기간 내에 해결되겠다고 생각했던 일들이 자꾸 연기되면서 준비 기간이 점점 길어졌습니다. 일의 진행이 예상했던 것과 달리 느리게 진행될 때 오는 압박을 슬기롭게 견뎌내는 지혜가 필요했던 시기였습니다.

베트남에서 생활하면서 느끼는 한국과의 문화 차이가 몇 가지만 소개해주십시오.

한국과 비교하자면 시간에 대한 인식이 좀 더 여유롭게 느껴집니다. 한국은 뚜렷한 계절의 변화 덕분에 계절에 따른 시간의 흐름을 인식하기 쉽습니다. 하지만 베트남, 특히 호찌민은 건기와 우기로 나뉘지만 큰 온도 변화는 없고 비교적 일정합니다. 그래서 계절의 흐름, 시간의 흐름을 알기 어렵습니다. 그래서인지 베트남 사람들은 시간의 흐름에 따른 조급함이 없고 여유가 있는 듯합니다.

베트남에 처음 왔을 때는 대체로 약속 시간을 정확히 지키지 않는 사람들 때문에 답답한 경우가 많았습니다. 어느 정도 시간이 흐르니까, 이런 상황에도 적응이 됩니다. 하지만 너무 익숙해지다 보면 생활이 나태해지기 쉬우므로 항상 조심하고 있습니다.

베트남은 한국의 이전 모습처럼 대가족 중심 문화가 자리하고 있습니다. 한 집에서 3대가 모여 사는 집도 많습니다. 식당에서도 대가족이 모여서 식사하는 모습을 자주 볼 수 있습니다.

앞으로 베트남에서 구상하는 의료 서비스나 계획이 있다면 무엇입니까?

베트남 사람들은 대부분 오토바이를 이용하기 때문에 자세 불균형 및 근골격계 질환이 많습니다. 자세 불균형에서 초래되는 질환이 다양하므로 자세 균형을 위한 스트레칭과 평소 신경 써야 할 올바른 생활 자세를 위한 콘텐츠를 마련할 필요가 있다고 생각하고 있습니다.

조금 더 크게는 한국의 앞선 의료 시스템을 베트남에 소개하고 싶습니다. 한국의 의료 제도뿐만 아니라 학술 교류를 할 방안을 모색하려 합니다.

개인적으로는 베트남의 시골 곳곳을 찾아 다니며 의료 봉사를 할 생각입니다.

베트남을 비롯해 동남아시아 시장에 진출하려는 한국 디지털 헬스케어 기업이 많습니다. 어떤 주의 사항과 조언을 들려주시겠습니까?

해외에 진출하기 전에 현지 상황을 정확히 인식하는 것이 중요합니다.

일이 진행되는 과정에서 발생할 수 있는 돌발변수를 항상 생각해야 합니다. 계획된 일정대로 일이 진행되는 것이 제일 좋겠지만, 현지 상황이 항상 계획대로 진행되는 것은 아니기 때문에 기간이 길어질 수 있다는 생각을 염두에 두고 사업을 진행하는 것이 중요합니다.

또한 일을 진행할 때 다양한 채널을 통해 충분하게 준비해야 합니다. 특정한 한 사람에게 의존하는 것보다 여러 채널을 통해서 일을 진행하는 것이 좋습니다.

한가지 추가하면 베트남의 문화와 정서를 이해하고 접근해야 합니다. 현지 문화에 대한 이해가 부족하면 생활하면서 자꾸 부딪히거나 사소한 일에 에너지를 쏟는 일이 발생합니다. 불필요한 에너지를 소모하는 일을 막기 위해서는 베트남의 문화와 사람의 정서를 이해해야 합니다. 사업 측면에서도 마케팅이나 현지화를 위해서는 한국적인 것도 중요하지만 베트남에 맞는, 베트남인의 정서에 맞는 현지화된 아이디어가 필요하다고 생각합니다.

호찌민에서 한의원을 운영하면서 베트남에 거주하는 한국 교포들에게서 자주 듣는 말은 무엇인가요?

베트남에 오래 살고 있는 교포들은 대체로 '베트남이 생각보다 살기 좋다'는 말을 많이 합니다. 어려운 점도 있지만 장점도 많은 나라이고, 그러므로 오랫동안 거주하고 있는 거라고 말합니다. 무엇이든 관점이 중요한 것 같습니다. 어떤 관점에서 바라보느냐에 따라 인식도 달라지는 것 같습니다.

4장
베트남 디지털 금융 및 핀테크 현황

지난 2021년 전 세계 핀테크 분야에 투자된 금액은 약 1,300억 달러(약 170조 원)로 역사적인 수준을 기록했다.

글로벌 컨설팅 기업인 KPMG가 발간한 '2022 핀테크 동향 보고서'에 따르면, 2022년에 들어서면서 전 세계 경제 성장 둔화, 공급망 문제, 인플레이션 및 그에 따른 금리 인상 등으로 글로벌 투자 환경이 크게 위축되었지만, 아시아 태평양 지역의 핀테크 투자는 사상 최대치를 기록했다. 아태 지역 핀테크 투자는 2021년 502억 달러(약 66조 원)에서 2022년 505억 달러(약 67조 원)로 소폭이나마 증가했다. 이는 미국과 유럽 등 금융 선진국이 2021년 대비 최소 40% 이상 핀테크 투자가 감소한 것과 대비된다.

특히 베트남은 2022년은 물론이고 코로나19 대유행 기간 핀테크 투자 및 인수합병M&A 시장에서 거래가 가장 활발했던 나라 중 하나였다(거래 완료 건수 총 21건, 거래 규모는 4억 달러 상회). 코로나19의 대유행 동안 전통적인 방식으로 제공되는 금융서비스가 지속적으로 재구성되고 재정의되면서 핀테크 시장이 빠르게 성장하고 있다는 방증이기도 하다.

베트남 금융 산업 현황

베트남은 1986년 '도이모이 Đổi mới (쇄신을 의미함)' 정책을 도입한 이후 급격한 경제 성장세를 보이고 있을 뿐만 아니라 정부의 금융 산업 지원 확대와 소득 증가에 따른 금융 수요 증가, 금융 시장 개방화 등의 대내외적 요인으로 인해 금융 산업이 지속적으로 성장하고 있다.

2021년 세계경제포럼 World Economic Forum, WEF이 발표한 금융개발지수 Financial Development Index에서 베트남은 전체 138개국 중 86위를 차지했다. 이는 2019년 대비 3단계 상승한 것으로, 베트남의 금융 산업이 발전하고 있음을 보여 준다.

WEF는 금융개발지수를 측정할 때 금융 시스템의 규제, 모바일 금융, 디지털 금융, 은행 시스템 등 다양한 지표를 참조한다. 베트남의 경우, 모바일 금융 분야에서 상승세를 보이고 있으며, 디지털 금융 분야에서도 발전하고 있다고 WEF는 밝혔다. 그러나 아직은 은행 시스템에서의 발전이 미흡하다는 평가도 받고 있다. 전반적으로 베트남의 금융 산업은 진화하고 있지만, 여전히 개선해야 할 부분도 많이 있다는 점에서 베트남 금융 시장을 대상으로 한국을 포함한 글로벌 기업들은 시장 잠재력을 인정하고 이미 진출했거나 협력을 모색하고 있다.

세계은행의 글로벌 핀테크 데이터에 따르면, 베트남에서 금융 계좌를 보유한 15세 이상의 인구는 2021년 기준으로 전체 인구 중 31%에 불과하다. 이는 세계 평균인 69.5%의 절반에도 미치지 못한 수준이며, 동남아시아 평균 71%에 비해서도 낮은 수준이다.

베트남 내 전체 은행 계좌와 신용카드를 보유한 고객은 2019년 35% 수준이기 때문에 디지털 금융과 핀테크를 통해 금융 포용을 향상시키고 경제 성장 및 소득 불평등 문제를 해결할 수 있다는 점을 정부가 인식하고 있다. 베트남중앙은행[SBV]은 오는 2030년까지 15세 이상 베트남 인구의 90%가 은행 계좌를 갖도록 하는 방안을 추진하겠다고 밝혔다.

시장 조사 업체인 IDC와 백베이스[Backbase]가 2021년 2월에 발표한 보고서[Fintech and Digital Banking 2025 Asia Pacific – second edition]에 따르면, 2021년에서 2025년 사이에 베트남의 비대면 모바일 거래는 300% 급증할 것으로 예상된다. 또한 2025년 이후 베트남, 인도네시아, 필리핀, 태국 등 주요 아태 시장의 디지털 금융서비스 산업의 생태계 동향 보고서에서 베트남의 시중 은행들은 모바일 채널과 디지털 전략을 핵심 사업으로 이해하고 있으며 비대면 디지털 금융 활성화를 전개할 것으로 전망한다.

이러한 배경 속에서 모바일 결제, 대출, 자산관리, 보험 분야에서 많은 혁신 기업이 등장할 것으로 예측된다. 2021년 7월에 발표된 모바일 결제 전문 기업 보쿠^{BOKU}와 주니퍼리서치$^{Juniper\ Research}$가 내놓은 전 세계 모바일 결제 보고서에 따르면, 베트남 내 모바일 지갑 보급률/시장 침투율은 2020년 19.7%에서 2025년 55.5%로 빠르게 성장할 것으로 전망된다.

이런 추세는 베트남뿐만 아니라 폭넓게 동남아시아에서도 목격된다. 동남아시아 지역의 모바일 전자 지갑 시장은 2020년부터 2025년까지 311%의 사용 증가율을 보이며 급성장할 것으로 예상된다. 2025년까지 인도네시아, 말레이시아, 필리핀, 싱가포르, 태국, 베트남 전역에서 약 4억 3,970만 개의 모바일 지갑이 생성될 것으로 전망된다.

IDC와 백베이스^{Backbase} 보고서에 강조된 또 다른 주요 동향은 베트남 은행들이 신용에 대한 수요가 급증함에 따라 디지털 대출에 점점 더 집중하고 있다는 점이다. 2021년부터 베트남의 대출 증가율은 매년 두 자릿수를 기록할 것으로 예상된다. 이미 베트남 시중은행의 80%가 신용위험과 자산부채 관리에 재투자해 비대면 대출 역량을 강화하고 있다.

베트남에서 부는 디지털 금융

2023년은 미·중 갈등과 러시아와 우크라이나 간 전쟁의 장기화, 전 세계적인 인플레이션에 따른 고금리·고물가·고환율 등으로 기존 금융 산업은 '기본에 충실$^{Back\ to\ Basics}$'할 것으로 전망된다. 더불어 금융권 본연의 핵심역량을 강화하고 잃어버린 고객에 대한 신뢰를 회복하기 위해 핀테크와 테크핀 기업의 인수합병$^{M\&A}$ 등에도 적극 나설 것으로 예상된다.

이런 흐름 속에서 베트남 디지털 금융과 핀테크 산업은 유례없는 호황이 예고된다. 지금까지 소비자에게 '은행'은 언제든 찾아갈 수 있는 지점과 지점 창구 직원이나 ATM, 거래 증서로서 역할 하는 통장, 그리고 최근에는 인터넷이나 모바일로 이용할 수 있는 온라인 뱅킹이라는 모습으로 인식되고 있다.

은행의 지점은 소비자의 돈을 안전하게 관리하는 대형 은행의 실체를 증명하고 은행 창구 직원은 소비자를 위하여 필요한 은행 업무를 처리해 주는 주체다. 그들과의 거래는 통장이라는 증서에 기록되어 있어 나중에 은행에 맡겼던 돈을 찾을 수 있는 권리를 말해주는 것이었다.

인터넷 뱅킹이나 모바일 뱅킹은 은행 창구 직원들을 거치지 않고 소비자가 은행 서비스를 이용할 수 있는 대체적 수단이며, 디지털 기술에 의해 실물 통장의 기록이 디지털 기록으로 서로에게 입증될 수 있게 되었다. 이러한 은행의 표면적 실체 뒤에는 수많은 사람으로 구성된 거대한 은행 조직과 이들이 일하는 업무 프로세스 그리고 이를 지원하는 복잡한 시스템이 자리 잡고 있다.

하지만 이제는 은행의 이와 같은 실체적 존재보다는 소비자가 편리하게 이용할 수 있는 금융 서비스 경험이 더욱 중요하게 받아들여지고 있다. 가까운 곳에 지점이나 ATM 기기가 있느냐보다 언제 어디서든 은행 서비스를 편리하게 사용할 수 있느냐가 더 중요해진 것이다.

한국은 카카오뱅크, 케이뱅크, 토스뱅크 등으로 대표되는 디지털 은행을 통해 더 이상 은행 업무를 위해 지점을 방문하지 않아도 은행 앱^{APP}을 통해 기존 은행과 같은 금융서비스를 제공받을 수 있게 되었다.

금융업은 이제 상품이나 서비스, 채널보다는 고객 관계가 핵심인 비즈니스 모델로 바뀌고 있다. 전 세계 핀테크 기업들은 기존 금융기관들이 굳건하게 지켜오던 금융 서비스 시장의 틀을 흐트러뜨리고 새로운 지형으로 바꾸어 놓았다

코로나19의 대유행을 지난 2022년 '위드 코로나$^{with\ COVID-19}$'로 세계 경제가 좋아질 것이라는 예상과 달리 전 세계가 인플레이션으로 고통받고 있으며, 전쟁의 장기화에 따른 에너지 위기 파동과 자국민 중심의 민족주의가 국가 간 경계를 이전보다 더 뚜렷하게 만들고 있다.

세계적 불황으로 기존 금융 산업 강자들이 보수적인 금융 정책을 펴는 가운데 핀테크 산업은 대안 금융 산업으로 주목받고 있다. 특히 베트남은 젊은 디지털 네이티브$^{digital\ native}$ 인구, 높은 인터넷 보급률, 약 1억 2,500만 명의 휴대전화 사용자가 있는 디지털 혁신에 있어 흥미로운 국가다. 이러한 요인들이 코로나19 대유행의 영향과 결합하여 지난 2년 동안 베트남에서 비대면 온라인 또는 모바일 결제 및 전자상거래 서비스에서 디지털 금융 서비스 사용이 급증하고 있다.

2021년 디지털 마켓 아웃룩 리포트에 따르면, 베트남 내 모바일 결제 이용자 수는 2017년 약 2,600만 명에서 2025년 7,100만 명까지 증가할 것으로 예상된다. 모바일 결제 비율은 베트남 전체 인구의 29.1%에 달하는데, 이는 세계 세 번째로 높은 수치다. 참고로 1위는 중국이 39.5%, 2위는 한국이 29.9%이다). 이는 베트남 경제활동 인

구의 대부분이 모바일 결제를 사용한다는 것을 의미한다. 베트남 정부도 '디지털 전환을 위한 국가 프로그램'을 공식 발표하며, 2025년까지 현금 사용률 8% 미만을 목표로 '현금 없는 결제를 위한 개발 계획'을 추진함에 따라 핀테크 산업은 지금까지 경험하지 못한 호황을 누릴 것으로 기대된다.

코로나19 장기화가 디지털 금융과 핀테크에 미친 영향 커

코로나19 장기화는 베트남 고객들이 전통적인 은행에서 탈피하여 핀테크/빅테크 기업으로 이전하거나 은행 계좌가 없는 절대다수의 고객이 핀테크 기업의 서비스를 이용하게 되었다.

특히 전체 인구의 70%가 35세 이하인 MZ세대들에게 전통적인 은행과 핀테크 기업들이 제공하는 금융서비스의 차이를 구별하지 못하거나 은행을 신뢰하지도 선호 하지도 않게 되었다.

전 세계 모바일 퍼스트 MZ세대는 거의 공통으로 은행의 지점 방문 대신 손바닥 안에서 쉽고 즉각적인 재정 관리와 투자, 결제 등을 하고 싶어 한다. 그들은 돈을 이체하고 청구서를 한 번 탭^{Tap}하거나 스와이프^{Swipe}하여 지불할 수 있기를 요구하고 있다. 그들은 자신의 소비 습관을 검토하고 지침을 제공받으며 실시간으로 액세스할 수 있기를 원하기 때문이다.

MZ세대에게는 한국의 인터넷 은행인 카카오뱅크나 토스, 핀테크 기업인 뱅크샐러드나 핀크가 금융 기관인지 아닌지, 비트코인이 법정

화폐인지 아닌지는 중요하지 않다. 더 편리한 금융 서비스를 빠르고 쉽게 받을 수 있다는 것이 중요할 뿐이다.

핀테크 싱가포르$^{Fintech\ Singapore}$의 보고서에 따르면 2020년부터 베트남의 핀테크 사업은 폭발적으로 성장하고 있다고 밝혔다. 2019년 코로나19가 한창일 때 시회적 거리 두기, 격리를 통해 어쩔 수 없이 모바일을 통한 거래 및 결제가 이루어졌다. 2020년 1분기 베트남의 전자 결제를 통한 거래는 전년 대비 78% 증가하고 거래액도 124% 늘어났다. 또한 2020년 2분기 구매 애플리케이션 접속자 수도 1,270만 명에 달하면서 2019년 동기 대비 43% 늘어난 수치이고 2022년 이후 주요 거래 방법으로 자리 잡게 되었다.

2022년 기준으로 베트남 스타트업 기업 중 31%가 핀테크 분야에 속하는 것으로 파악된다. 글로벌 투자사들도 잠재력이 큰 베트남 핀테크 기업에게 관심을 보인다. 구글은 2015년부터 2020년까지 베트남 핀테크 산업의 성장률이 215%에 달한다고 밝힌 바 있다.

베트남 내 디지털 은행들도 글로벌 트렌드를 따라 혁신을 위한 방안을 모색하고 있다. 일례로 비엣캐피탈은행$^{Viet\ Capital\ Bank}$의 티모뱅크$^{Timo\ Bank}$는 2020년부터 eKYC$^{electronic\ Know\ Your\ Customer}$ 온라인 고객 인증을 통해 온라인으로 은행 계좌를 개설하는 서비스를 제공하고 있다.

2020년 설립된 베트남 최초 디지털 전문은행인 TNEX도 비대면 계좌 개설 서비스를 베트남 MSB$^{Maritime\ Bank}$와 함께 선보이고 있다. 또한 모바일 앱을 통해 지출, 송금, 수신, 수입, 결제 등의 금융 거래를 수행할 수 있도록 지원한다. 베트남 모바일 차량 호출 서비스 기업인 비그룹$^{Be\ Group}$과 전통 은행인 VP뱅크$^{VP\ Bank}$가 2021년 출시한 케이크^{Cake}

| 베트남 디지털 결제 시장 및 금융 공동망 시장 규모

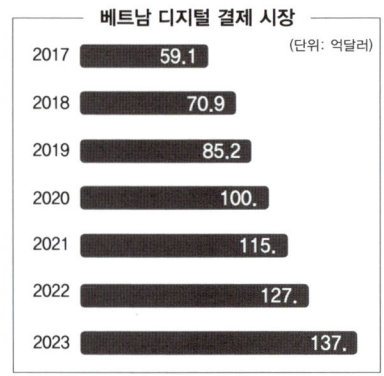
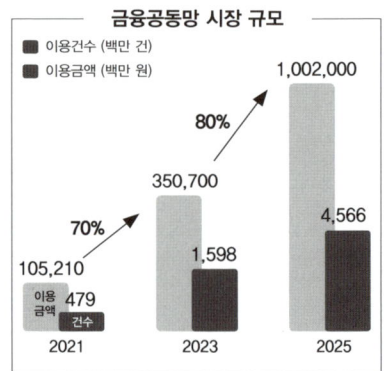

출처: Statista, 2020.

도 디지털 전문은행으로 발돋움하기 위해 준비하고 있다.

은행 외 소비자 플랫폼 회사 중에서는 차량공유서비스 그랩^{Grab}, 고젝^{Gojek}, 결제 사업자인 브이엔페이^{VNPAY}, 모모^{MOMO}, 잘로페이^{ZaloPay}, 페이우^{Payoo} 그리고 전자상거래 업체인 쇼피^{Shopee}, 라자다^{Lazada} 등 이미 많은 사업자가 베트남 내 은행과 협력해 금융 시장에 진입하면서 향후 파급 효과가 매우 클 것으로 예상된다.

브이앤라이프^{VNlife}의 핀테크 계열사인 브이앤페이^{VNPay}는 베트남은행과 협력해 결제에 QR코드를 이용하는 전자지갑 서비스를 제공하고 있으며, 현재 약 1,500만 명의 사용자를 확보하고 있다.

베트남 정부는 세계적인 핀테크 유행을 따라잡고, '현금 없는 사회'를 만들기 위해 핀테크 산업을 적극 육성한다는 방침이다. 핀테크 기업을 활성화하기 위해 규제 샌드박스^{SandBox}를 운영하는 등 지원 정책을 강화한다고 밝히고 있다. 베트남 정부는 적극적인 핀테크 지원 정책으로 핀테크 기업이 빠르게 자리 잡을 전망이다. 이에 힘입어 베트남은 동남아시아의 핀테크 허브 역할을 하게 될 것으로 전문가들은 전망하고 있다.

싱가포르대화은행United Overseas Bank, UOB에 따르면, 베트남 핀테크 기업 수는 2012년 33개에서 2022년 9월 기준 263여 개로 급증했다. 금융지주사인 로보캐시 그룹Robocash Group의 조사에 따르면, 베트남인들

| 베트남 내 핀테크 기업 수
(2022년 9월 기준)

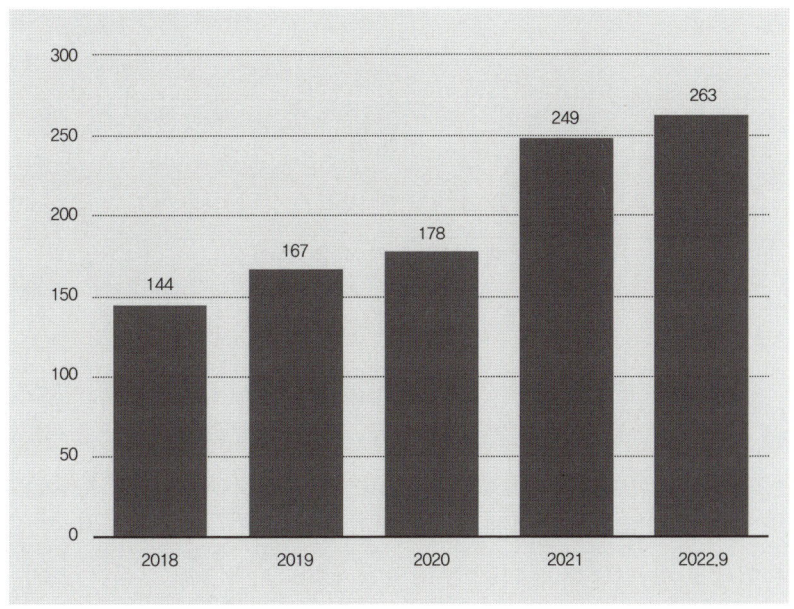

출처: United Overseas Bank, 2022. 9.

은 매초 최소한 한 개 이상의 핀테크 서비스를 사용 중이며, 특히 온라인 거래, 전자결제, 전자지갑 부문의 서비스 수요가 두드러지는 것으로 나타났다. 또한 개인 기업과 영세/소규모 기업^{MSME}에 대한 대안 대출$^{Alternative\ Lending}$인 P2P 대출과 후불결제$^{Buy\ Now,\ Pay\ Later}$ 부문이 빠르게 성장하고 있는 것으로 파악됐다.

한편 한국 등 선진국의 기술력과 자국 내 성공 사례는 베트남 핀테크 기업에게는 좋은 벤치마킹 대상으로 인식되면서 베트남 내 핀테크 비즈니스 기회로 이어질 것이라는 기대감도 생기고 있다.

베트남 핀테크 현황

다양한 핀테크 기업이 등장하고 또 성장하면서 베트남 내 금융 산업에 즉각적이고 광범위한 영향을 미치고 있다.

무엇보다 은행 지점을 포함해 대면 방식으로만 이루어지던 금융 거래가 비대면 거래로 빠르게 바뀌게 된 점을 우선으로 꼽을 수 있다. 또한 기존에는 제공하지 않았던 새로운 금융 상품 및 서비스가 등장하면서 금융 사각지대에 있는 금융소외 계층까지 다양한 금융 서비스를 이용할 수 있게 되었다.

베트남 내 핀테크 기업은 2022년 기준으로 263개로 집계된다. 이들 핀테크 기업은 지급결제, 개인 간^{P2P} 대출, 보험, 크라우드 펀딩, 인슈어테크 등 다양한 분야에 분포되어 있다. 지급결제 부문은 48개, 자금조달 및 대출은 100개, 자산관리 외 기타는 50개 기업 등이다.

| 베트남 핀테크 주요 카테고리

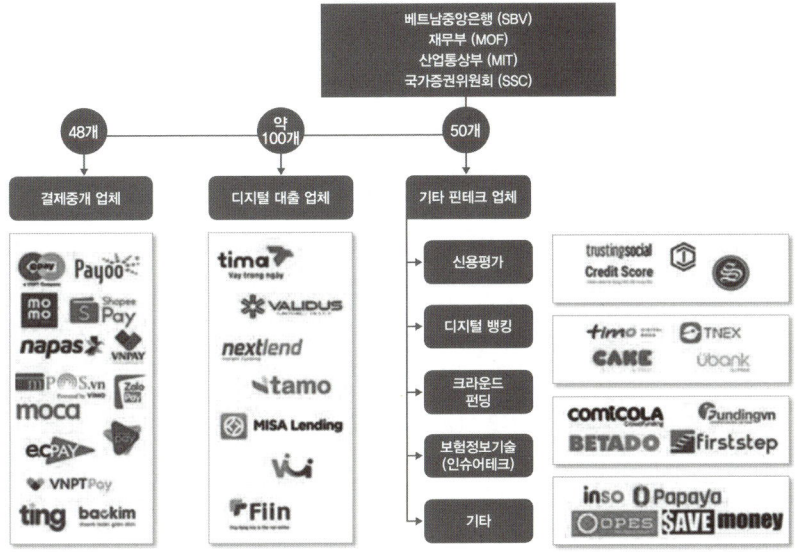

출처: KOTRA, 2022. 10.

베트남 핀테크 시장이 최근 급속하게 성장할 수 있었던 주요 배경은 ▲베트남 소비자의 낮은 은행 이용률(베트남 인구의 65%가 은행 계좌가 없는 금융 사각지대 계층임) ▲경직된 은행 수수료 ▲높은 모바일 이용률 ▲신종 코로나바이러스 감염증(코로나19)으로 인한 전자상거래$^{e-commerce}$ 이용 증가 ▲베트남 정부의 전자금융 활성화에 따른 관련 규제 완화 등을 들 수 있다.

2020년 베트남 정부와 중앙은행은 전자정부를 활성화하기 위해 그동안 특정한 법률이 없어 미법(米法)이었던 비대면 실명 확인$^{e-KYC}$을 개정하여 비대면으로 통장을 개설할 수 있도록 하고, 전자서명 등을 허용하는 등 규제를 정비했다. 또한 규제 샌드박스를 도입해 디지털 금융과 핀테크 서비스를 활성화하기 위한 주요 과제를 설정하고 이를 적극적으로 지원하고 있다.

주목받는 베트남 핀테크 분야

베트남에서 앞으로 핀테크가 더욱 주목받을 것으로 전망되는 이유는 베트남의 전통적인 금융서비스에 대한 낮은 활용도와 코로나19로 인한 온라인 결제의 확산을 우선 꼽을 수 있다. 그리고 베트남은 유럽연합을 포함한 190개국과 맺은 자유무역체결[FTA] 등으로 선진 금융과 정보기술[IT]을 결합한 새로운 금융 서비스가 더욱 확산할 것으로 예상되기 때문이다.

베트남 정보통신부 장관인 응우옌 만 훙[Nguyen Manh Hung]은 "베트남이 코로나19로 인해 어려움을 겪고 있지만 이는 디지털 경제로 전환하기 위한 기회이기도 하다"며 정부와 기업, 사회는 전자결제, 온라인 교육, 전자정부 등 디지털 기술 발전에 역량을 쏟아야 할 때이다"라고 강조하며 다각적 지원 의지를 내비치기도 했다.

시장조사 업체인 IDC는 최근 발간한 보고서[IDC Financial Insights는 FinTech Fast 101]를 통해 2020년 11개(중국, 인도, 인도네시아, 싱가포르, 홍콩, 태국, 말레이시아, 필리핀, 베트남, 한국, 호주) 주요 시장에서 일본을 제외한 아시아 태평양 지역에서 가장 빠르게 성장하는 핀테크 기업을 발표한 바 있는데, 여기에 베트남 기업은 다섯 곳이 포함됐다.

베트남에서 모바일 결제 시장 외에 2019년 이후 가장 주목받고 있는 핀테크 부문은 P2P 대출이다.

베트남 속담에 '소득이 10이라면 북부 베트남인은 1을 쓰고, 남부 베트남인은 11을 쓴다'라는 말이 있다. 베트남 남부 사람은 소득보다 소비가 많다는 뜻이다. 이렇듯 대다수 베트남 사람은 장기적인 저축보다는 당장 소비를 선호하는 성향이 두드러진다. 또한 최근에 두터워진 베트남 중산층과 맞물려 소비 시장 및 교육 시장 등이 확대되면서 대출 소비가 크게 늘고 있다.

베트남의 대표적인 P2P 대출 플랫폼 기업 중 하나인 티마^{Tima}는 400만 명 이상의 고객을 확보하고, 누적 38억 달러 규모의 대출 계약을 성사했다. 티마 외에도 중소기업 자금 조달을 위한 P2P 대출 플랫폼인 그로스웰스$^{Growth\ Wealth}$와 후이동$^{Huy\ Dong}$이 있고, 소액 단기 대출 전문 기업인 바이므언$^{Vay\ Muon}$ 등 23개의 스타트업이 P2P 대출 분야에서 경쟁을 펼치고 있다.

베트남 정부의 디지털 금융 장려

베트남 정부는 지속적인 경제 성장을 위한 전자결제 인프라스트럭처와 기술 도입의 필요성을 인식하고 2016년 12월 현금 사용을 줄이고 전자결제를 장려하기 위한 '비현금 결제 개발계획(2016~2020)'을 발표, 추진하고 있다.

2018년 2월 공공서비스 부문에서 비현금 결제를 촉진하기 위한 정책을 통해 2019년 12월까지 52개 시·성^{province}의 모든 학교와 병원에 비현금 결제 솔루션(카드 리더기 또는 QR코드 스캐너, 전자결제 모바일 앱)을 마련하도록 지시한 바 있다. 이제 수도를 포함한 주(州) 수준의 도시 지역에서 세금 납부의 80%를 은행을 통한 비현금으로 내도록 했다. 주요 도시 지역에 있는 전력회사의 70%, 수도회사의 70%, 대학의 100%, 병원의 50% 이상이 비현금 결제를 도입하고 있다.

베트남 정부는 2019년부터 매년 6월 16일을 '현금 없는 날 $^{Ngày\ không\ tiền\ mặt}$'로 지정하고, 관련 행사를 기획하여 정부와 민간 부문(은행, 결제회사, 핀테크 기업, 온라인 쇼핑몰 사업자 등)이 협력하여 다양한 우대 혜택을 제공하는 장려책을 꾸준하게 진행하고 있다.

2020년 2월 당시 베트남 응웬 쑤언 푹$^{Nguyễn\ Xuân\ Phúc}$ 총리는 '2030년 포괄적 국가금융 전략(안)'에 서명했다. 이 전략은 개인과 기업, 특히 저소득층과 취약 계층, 중소기업과 소상공인 등이 결제, 송금, 저축, 보험, 대출 및 신용 등 기본적 금융상품 및 서비스에 저렴하고 편리하게 접근할 수 있도록 하는 것을 목표로 삼았다. 포괄적 국가 금융 전략은 2025년까지 성인의 80% 이상이 은행 계좌를 보유하고, 비현금 결제를 매년 20~25% 확대하며, 25만개 이상의 중소기업이 은행 대출을 받을 수 있는 것 등을 주요 내용으로 담고 있다.

베트남 정부는 4차 산업혁명 시대를 맞이하여 디지털 경제 활성화를 가장 중요한 과제로 내세우면서 정보 산업에 외국인 투자 자본을 적극 유치하고 있으며, 핀테크 기업들을 육성하기 위해 큰 노력을 집중하고 있다.

> **베트남 '2025년 포괄적 금융 전략 결의안' 주요 내용**
>
> - 성인 인구의 최소 80%는 은행 계좌 또는 인증된 기관의 거래 계좌 소유. 2030년까지 성인 1명 당 은행 또는 인증된 기관의 거래 계좌를 최소 1개씩 소유할 것을 목표
> - 성인 인구 10만 명당 상업은행 거래소/거래지점 수 최소 20개 확보
> - 금융 서비스 지점(신용 기관 거래소, 은행)을 총 동네(xã, commune) 수 대비 최소 50% 설치 (사회정책은행 제외)
> - 성인 인구의 최소 25~30%가 신용 기관에 예금/저축
> - 비현금 결제 거래 건은 연간 20~25%씩 성장률을 기록할 것
> - 영세 기업과 중소기업 25만 곳이 신용 기관에서 대출받을 것
> - 전체 신용 대출 대비 '농업 및 농촌 발전 대출'이 경제의 25%를 차지할 것
> - (사회 보험이 아닌) 보험료 수입이 GDP의 3.5%에 이를 것
> - 성인 인구 중 최소 70%는 중앙은행의 신용 정보 시스템에 신용 기록이 있을 것
>
> 출처: 베트남 정부, Decision 149/QD-TTg, 2022. 3.

또한 베트남 은행의 대형화와 함께 경쟁력을 제고시키기 위해 2025년까지 베트남 내 은행 산업 경쟁력을 동남아 4대 규모로 키우겠다는 목표를 설정하고 투자자들이 자발적으로 금융기관의 매입·매각·흡수 합병에 참여하도록 유도하고 있다. 베트남 은행 간 본격적인 인수합병에는 외국 자본도 참여하게 될 것으로 예상된다.

지금까지 베트남 소비자의 금융 생활에서 개별 금융 기관은 각자의 고유한 기능과 역할을 전담하며 운영해 왔다. 금융 기관은 경제 전반에서 담당하는 역할의 중요성 때문에 한편으로는 정부로부터 직간접적인 규제를 받으면서도 다른 한편으로는 상당한 보호를 받아왔던 것도 사실이다.

하지만 이러한 금융 산업이 코로나19의 장기화에 따른 새로운 금융 서비스에 대한 소비자의 니즈^{needs}와 이를 가능하게 하는 새로운 기술,

비즈니스 모델, 그리고 시장 원리에 입각한 산업 내외의 경쟁과 혁신으로 인해 근본적인 변화에 직면하고 있다.

이는 이미 금융 선진국에서 진행된 변화이며 베트남 금융 시장에서도 예외 없이 전개될 것으로 예상된다. 특히 코로나19 대유행과 유럽연합^{EU}과의 자유무역 협상이 발표된 2020년 8월 이후에는 유럽의 금융 기업과 수백 개 이상의 핀테크 기업들이 베트남을 포함한 동남아시아 시장에 앞다퉈 진출하고 있어 베트남 금융 시장의 변화는 아세안 지역 내 어느 시장보다 빠르게 진행될 전망이다.

두각 보이는 한국 핀테크 기업들

2022년 한국 핀테크 동향 보고서에 따르면, 한국 핀테크 기업(112개)의 향후 진출 의향 선호도는 2020년 1위 베트남(50.2%)과 2위 미국(47.0%), 2021년 1위 미국(38.4%)과 2위 베트남(34.8%)으로 아시아에서는 베트남이 연속 1위를 차지했다.

베트남 내 핀테크 시장은 코로나19 대유행 이후 확산 속도가 더 빨라지고 있어 우리나라 외에도 중국, 일본, 미국, 유럽 지역의 디지털 플랫폼 기업들은 빠르게 변화하는 베트남 디지털 시장을 선점하기 위한 치열한 경쟁이 예고된다. 베트남에 진출하는 한국 기업이 베트남 내 디지털 대전환에 편승하여 빠르게 동반 성장할 수 있는 모멘텀을 확보할 것으로 기대된다.

2017년 UTC 인베스트먼트와 코리아오메가 투자금융$^{Korea\ Omega\ Investment}$에서 투자한 베트남 유일의 한국 자본(70%)과 경영진으로 구성된 전자결제 사업자인 VNPT 이페이$^{VNPT\ EPAY}$는 한국형 PG$^{Payment\ Gateway}$ 모델과 기술을 기반으로 2020년 취급 금액 68조 동(약 3조 8,000억 원) 규모로 급성장하고 있다.

한국의 디지털 기술 금융 기업인 핑거는 동남아시아 핀테크 성장을 확신하고 2017년 베트남에 핀테크 법인인 핑거비나를 설립하여 현재까지 베트남 기업과 함께 다양한 사업을 전개하고 있다.

2018년 설립되어 베트남 금융 데이터 API를 지원하는 B2B 핀테크 기업인 인포플러스는 150명 이상의 베트남 금융 정보기술 개발자를 두고 베트남 내 금융 API 산업을 개척하고 있다.

대형 금융 기관의 움직임도 이에 못지않다. KB금융그룹은 2021년 1월 베트남 금융 소외 계층을 주요 잠재 고객으로 삼아 베트남 핀테크 기업인 G그룹과 핀테크 합작사인 'KB피나$^{KB\ Fina}$'를 설립하여 베트남 디지털 금융 플랫폼으로의 도약을 꿈꾸고 있다.

신한베트남은행과 베트남우리은행도 디지털 금융 확산을 위한 베트남 현지 대표 핀테크 업체인 모모^{Momo}, 잘로^{Zalo}, VN페이, 그랩^{Grab} 등과 제휴를 맺고 다양한 서비스를 제공하고 있다.

[참고 자료]

2022년 베트남 핀테크 부문 주요 동향, KOTRA 호치민무역관, 2022. 10. 26.

Top 5 Most Well-Funded Fintechs in Vietnam 2023, FintechNews Singapore, 2023. 2. 28.

'NOW베트남, 성장하는 곳에 기회가 있다', KMAC, 2020.

인터뷰로 엿보는 베트남 비즈니스
디지털 금융 및 핀테크

인포플러스 김민호 대표

인포플러스에 대해 간단하게 소개해 주십시오.

인포플러스는 베트남에서 기업 간^{B2B} 핀테크 사업을 하고 있습니다. 베트남 금융 및 핀테크 기업에게 금융 API$^{Application Programming Interface}$ 비즈니스를 지원하고 있습니다. 인포플러스는 항상 최고 수준의 금융 정보기술 서비스를 베트남 고객의 눈높이에 맞춰 제공하기 위해 노력하고 있습니다.

인포플러스는 2018년부터 베트남 하노이를 시작으로 설립된 B2B 핀테크 회사입니다. 설립 당시에는 국내은행 출신인 저를 중심으로 금융 개발자 포함 10명으로 시작하였는데, 2023년 현재는 핵심적인 두뇌 역할을 하는 김종우 공동대표와 베트남에 5년 이상 PG 영업을 했던 장기헌 부사장, 대기업을 뒤로하고 함께 하겠다는 김세관 CFO, 인포플러스를 유니콘으로 성장시키겠다는 포부를 가진 최광일 전략본부장 등 153명의 직원과 함께 성장하고 있습니다. 직원의 90퍼센트는 베트남 현지인들로 구성되어 있으며, 항상 최고 수준의 금융 IT 서비스를 베트남 고객의 눈높이에 맞춰 제공될 수 있도록 노력하고 있습니다.

인포플러스의 주요 제품과 서비스에 대해 알려 주십시오.

인포플러스는 베트남 및 동남아시아 시장에서 핀테크 영역 중 금융데이터를 대내외에 연결하는 서비스형금융$^{Banking\ as\ a\ Service,\ BaaS}$ 비즈니스를 전개하고 있습니다. 우리나라에서 선보인 오픈 뱅킹, 마이데이터, 금융 VAN 등을 기반으로 인포플러스 솔루션과 연결하면 금융기관의 각종 데이터와 연동하여 다양한 비즈니스에 활용할 수 있도록

| 인포플러스 주요 비즈니스 모델

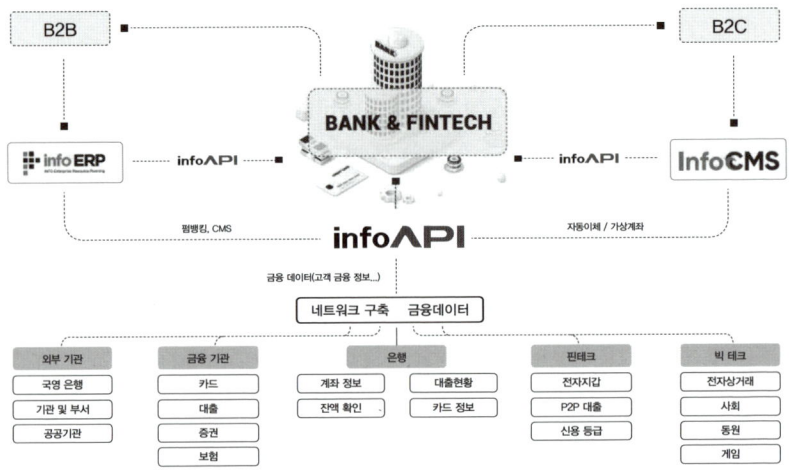

출처: 인포플러스

지원하는 기업 간[B2B] 핀테크 서비스입니다.

　주요 솔루션은 ▲금융기관의 각종 데이터를 API 형태로 기업에게 제공하는 금융 데이터 중계 솔루션[InfoAPI] ▲기업에게 전 금융기관의 가상계좌, 자동이체, 지급 등을 통합해 자금관리가 가능하도록 지원하는 자금관리 솔루션[InfoCMS] ▲기업의 각종 회계 데이터 및 세금 관리, ERP 서비스를 지원하는 회계 및 ERP 솔루션[InfoERP] ▲컨설팅, 서버, 네트워크, 데이터베이스, 미들웨어, 보안 등 하드웨어와 소프트웨어를 납품하고 지원하는 인프라 관리 서비스[InfoINFRA] 등이 있습니다.

베트남 시장에 진출한 계기는 무엇인가요?

베트남 인구수는 약 1억 명으로 이 중 77%가량이 인터넷을 사용하고, 스마트폰 이용자는 60%를 넘습니다. 특히 도시 지역에서는 대부분 스마트폰을 사용한다고 볼 수 있습니다. 이에 비해 금융 서비스는 매우 불편합니다.

최근 들어 디지털 금융 및 핀테크 산업이 급속도로 발전하고 있으며, 성장 잠재력이 매우 큰 시장입니다. 금융 데이터의 대내외 연결은 금융 시장이 성장하는 바탕이 될 수 있습니다.

저와 김종우 공동대표는 모두 은행 출신입니다. 2015년 처음 베트남에 와서 폐쇄적인 금융 환경을 보고 금융기관 앞단에서 데이터를 중계하는 사업이 필요하다고 판단했고, 이를 사업 방향을 삼아 2018년에 회사를 설립하게 되었습니다.

베트남 핀테크 시장은 어떻게 전망하십니까?

예를 하나 들어 보겠습니다. 베트남에서는 주식 거래를 하려면 우선 고객이 증권사에서 증권 계좌를 신청하고, 승인이 되면 애플리케이션을 다운로드 받아 거래를 할 수 있게 됩니다. 그런데 실제 주식 거래를 하려면 고객은 증권사 일반 계좌에 입금을 하고 고객센터에 전화를 걸어야 합니다. 은행과 증권사 간 자동 연계가 되어있지 않아서 가만히 있으면 최소 한 시간 이상은 기다려야 합니다. 증권사 고객센터에서 수작업으로 입금을 처리하다 보니 한시가 급한 고객들이 전화로 입금을 처리하는 것이 빠릅니다.

이러한 상황에서 인포플러스가 제공하는 API를 사용하면 아주 간단하게 해결됩니다. 증권 계좌와 은행 계좌를 일대일로 연결하고 입금과 동시에 증권 계좌에 충전되기 때문에 모바일 주식거래 서비스 MTS를 통해 실시간으로 주식을 거래할 수 있습니다.

주식 거래 시 주문된 주식 금액만큼 실시간으로 고객 계좌에서 차감하게 됩니다. 이 또한 인포플러스 API를 통해서 이뤄집니다.

베트남의 금융 환경에서는 아직 고객 계좌에서 자동으로 인출하는 구조는 정착되지 않았습니다. 그러다 보니 오프라인 수납 대리점인 통신사 대리점 등을 통해 현금으로 원금과 이자를 수납하는 방식입니다. 매달 고객이 통신사 대리점에 원금과 이자를 내는 식입니다. 그러다 보니 중개업자 수수료도 높고, 현금 취급에 따른 여러 문제도 발생하게 됩니다.

인포플러스 API를 활용하면 계좌로 대출금을 지급할 수 있고, 원리금 수납도 고객별로 부여된 가상계좌로 입금하면 해당 정보를 은행에서 실시간으로 받아 금융 회사에 전달하기 때문에 자동으로 수납관리가 진행됩니다.

한국에서는 일상적이지만 베트남에서는 불편한 프로세스가 그대로 적용되고 있는 것을 보고 사업 기회를 발견하게 된 셈입니다.

베트남은 동남아시아에서 가장 빠르게 핀테크 시장이 성장하고 있습니다. 하지만, 그 속도와 규모에 비해 시스템으로 지원하는 B2B 핀테크 기업은 많지 않습니다. 그래서 인포플러스는 금융 기관과 B2C 핀테크 기업 혹은 일반 기업을 뒤에서 연결하는 B2B 핀테크 시장에 포지셔닝 했습니다.

베트남에서는 주로 현금으로 거래가 이뤄지고 있다고 하는데 핀테크 시장 진출할 때 어려움도 많았을 듯 합니다. 어떤 과정을 거치셨습니까?

베트남 국민이 현금 거래를 선호했던 것은 누구나 알고 있는 사실입니다. 하지만 코로나19의 대유행과 정부의 적극적인 정책에 힘입어 빠르게 변화하고 있습니다. 이미 다른 동남아시아 지역 내 국가들인 인도네시아나 캄보디아도 성공적으로 비현금화로 전환하고 있습니다. 베트남도 크게 다르지 않을 것입니다.

인포플러스는 이러한 사회 변화와 맞물려 한국의 정보기술 역량을 바탕으로 베트남 시장에서 필요로 하는 것을 정확히 파악하고 이를 해결할 수 있도록 돕고 있습니다. 한국에서 이미 경험했던 시장 변화를 베트남에 적용시키면 비즈니스 기회가 보입니다. 인포플러스는 이에 하나씩 대응하고 있습니다.

베트남에서의 지금까지 성공적으로 비즈니스를 성장시킬 수 있었던 배경은 무엇입니까?

무엇보다 현지에 맞는 비즈니스 모델이 중요합니다. 하지만 그것을 어떻게 현지화하느냐가 더욱 중요합니다. 정보기술 및 디지털 분야에서 20년 정도의 경험을 쌓은 것이 인포플러스가 지금까지 성공적으로 사업을 일굴 수 있었던 가장 큰 자산이었습니다.

베트남에서 최상위 비즈니스 솔루션만으로는 성공할 수 없습니다. 생태계에서 아래로부터 쌓아 나가야 합니다.

첫째, 은행 간 타행 이체 등 기반이 중요한데 베트남은 이 부분이 아직 많이 미약합니다. 인포플러스는 은행공동망 서비스를 은행에 직접 제공합니다. 이를 통해 해당 은행이 실시간으로 처리할 수 있는 기반을 제공하고 있습니다.

둘째, 은행들이 외부와 데이터 연계가 가능하도록 API 서비스를 제공합니다. 표준화된 형태로 승인받은 기업 및 고객은 외부에서 은행 데이터를 바로 연계할 수 있도록 지원합니다.

셋째, API 등을 이용해 서비스 또한 직접 제공합니다. 자동이체, 가상계좌, 지급 등과 같이 고객이 직접 사용하는 서비스의 최종 솔루션을 제공하고 있습니다.

거듭 강조하지만, 베트남 특성에 맞도록 솔루션을 갖춰야만 경쟁력이 생깁니다. 정보기술 기업이 내부 시스템 인프라스트럭처 기반을 갖추지 못한 상태로는 최종 서비스를 제공할 수 없게 됩니다. 즉, 비즈니스에 대한 이해도 중요하지만 베트남을 정확히 이해하고, 탑을 쌓듯이 단계적으로 노하우를 축적하는 것이 필수입니다.

한국과 베트남과의 기업 문화에 차이가 있을텐데요. 직접 느끼신 점을 소개해 주십시오.

한국에서는 최근 직급이나 직책 등 상하 구조의 문화보다는 '님'이나 '영어 이름' 등 다양한 칭호를 만들어 수평 문화를 만드는데 노력하고 있습니다. 반면, 베트남은 아직 직급이나 직책 등의 상하 조직 문화를 선호하는 편입니다.

그리고 베트남은 전체 인구의 평균 연령이 32세 정도로 매우 젊습니다. 이러한 특성을 잘 이해하고 활용한다면 인재를 기업에 오랫동안 정착시켜 함께 조직 성과를 높일 수 있을 것입니다.

인포플러스에서 도입하고 있는 직원 동기 부여 방법이나 인력 관리 노하우가 있다면 소개해 주십시오.

인포플러스의 구성원은 현재 153명입니다. 그중 70%는 개발자입니다. 또 개발자 중 70%는 고급 개발자에 속합니다.

인포플러스는 정보기술 기업이고, 이를 구성하는 인력을 어떻게 관리하느냐가 성공의 핵심 요인이 됩니다.

사실 베트남에서는 개발자를 구하기가 매우 힘듭니다. 어렵게 구하더라도 2년에 한 번씩은 직장을 옮기는 경우가 다반사이기 때문에 직원을 유지하는 게 어렵습니다.

인포플러스가 2022년 상반기 호이안에서 진행한 워크샵 모습.

출처: 인포플러스, 2022.

그 때문에 인포플러스는 개발자를 위한 특별한 프로그램을 도입하고 있습니다. 개발자의 급여도 중요하지만 3년, 5년, 10년 지속되는 프로그램을 운영하여 10년 이상 회사에 근무하면 '집 한 채 정도는 살 수 있다'는 식으로 개발자를 우대하고 있습니다. 그 덕분에 핵심 개발자를 유지하고 있고 이것이 인포플러스의 '맨 파워' 역량이 되고 있습니다.

워크숍이나 팀별 활동, 봉사 활동 등을 통해 직원 간 화합도 중요시하고 있습니다.

업무 공간도 중요하다고 판단해 2023년 10월에는 보다 넓고 쾌적한 사무실로 이전합니다. 사무실을 옮기면서 직원들이 일하면서 편히 쉴 수 있는 공간도 고려했습니다. '일도 열심히 하지만 놀 때는 더 재미있게'가 인포플러스의 문화라고 할 수 있습니다.

앞으로의 사업 방향과 비전을 소개해 주십시오.

인포플러스는 2018년부터 지속적으로 성장하면서 2020년 40억 원, 2021년에는 두 배 성장한 80억 원 정도의 매출을 기록했습니다. 올해는 120억 원의 매출을 예상합니다. 아직 수수료 기반보다는 솔루션 공급에서 매출이 발생하고 있으나 점차 변화될 것으로 예상합니다.

베트남은 서비스가 안착이 되었고 2023년부터 캄보디아(6월 설립), 인도네시아(진행 중) 등 기타 동남아 지역으로 인포플러스 솔루션을 확대해서 진행될 계획입니다. 구체적으로는 6월에 이미 법인 설립된 캄보디아의 경우 베트남 진출 초기 형태로 한국계 금융기관 중심으로 서비스를 우선 현지에 구축하고 점진적으로 로컬 금융기관으로 확대할 예정입니다. 이를 위해 현지 근무할 법인장을 뽑았고 현재 캄보디아에서 영업 중에 있습니다. 올해 캄보디아에 법인을 설립하고 이후 인도네시아 법인 등 서비스를 확대할 예정입니다. 베트남에서 축적한 경험을 기반으로 하면 성공 가능성이 높다고 생각하고 있습니다.

  캄보디아의 경우 베트남 진출 초기처럼 한국계 금융기관 중심으로 서비스를 제공하고 점진적으로 지역 금융기관으로 고객을 늘려나갈 계획입니다. 이를 위해 현지 근무할 법인장을 선발했고 현재 캄보디아에서 영업 활동을 진행하고 있습니다. 올해 캄보디아에 법인을 설립한 이후 인도네시아에도 진출할 예정입니다. 베트남에서 축적한 경험

인포플러스 사무실 내부 모습.

출처: 인포플러스

을 기반으로 하면 성공 가능성이 높다고 생각하고 있습니다.

해외 진출을 고려 중인 한국 기업에 조언하고 싶은 내용이 있다면 무엇입니까.

한국에서 비교적 성공했다고 할 수 있는 정보기술 기업들이 베트남에 진출하면서 '한국에서 우리가 이렇게 잘하고 있으니, 베트남에서는 당연히 잘 될꺼야'라는 생각을 하는 것을 보게 됩니다.

사실 베트남 사람들이 한국을 좋아하기는 하지만 한국에서의 최고가 아닌 글로벌 경쟁력과 객관적 평가를 더욱 중요하게 생각합니다. 낮은 자세로 보다 치밀한 방식으로, 또 정성을 다해서 사업을 진행해야 합니다.

베트남 진출을 고려하는 기업에게 들려 주고 싶은 말은 크게 다섯 가지입니다.

첫째, 가장 중요한 것은 시장에 대한 정확한 연구입니다. 단순하게 한국인의 시각이 아닌 베트남인의 시각으로 시장을 깊고 정확하게 봐야 합니다. 그 본질을 꿰뚫어야 정확한 방향을 설정할 수 있고, 추진 전략을 세울 수 있습니다. 겉으로 보이는 것만 가지고 사업을 진행하면 너무나 많은 시행착오를 거치게 되고, 경우에 따라서는 실패도 하게 됩니다.

둘째, 너무 조급하게 승부를 볼 생각을 하면 안 됩니다. 처음에 시장에 진출하면 내면을 보기가 힘들고 실제 사업을 추진할 때 필요한 리소스를 확보하거나 관계를 형성하는 데 많은 시간이 소요됩니다. 이런 시간은 생각보다 꽤 오래 걸립니다. 베트남에서는 금방 계약을 할 것 같은데 실제는 매우 오랜 시간이 걸리거나 무산되는 경우도 많습니다. 적어도 한국보다 세 배 정도의 시간이 걸린다는 자세로 일하면 스트레스를 줄일 수 있습니다.

셋째, 초기부터 모든 것을 직접 진출해서 처리하는 것보다는 현지에 좋은 파트너를 찾아 협업하는 것을 추천합니다. 물론 이 역시 쉽지는 않지만, 해외 진출에서 성공 가능성을 높이고 초기에 쉽게 정착하기 위해서는 오히려 효율적입니다. 상호 시너지를 낼 수 있는 영역의 현지 파트너라면, 법인 설립 전에 충분히 도움을 받는 것이 좋습니다.

넷째, 베트남은 한국과 다르다는 것을 인정해야 합니다. 예를 들어 잠재 고객 기업의 경영진과 미팅이나 협약을 하고 나면 사업이 계획대로 순조롭게 잘 진행될 것 같지만 그 이후 과정은 더디거나 진전이 되지 않는 경우가 많습니다.

형식을 중시하고 앞에서는 친절하지만, 실상은 다를 수 있습니다. 앞에서는 웃고 있지만 그것이 끝이 아닌 시작인 경우가 많습니다. 너무 조급하게 생각하지 말고 관계를 쌓아가며 차근차근 이루어 나가야 합니다.

경우에 따라서는 사업을 하기 위해 추가적인 영업 비용이 발생할 수도 있습니다. 이 역시 베트남 문화이며, 이에 맞춰 가야 한다고 생각합니다. 어쨌든 중요한 점은 베트남 문화에 맞는 전략을 구사해야 한다는 것입니다.

다섯째, 베트남의 문화 자체를 바꾸는 사업은 쉽지 않습니다. 현재 베트남 문화를 잘 이해하고 이를 기반으로 차별화 전략을 수립해야 합니다. 또 한국에서 생각하는 경쟁자를 베트남에서는 모두 협력자라고 생각하면 좋을 것 같습니다. 어차피 시작하는 입장에서 1%도 안 되는 고객을 두고 싸우지 말고 서로 협력해서 10%의 고객을 확보하는 것이 더 유리하다고 생각합니다.

5장
베트남 IT 개발자 양성과 아웃소싱 사업 현황

한국에서 정보기술 개발자들의 몸값이 천정부지로 치솟고 있다. 코로나19로 인한 비대면, 디지털 트렌드가 우리 사회, 경제 전 분야로 확산하면서 이에 대응할 정보기술 서비스 개발 인력이 턱없이 부족해진 것이 주요 원인이다.

2022년 이후 정보기술 개발 인력난이 심화한 것은 코로나19 장기화로 비대면 서비스에 대한 수요가 폭증했기 때문이다. 쇼핑, 음식 배달·교육·금융·콘텐츠 등 모든 생활 영역에 비대면 트렌드가 확산하면서 개발 인력에 대한 수요가 늘었다. 그러나 공급은 이에 따라가지 못하고 있다. 정보기술 개발자는 코로나19 이전에도 고용성장률이 높은 직업 중 하나였지만, 3D업종 중 하나로 기피했던 대표 직종이었다.

산업 전반에서 디지털 전환이 가속화되면서 정보기술을 확보하려는 '개발자 모시기 경쟁'은 계속 이어지고 있다.

한국에서는 '개발자 몸값이 금값'

　정보기술 업계에 개발 인력 확보 경쟁이 점입가경이다. 인터넷과 게임 같은 정보기술 업계는 물론 금융과 유통, 제조, 엔터테인먼트, 교육 등 전 업종에서 전방위적인 개발 인력 쟁탈전이 벌어지고 있다. 한국소프트웨어정책연구소에 따르면, 인공지능, 빅데이터 등 주요 정보기술 분야에서 인력 부족 현상이 지속되면서 2022년 1만여 명, 2023년 1만 5,000명 정도가 부족할 것으로 예상했다. 개발자 부족 현상이 '대란' 수준이라는 얘기다.

　한국의 대표적인 정보기술 사업자인 네이버와 카카오가 앞다퉈 역대 최대 규모의 개발자 채용에 나선 것도 쿠팡, 빅히트엔터테인먼트, 비바리퍼블리카 등으로 개발자가 대거 유출된 것과 무관치 않다는 후문이다. 여기에 삼성전자의 소프트웨어 개발 핵심 임원이 쿠팡으로 이직해 화제가 되기도 했다. 막대한 연봉과 인센티브를 내건 개발자 유치 전에는 삼성전자조차 예외가 아님이 확인된 것이다.

　정부가 디지털 정부를 표방하면서 디지털 인재 양성과 디지털 전환에 가속도가 붙고 있다. 특정 산업에 국한되지 않고 모든 기업들이 개발자 확보에 물불을 가리지 않을 정도가 되었다. 이직 전문 서비스인 리멤버 커리어가 채용 제안을 많이 받은 직군을 분석한 결과, 개발자 비중이 높은 정보기술·인터넷 직군이 42%를 차지할 정도로 높았다.

한 정보기술 업체 관계자는 "10년 차 이상 팀장급 모바일 앱 개발자는 지옥 끝까지 가서라도 데려와야 한다는 얘기가 나돈다"라고 말할 정도다.

나가려는 자와 지키려는 자

사정이 이렇다 보니 우수 개발자를 유치하기 위해 업계 간 마찰도 적지 않다. 어떤 기업은 개발 직군 연봉을 한 번에 수천만 원 올리며 '인재 지키기'에 나서기도 하는 등 파격적인 조건으로 외부 인재를 끌어오는 데 역량을 집중하고 있다.

2021년 우버와 모빌리티 합작법인을 설립한 SK텔레콤이 경쟁사인 쏘카의 개발 관련 현직 임직원들을 영입하기 위해 지속적으로 접촉한 사실이 알려져 논란이 된 바 있다. 당시 쏘카는 SK텔레콤에 공식 항의하기도 했다.

개발자 유치 경쟁을 역이용해 무리한 요구를 하는 개발자들도 적지 않다. 최근 스타트업 A사는 중견 게임사에 재직 중인 개발자 C씨를 영입하기 위해 최고기술경영자^{CTO} 직책을 비롯해 억대 연봉, 팀원 채용권, 스톡옵션을 제안했다. 그러나 C씨는 추가로 회사 지분 30%와 본인이 데려오는 다섯 명의 고액 연봉까지 보장하라고 요구, 결국 A사는 채용을 포기했다.

헤드헌팅 업체의 한 관계자는 "코로나19가 확산한 최근 1년 사이에 경력 개발자에 대한 대우가 엄청나게 높아진 것을 실감한다"라며 "개발자는 제조업으로 치면 제품 생산을 위한 설비와 같은 존재인데 비대면 정보기술 서비스가 우리 사회 모든 분야에서 확산하니 자연스레 품귀 현상이 빚어지는 것 같다"라고 말했다.

정보기술 아웃소싱 유망 국가로 떠오른 베트남

일본 무역진흥기구^{JETRO}에 따르면, 베트남 정보기술 아웃소싱 시장의 점유율은 2021년 기준 6.4%로, 아시아에서 인도, 중국 다음으로 3위이다. 베트남 정보기술 아웃소싱 시장은 2016년 이후 꾸준히 성장하고 있으며, 2025년에는 10%에 이를 것으로 전망된다. 베트남 정보기술 아웃소싱 시장이 성장하는 이유는 한국 정보기술 인력 대비 3분의 1수준의 인건비와 영어 등 다양한 언어를 구사할 수 있는 정보기술 전문 인력이 많다는 점이다. 더불어 베트남 정부의 적극적인 지원 정치적 안정이 장점이라고 할 수 있다.

2023년 베트남 가장 큰 정보기술 아웃소싱 고객은 한국을 포함해서 일본, 유럽, 미국, 싱가포르 등이다.

베트남 정부는 전통 제조 산업의 표상인 '메이드 인 베트남$^{Made in Vietnam}$'에서 벗어나 정보기술 소프트웨어 산업의 상징인 '메이크 인 베트남$^{Make In Vietnam}$'을 슬로건으로 내걸고 전자통신, 정보기술 산업 발전에 적극적으로 나서고 있다.

베트남이 최근 한국 등 선진국의 개발자 부족 문제에 대한 대안으로 떠오르는 건 우연이 아니다. 베트남은 인도, 중국, 말레이시아, 태국보다 인건비가 저렴하고 15세 이상의 노동 인구가 전체 인구의 50% 이상 차지한다.

베트남 정보통신부가 공식 발표한 자료에 따르면, 2021년 기준으로 베트남 내 정보기술 기업은 5만 8,000개에 달하며 정보기술 산업에 종사하는 베트남 노동자는 약 30만 명에 이른다. 정보기술 기업 수는 2022년 7만 개에 이어, 2025년까지 8만 개로 늘리는 것을 목표로 세웠다.

베트남에서 매년 10만 명 이상의 공학도가 전국 대학에서 배출되고 있으며 사회적으로 정보기술 전문가들에 대한 국민적 인식이 좋고, 급여도 높아 대학의 정보기술 전공자들이 매년 증가하고 있다.

베트남 내 개발자 지역 분포를 보면 하노이와 호찌민에 대부분(대략 89.3%)이 집중되어 있고, 다낭(5.8%)과 기타 지역(4.9%)이 그 뒤를 차지하고 있다. 성별 구분으로는 남성이 92.5%로 여성(7.5%)을 압도하고 있다.

베트남 소프트웨어 및 정보기술 서비스 협회[VINASA]에 따르면, 베트남 정보기술 아웃소싱 산업의 연간성장률은 평균 20~25% 정도였으며, 앞으로도 계속 성장할 것으로 예상한다. 특히 베트남 정부의 지원과 외국인 투자 확대로 정보기술 아웃소싱 개발사는 더 증가할 전망이다.

코로나19로 인해 베트남 내 비대면 온라인 거래가 증가하는 한편 베트남 정부는 190여 개국과 자유무역협정[FTA]을 체결해 대외적으로 투명하고 개방적 사회를 강조하고 있어 온라인 중심의 스타트업 기업들의 창업 붐[Boom]이 일고 있다. 해외 투자자들은 제조업에 이어 모바일 전자상거래, 핀테크(특히 결제), 에듀테크 등 정보기술 시장에 많은 관심과 투자를 진행하고 있다.

베트남 소프트웨어 및 정보기술 서비스 협회^{VINASA}에 따르면, 베트남 내 소프트웨어 개발 아웃소싱 기업은 대략 1만 1,500개에 이른다.

'베트남 크레딧 2022$^{Vietnam\ Credit\ 2022}$' 보고서에 따르면, 베트남 내 상위 다섯 개 정보기술 아웃소싱 기업$^{FPT\ Software,\ CMC\ Technology\ HARVEY\ NASH,\ MISA\ Joint\ Stock\ TMA\ Solution}$이 개발 아웃소싱 시장을 주도하고 있다.

한국의 대형 정보기술 업체의 현지 법인 또는 지사 형태로 운영 중인 곳도 여럿 있다. 그중 삼성SDS, 롯데정보통신, 신한DS, 네이버랩스 프로그래밍센터 등은 베트남에 개발 법인을 두고 사업을 펼치고 있다. 여기에 레클, 다우키움이노베이션 베트남, 핑거비나 등 전문 개발 아웃소싱 업체들도 활발하게 활동하고 있다.

다수의 한국 정보기술 업체들은 행정과 경제 수도인 하노이와 호찌민에 있다. 자동차, 반도체, 스마트폰 등 자본제 중심은 북부 하노이에 주로 자리 잡고 있고, 금융, 핀테크, 전자상거래, 에듀테크 등 서비스 중심의 생활형 테크 기업들은 남부 호찌민에 집중되어 있다.

필자가 베트남에 있으면서 가장 많은 문의를 받은 내용 중 하나는 베트남 개발자 수준에 관한 것이다. 현재 베트남에는 프로그램 개발자를 양성하는 대학 내 개발자 교육센터나 민간 개발자 교육 학원이 상당히 많다. 한국 기업을 비롯해 글로벌 기업들이 직접 개발자를 육성하기 위해 개발 센터를 운영하기도 한다.

2020년 톱데브^{TopDev} 자료에 의하면, 베트남 프로그래머의 53.2%는 20세~29세이고, 53.5%가 경력 3년 미만이다. 개발자는 자바스

| 베트남 정보기술 기업 분포도

출처: KOTRA, 2023. 4.

크립트^{Javascript} 사용자가 70%에 이르고, 코로나19 이후 모바일 개발자가 급증하고 있다. 개발 인력은 남성이 90% 이상을 차지하고 있지만 여성 개발자 비율이 점차 증가하고 있다.

그럼에도 불구하고 베트남은 최적의 대안이다.

한국에서 개발자 품귀현상이 일어나면서 개발 예산이 부족한 초기 스타트업과 중견 정보기술 기업에 개발자 부족이 심각한 수준으로 내몰리고 있다. 코로나19 이전에는 베트남에 정보기술 아웃소싱을 비용 절감 차원에서 검토되었다면 현재는 최적의 파트너로 격상되고 있다.

더불어 예전에는 단순한 유지보수 운영 업무와 단기적 기본 업무 개발에 국한되었다면 고객사 프로젝트를 턴키 기반^{turnkey based}으로 개발 및 운영 그리고 고도화까지 맡길 수 있게 되었다. 그만큼 베트남 개발자들의 인력풀이 풍부하고 다양한 국가의 정보기술 아웃소싱 경험이 있어 언어적 소통은 큰 문제가 되지 않는다.

필자 역시 한국의 S 전자의 반도체 부분 아웃소싱 사업을 전개하면서 베트남 직원들을 선발, 교육, 채용까지 경험하면서 현재 130명 이상의 베트남 개발자들과 함께하고 있다. 한국의 개발자 부족 현상과 한국 기업의 시간과 비용 절감 차원에서 베트남 아웃소싱 인력 증가에 대한 요청은 매년 증가하고 있다.

문화적 성숙도 차이, 언어적 소통 문제, 개발 능력 차이, 개발자들의 이직률 그리고 매년 증가하는 개발자들의 인건비 등 문제점들도 있지만 이미 베트남 내 글로벌 기업을 대상으로 정보기술 아웃소싱을 전개한 풍부한 프로젝트 경험을 통한 안정적 품질관리와 언어 소통을 해결해 줄 정보기술 아웃소싱 기업들도 많다. 현재 개발자가 부족한 한국에게 베트남 정보기술 아웃소싱은 충분한 선택지가 될 수 있다.

베트남 내 정보기술 개발업체인 레클^{Lecle}의 박대선 법인장은 "코로나19 이후 2021년 하반기 및 2022년 초 이후 한국서 개발자 연봉 인상 릴레이가 벌어진 뒤 베트남 쪽으로 외주 개발 문의가 많이 증가했다"라며 "실력 있는 개발자들이 대기업, 빅테크 등 연봉이 높은 기업으로 몰리니까 코스닥에 상장한 중견기업마저도 안정적으로 개발자를 수급하지 못해 제휴를 요청하고 있다"라고 전했다. 레클은 한국과 베트남 정보기술 아웃소싱 기업으로, 베트남 호찌민에서 베트남 현지 개발자와 한국인 매니저로 이뤄진 베트남 법인을 통해 아웃소싱 사업을 전개하고 있다.

그 결과 베트남 젊은 층 사이에서 코딩^{coding} 배우기 열풍이 유행하고 있다. 강좌당 한국 돈 200만 원이 넘는 수강료를 내지만 수료 후 확실한 취업이 보장되고, 취업 후 월급이 베트남 평균보다 높은(경력 1년 차 60만~75만 원) 수준에서 시작해서, 경력 2년 차부터 120만 ~ 170만 원 이상의 월급을 받기 때문에 비싼 수강료에도 불구하고 수강생들이 늘고 있다.

일부 베트남 내 정보기술 아웃소싱 기업은 자체 개발 센터를 운영하기도 하고 코딩 학원 출신 교육 수료자를 수료 후 즉시 채용하기도 한다. 올해 처음 발표된 베트남 대학 입시 전공별 경쟁률에서도 정보기술 관련 전공 선호가 드러났다. 컴퓨터공학 등 정보기술 전공은 4만 9,555명 정원에 34만 6,525명이 몰려 6.99대 1(복수 지원 포함)의 경쟁률을 기록했다. 이는 전체 15개 전공 분류 중 5위에 해당하지만, 이과 계열에서는 가장 높은 경쟁률이다.

베트남 정보기술 아웃소싱 사업 현황

베트남 현지에서 정보기술 개발자를 확보하려는 외국 기업들의 경쟁은 코로나19 대유행 이전보다 더욱 치열하다. 2019년 인도 3대 정보기술 업체이자 세계 5대 정보기술 아웃소싱 기업인 힌두스탄 컴퓨터즈(Hindustan Computers)가 6억 5,000만 달러(약 7,350억 원)를 투자하며, 2025년까지 1만 명의 정보기술 개발자를 채용하겠다는 목표로 정보기술 센터를 세우기 시작했다. 한국 기업 중에는 네이버가 2020년 7월 베트남의 한국과학기술원(KAIST)으로 불리는 하노이 공과대학과, 같은

해 8월에는 정보통신부 산하의 우정통신기술 대학과 연달아 정보기술 인재를 양성하기 위한 산학 협력을 체결하며 우수 인력 확보에 나섰다.

한국 정부도 적극 지원하고 있는데, 정보통신산업진흥원^{NIPA}은 2019년 호찌민에, 2020년에는 하노이에 삼성전자와 함께 '한국 정보기술 학교$^{Korea\ IT\ School}$'를 열고 소프트웨어 개발에 필요한 교육 사업을 지원하고 인력 양성에 나서고 있다. 교육을 이수한 베트남 개발자들은 다수의 한국 기업에 우선 채용된다.

베트남 정보기술 인재 리쿠르팅 업체인 톱데브^{TopDev}에 따르면, 베트남은 2015년부터 400개 이상의 공과대학과 교육 기관을 통해 매년 5만 7,000명 이상의 정보기술 엔지니어가 배출되고 있다. 2021년에는 40만 명까지 확대됐다. 2022년 베트남 시장에 필요한 정보기술 전문 인력은 53만 명인데 실제 채용되는 인력은 38만 명 수준이다. 부족한 인력이 15만 명이나 되기 때문에 베트남 정부는 대학에서 공과대학을 늘리고 있다. 또 민간 기업은 단기 정보기술 인력 양성을 위한 정보통신학원 또는 정보기술 아카데미를 통해 인력을 배출하고 있다.

베트남이 글로벌 정보기술 아웃소싱 강자로 부상한 이유는 정치적, 사회적 안정과 우수한 인력 풀(개발 및 영어 습득 능력 측면에서)도 있지만 저렴한 인건비가 매력적이기 때문이다.

베트남 정보기술 아웃소싱 그룹인 리케이소프트^{Rikkeisoft} 보고서에 따르면, 베트남 소프트웨어 개발자 연봉은 미국의 95% 이하 수준이며 중국과 비교해서 다섯 배 작고, 우즈베키스탄과 필리핀에 비해서도 훨씬 낮은 편이다.

| 베트남 소프트웨어 개발자 평균 월 급여

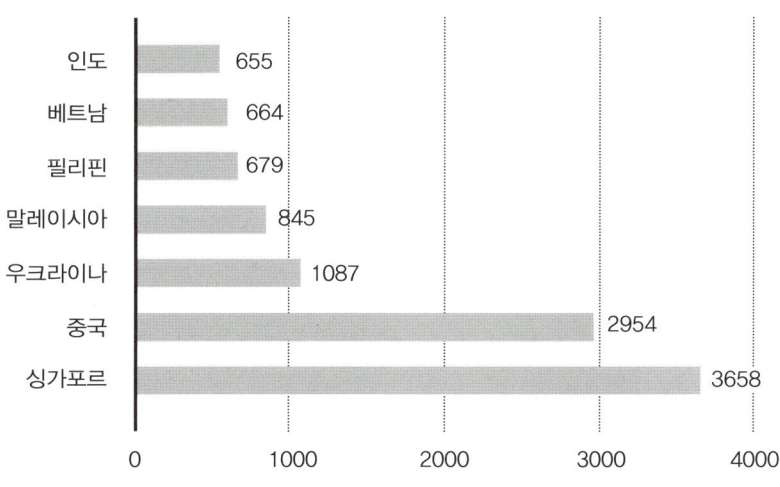

출처: Rikkeisoft, 2023. 1.

그런데도 개발자 수준은 CMMI 레벨 3 이상의 품질을 갖춘 아웃소싱 회사들이 많다는 평가이다. 최근 들어 IBM, 소니^{Sony}, 마이크로소프트^{Microsoft}, 삼성, LG 등 같은 글로벌 정보기술 기업을 대상으로 아웃소싱을 하고 있어 베트남 정보기술 인력의 자질은 충분히 검증되었다고 볼 수 있다.

베트남 내 비대면 서비스 확대와 스타트업 창업 열풍

베트남은 경험 있는 정보기술 개발 인력이 배출되기 위한 환경이 잘 조성돼 있기에 동남아시아에서 스타트업 창업이 가장 활발한 지역으로 꼽힌다. 젊은 인구의 비중이 높고, 교육 수준도 높은 편이다.

코로나19 대유행으로 디지털 신규 진입자 비율이 41%(동남아시아 지역 평균 36%)로 동남아시아에서 가장 높은 나라가 베트남이다. 이는 베트남이 사회주의 국가 특성상 코로나19 확산으로 지역과 대중교통 그리고 서비스업까지 최소 수 주 동안 락다운^{Lockdown}하는 봉쇄 정책으로 온라인 비대면 기반의 디지털 서비스만을 이용할 수 있어 배달 등 온라인 중심의 비대면 서비스가 확대된 것이다.

2023년 3월 발표된 '베트남 혁신 및 기술 투자 2023 보고서$^{Vietnam\ Innovation\ and\ Technology\ Investment\ 2023\ Report}$'에 따르면, 베트남의 글로벌 스타트업 생태계 순위는 직전년도 대비 13계단 상승해 59위로 상승했다. 또 매년 200개 이상의 스타트업이 등장하고 있다. 2018년 이후 베트남 스타트업의 생태계가 형성되면서 코로나19 대유행 기간에도 다른 나라에 비해 상대적으로 지속적인 투자가 이뤄지고 있다.

스타트업 주요 창업 부문으로 비대면 소매 부문과 결제 부문에 집중되어 있지만 기술 기반으로 하는 교육(에듀테크), 금융(핀테크), 물류 등 모든 산업에서 창업과 투자가 증가하고 있다.

베트남 IT 엔지니어 생태계

필자는 2015년 베트남 다낭에서 한국과 베트남 정보통신대학 산학협력 파트너로 베트남 내 대학 졸업자와 졸업예정자 17명으로 베트남

| 베트남 내 스타트업 투자 건수 및 투자 금액

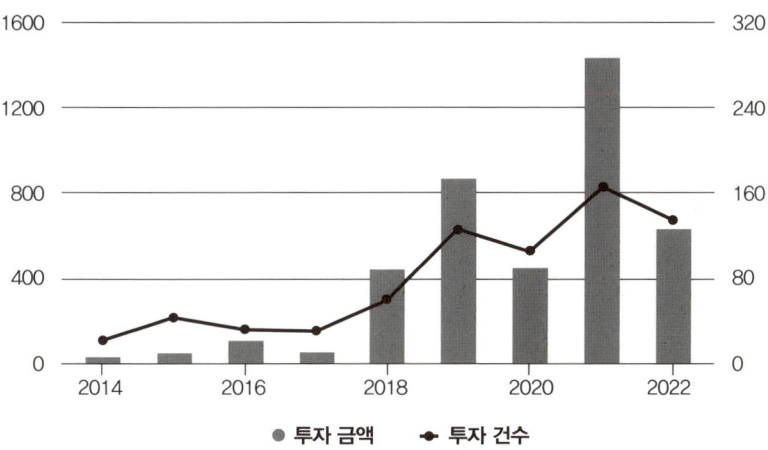

출처: Doventures, 2023.

내 앱App 개발로 사업을 시작했다.

정보통신 출신자들이라 어느 정도 코딩 교육을 이수한 학생들이고 산학협력을 통해 앱 개발 교육을 받았기에 어렵지 않게 몇 개의 앱을 개발했었는데 나중에 세부적으로 확인해 보니 화면 개발 정도였고 완성도 측면에서는 50% 정도밖에 되지 않았다.

문제점을 확인하기 위해 개발 교육 담당자와 개발 팀장 역할의 직원들과 많은 대화를 해야 했다. 다음과 같은 문제점이 발생하지 않도록 베트남과의 아웃소싱을 계획하고 있다면 반드시 점검해 봐야 한다.

첫째, 한국식으로 소통했던 방법이 베트남 개발자들에게는 제대로 전달되지 못했다는 점이다. 한국과 베트남 간 정치, 문화, 경제 등의 성숙도 차이가 심하여 한국에서는 단순하고 일상적인 내용도 사회주의 국가인 베트남에선 이해되지 않았던 것이 많았기에 베트남 개발자들이 임의로 개발했던 것이다.

둘째, 개발자 간 사용하는 언어에 있어 한국 쪽 개발자가 영어가 서툴러서 통역을 거쳐 대화하는 방식으로 소통하는 것이 불통이었고, 한국 개발자들은 문서를 통한 명확한 업무 지시에 부담이 컸다. 이는 필자만의 문제가 아닌 해외에 개발 아웃소싱을 의뢰하는 모든 기업에 해당하는 이유로 한국 개발자들의 협업과 공유에 대한 인식과 영어 부족이 문제가 된 것이다.

셋째, 한국 IT 개발 회사의 일하는 방식 기준으로 베트남 개발자들을 동일하게 적용했었다는 점이다. 베트남 생활에서 제일 많이 느낀 점이 있다면 베트남 젊은 세대는 오후 6시 전 정확하게 퇴근하고 대체로 외근을 하지 않는다. 또한 베트남 개발자들의 일하는 방식을 이해하지 못한 채 일방적인 지시로 원하는 결과를 얻지 못하는 것을 개발자 능력 부족과 태도 문제로 결론짓는 편인데 베트남 개발자들은 '한국 개발자의 일하는 방식을 따라가기도 힘들고 이해할 수 없다'라고 한다.

이런 문제는 시간이 지남에 따라 나름의 해결 방법을 찾았지만 베트남 개발자들의 높은 이직률은 여전히 해결안을 찾고 있다.

스위스 워크포스 솔루션$^{workforce\ solution}$ 기업인 아데코^{Adecco} 조사에 따르면, 베트남 내 외국계 기업의 평균 이직률은 경력 3년 차 이상 직원이 거의 74% 이상으로 이들은 이직을 생각하거나 추진하고 있다고 한다.

보통 외국계 기업 베트남 회사 직원들은 베트남 설날^{뗏Tết}이 지날 즈음 경쟁업체로 이직을 밝히거나 30% 이상의 연봉 인상을 요구하는 사례가 많다. 외국계 기업으로서는 들어줄 수도 안들어 줄 수도 없는 상황이 매번 반복하고 있는 셈이다.

베트남 내 정보기술 개발자에 대한 인식은 한국과 크게 다르다고 할 수 있다. 한때 한국에서 개발자를 3D$^{Dirty, Dangerous, Difficult}$ 산업이라 하고 후배나 지인이 개발자를 하겠다면 무조건 말리겠다고 했었다. 반면 베트남은 사회 전반적으로 개발자를 스마트^{Smart}한 사람 또는 전문가로 인식하고 높은 임금 받는 게 당연하다고 말한다.

2023년 정보기술 인력 채용 포털인 톱데브^{TopDev} 보고서에 따르면, 베트남 프로그래머의 평균 연령은 27세이고, 3년~5년 정도의 경력이 있고, 개발 언어로 Java, C++, C#, 파이썬^{Python}, 자바스크립트^{JavaScript}를 주로 사용하고 있다.

프로그래머 남녀 비율은 9대 1로 남성이 압도적으로 높지만, 여성 프로그래머 수가 꾸준히 증가하고 있다.

하노이, 호찌민에 있는 한국 정보기술 기업들의 2022년~2023년 베트남 프로그래머 평균 연봉 인상률은 최소 10~20% 이상으로 알려졌다. 베트남 평균 인상률인 5~7%대에 비하면 거의 세 배 이상이지만 베트남 내 정보기술 개발자에 대한 수요는 많고 공급은 부족하기에 당분간 이처럼 높은 인상률은 지속할 것으로 예상된다.

2021년부터 본격화된 위드코로나 이후 한국 내 개발자 부족으로 필자가 있는 베트남 개발 회사에 개발 견적 의뢰가 두 배 이상 증가했

베트남 개발자 아웃소싱 단가 기준표

Level	Labor cost [Man Month Rate (USD)]					
	Junior 1 (1 year of experience)	Junior 2 (2-3 years of experience)	Mid-level (3-4 years of experience)	Senior 1 (5-7 years of experience)	Senior 2 (8-9 years of experience)	Senior 3 (Over 9 years of experience)
Project manager			2500	2800	3000	3500
Technical Leader				2800	3000	3500
Architecture Lead (PHP, iOS, Android)					3000	3500
Architecture Lead (Java, .Net)				2800	3000	3500
C/C++ developer			2350	2550	2800	
Java developer		2250	2350	2550	2850	3050
.Net developer		2250	2350	2550	2850	3050
Mobile developer		2250	2350	2550	2850	3050
PHP developer		2250	2350	2250	2850	3050
Front end		2250	2350	2550	2850	3050
Tester		2050	2150	2250	2500	2750
Communicator	2200		2250	2500	2800	

출처: 핑거비나

으며, 베트남 내 개발 아웃소싱 회사 설립 문의가 지속적으로 이어지고 있다.

현재 베트남 개발자 현황을 보면 한국에서 필요한 자바^{Java} 개발 인력이 절대적으로 부족하고, iOS 개발자와 서버 개발자도 충분한 편은 아니다. 테스트 지원 인력이나 운영 지원 인력은 여유가 있기 때문에 한국에서 분석과 설계가 진행된 후 개발과 운영에 최적인 셈이다.

또한 응용 애플리케이션 관련해서는 아직 한국의 정서를 이해하지 못하는 경우가 많아 아웃소싱을 맡길 때에는 관련 산업에 대한 베트남 개발자들의 인식이 부족할 경우 이상한 방향으로 개발될 수 있는 우려도 고려해야 한다. 그럼에도 한국의 개발자 부족에 대한 대안으로 동남아시아(특히 베트남)를 검토하는 것은 피할 수 없다.

필자 역시 개발 아웃소싱 사업을 위해 베트남 호찌민과 하노이에 개발 회사 몇 군데와 협력을 체결하여 한국 개발 사업을 지원하고 있다.

특히 금융 정보기술 및 핀테크 기업의 요청이 많아 관련 개발 용역 사업을 참여하고 있지만, 상대적으로 한국 개발자와 비교해서 산업의 이해와 개발 스킬에 부족함을 많이 느끼게 된다.

베트남에서 사업을 하는 인포플러스 김민호 대표는 "베트남은 코로나19 이후 전 산업에서 디지털 전환이 빠르게 전개되고 있다"라며 "비대면 온라인 기반의 스타트업 창업이 증가하고 기존 기업들도 모바일 앱 기반의 서비스 출시가 확산하면서 베트남 내 정보기술 개발자 수요는 지속적으로 증가할 수밖에 없다"라고 말한다.

글로벌 정보기술 기업들도 동남아시아 시장에 진출하기 위해 베트남의 낮은 인건비로 우수한 정보기술 인력을 집중적으로 채용하거나 베트남 정보기술 개발 업체를 인수하기 위해 경쟁하고 있다.

삼성, LG, 네이버, 배달의민족을 비롯해 여러 게임 회사를 포함한 많은 한국 기업이 베트남 내 정보기술 개발자를 수급하기 위해 현지 대학교와 협력하거나, 현지 정보기술 개발 업체의 인수를 검토하고 있다.

2022년 12월 기준으로 삼성베트남모바일연구소^{SVMR} 연구 인력 수는 약 2,200명이다. SMV는 베트남 하노이에 있으며, 11개 베트남 대학과 산학 협력을 체결해 학생들의 연구개발을 지원하고 있다.

2025년까지 3,000명까지 증원할 계획이다. SMV는 삼성전자의 모바일 제품과 서비스 개발을 지원하는 글로벌 전략 거점 역할을 하는 연구소로, 스마트 기기와 네트워크 기술, 소프트웨어 등 다양한 분야를 연구하고 있다.

퀄컴은 2021년 6월 베트남 하노이에 동남아 최초로 통신, 카메라, 모바일, 배터리 등 네 개 부문 기술을 연구할 연구개발 센터를 설립해 운영해 오고 있다. 연구진은 50여 명 규모로 모두 베트남 석박사 인력이다.

그 외 그랩은 베트남 호찌민에 연구개발 센터를 개설했고, LG는 베트남 다낭, 도시바와 파나소닉은 베트남 하노이에 각각 연구개발 센터를 구축하여 우수 인재를 확보하고 있다.

베트남에 많은 글로벌 정보기술 기업들이 연구개발 센터를 두는 이유는 비용과 기술 역량, 정부 지원 등도 있겠지만, 미래 동남아시아의 전략적 거점 지역으로 성장 잠재력이 높고 연구개발 투자에 좋은 환경을 갖추고 있기 때문이다.

베트남 IT 아웃소싱 사례

중견 정보기술 기업의 대표인 L씨는 최근 신규 서비스를 위한 앱을 개발하기 위해 베트남 내 개발업체인 쿠빌더$^{Coo-Builder}$에 개발 전체를 맡겼다. 기획과 설계와 관련해 일부 참여한 것을 제외하고는 개발에 서부터 런칭까지 모든 과정을 쿠빌더가 턴키^{turnkey}로 맡았다.

베트남 개발 업체에 턴키로 개발을 맡기는 것이 언어와 개발 능력 등 부담스런 점이 있었다고 말하는 L 대표는 쿠빌더의 한국인 개발 프로젝트 책임자^{PM}의 역량과 구축 경험(포트폴리오)을 검증한 후 결정할 수 있었다고 말한다. 결과적으로 개발 기간과 결과물(문서, 산출물 등)은 당초 기대한 것보다 만족스러웠다고 전했다.

국내에서 적합한 개발자를 찾지 못한 S씨는 필자에게 베트남 내에서 개발할 수 있는 전문 기업을 추천받았다. S씨는 베트남 개발사 대표와 화상으로 대화한 후 개발 범위 등을 구체적으로 합의하고 개발을 맡겼다. 베트남 개발사는 다양한 산업에 대한 구축 경험을 축적하고 있었고, 여러 개발 언어를 다룰 수 있는 경험자를 다수 확보하고 있었기 때문에 가능한 일이었다. 원활한 소통을 위해 프로젝트 매니저는 한국인 매니저로 뒀다고 전했다.

삼성SDS는 '대외 사업을 통한 혁신적 성장'이라는 경영 방침에 따라 베트남 정보기술 기업들과 협약을 체결하고 디지털 전환 지원 및 물류 혁신을 진행하고 있다. 2019년 5월과 9월에 베트남 정보기술 개발 아웃소싱 대표 기업인 CMC에 500억 원을 투자해 지분 30%를 확보했다. 베트남 CMC를 통해 동남아시아 클라우드, 사물인터넷, 인공지능 기술 등을 개발, 다른 동남아시아 시장으로도 진출한다는 계획이다.

인사이트

　코로나19 대유행을 거치면서 전 세계적으로 디지털 기술 기반의 비대면 방식이 빠르게 확산하고 있다. 소비, 생산, 인력 운용과 같은 기존의 핵심 경제 활동이 온라인 및 비대면 방식으로 전환되면서 디지털 기술을 활용하는 사례가 증가했고, 자연스럽게 정보기술 개발자에 대한 수요가 급증했다.

　베트남은 전 세계 제조업을 위한 생산 공장을 넘어 정보기술·소프트웨어 산업에서도 글로벌 아웃소싱을 위한 허브hub로 주목받고 있다.

　전체 인구 평균 연령 32세로 젊은 층이 많고, 높은 교육열과 근면함 그리고 외국어 능력까지 갖춘 베트남 개발자에 대한 글로벌 기업들의 구애가 줄을 잇고 있다.

　미국 실리콘밸리의 해외 출신 개발자 현황을 보면, 베트남 정보기술 개발자 비중이 중국, 인도에 이어 3위를 기록할 만큼 역량 면에서도 세계적으로 검증을 받았다고 할 수 있다.

　한국에서도 부족한 개발자를 베트남에서 지원받으려는 기업들이 증가하고 있다. 다수의 한국 기업이 필자를 통해 베트남 개발 아웃소싱을 맡겨도 문제가 없는지 걱정하면서도 당장 개발자 수급이 어려우니 개발 아웃소싱 회사를 찾아달라는 문의가 일주일에 최소 한 차례가 된다. 베트남의 개발 인건비가 한국에 비해 저렴하고, 개발 수준은 한국 초급 개발자 이상 정도는 될 것이라는 막연한 기대감이 형성되어 있다.

　이러한 분위기를 틈타 베트남 내 다수의 개발 아웃소싱 기업들은 한국에 지점 또는 법인을 설립하고 영업을 진행하고 있다. 개발 인건비는 한국 인건비 대비 30%~50%로 대략 한국 개발자 대비 3분의 1 수준이라고 제시한다. 다만 기술 개발 능력은 큰 기대를 하기보다 단순한 개발 작업을 지원받는다고 생각하는 게 좋다.

베트남을 서둘러 낮은 비용에 개발자를 확보할 수 있는 통로로 생각하지는 않기를 바란다. 단순히 개발 단가가 한국에 비해 낮다는 이유에서 검토하는 것이라면 조심할 필요가 있다. 무엇보다 개발 용역을 준 개발 업체에 대한 통제권을 한국에서 제대로 발휘할 수 없으며, 문화적 차이로 인해 엉뚱한 결과가 나올 수도 있다.

앞으로도 최소 몇 년 동안은 한국의 개발자 공급이 수요를 따라가지 못할 것으로 예상된다. 베트남을 단기적이고 단순한 정보기술 아웃소싱 대상보다는 중장기적 파트너의 관점으로, 베트남 현지 시장 확대의 동반자로 바라볼 것을 권한다.

[참고 자료]

Outsourcing in Vietnam: Data-backed Opportunities & Challenges [Infographics], RK Tech, 2023. 1. 9.

Vietnam Innovation & Tech Investment Report 2023, NIC, DO Ventures, 2023. 4.

인터뷰로 엿보는 베트남 비즈니스

IT 개발 아웃소싱

레클 박대선 법인장

레클에 대해 간략하게 소개해 주십시오.

레클은 소프트웨어 아웃소싱 사업을 전문으로 하고 있습니다. 2014년에 한국에서 창업하였고, 2017년 호찌민에 베트남 지사를 설립했습니다. 현재 베트남에는 80여 명의 현지 직원을 두고 있습니다.

레클은 웹, 모바일, 블록체인 소프트웨어 아웃소싱에 초점을 두고 있는데, 주로 한국 고객의 프로젝트를 수주받아 베트남에 상주하는 개발팀이 작업해 납품하는 방식입니다.

자체 제품으로 전사자원관리^{ERP}와 채팅, 비디오 컨퍼런스 기능을 결합한 레클 미트$^{Lecle\ Meet}$가 있으며, 베트남 국립대학교에서 정보기술 아카데미인 '데베라^{Devera}'를 운영하고 있습니다.

한국 본사와 베트남 법인의 역할 분담은 어떻게 이뤄지고 있습니까?

한국 본사에서 영업을 맡고 있습니다. 또한 초기 고객 미팅이나 인터뷰를 통한 기획 업무 등을 주로 수행합니다. 베트남 법인은 디자인, 개발, 테스트 등의 모든 개발 업무를 담당하고 있습니다.

베트남 시장이 매력적인 이유는 무엇입니까?

사실 한국에서는 소프트웨어 아웃소싱에 대한 개발자들의 인식이 좋지 않습니다. 더구나 중소기업에서 작은 프로젝트들을 아웃소싱으로 진행한다고 하면 '절대 가면 안 되는 회사', '가더라도 빨리 탈출해야 하는 회사'로 취급을 받습니다. 레클도 한국에서 개발자를 찾기 위해 오랫동안 시도했지만, 적합한 인재를 구하는 게 불가능하다는 결론을 내렸습니다.

　반면 베트남은 소프트웨어 업계가 아웃소싱 중심으로 발전해 왔고, 대부분의 개발자들이 아웃소싱 회사에서 근무하고 있습니다. 베트남 개발자도 아웃소싱 회사에서 다양한 프로젝트를 경험하는 것이 단기간에 실력을 향상시키는 방법으로 생각하고 있기 때문에 선호도 역시 낮지 않습니다. 또한 한국 회사에 대한 이미지도 좋기 때문에 최고급 인재들을 확보할 수 있습니다.

최근 베트남 정보기술 아웃소싱 관련 산업이 전 세계적으로 주목받고 있습니다. 베트남 정보기술 아웃소싱 시장 전망은 어떻습니까? 또 레클의 차별화된 장점은 무엇입니까?

　베트남은 이미 10여 년 전부터 세계 최고 수준으로 가성비 높은 정보기술 아웃소싱 국가로 알려져 있었습니다. 베트남 내에서는 소프트웨어 개발자의 급여 수준이 높기 때문에 우수한 학생들이 소프트웨어 공학을 전공으로 많이 선택하고 있습니다.

　러시아와 우크라이나 간 전쟁으로 유럽 지역의 대표적인 정보기술 아웃소싱 국가였던 양국의 인재들을 활용할 수 없게 된 많은 기업들이 베트남으로 눈을 돌렸습니다.

　코로나19 대유행 이후 재택근무가 많아지면서 한국의 많은 업체들이 베트남 프리랜서와 한국 고객을 매칭해주는 플랫폼 서비스를 제공하기 시작했습니다. 또 어떤 업체들은 베트남 로컬 아웃소싱 업체에 일을 넘기고 수수료만 챙기는 중개 사업도 전개하고 있습니다. 하지만 이런 업체들의 수준 낮은 결과물과 무책임한 관리는 업계의 전반적인 품질을 떨어뜨리는 결과를 낳고 있습니다.

해외 정보기술 아웃소싱은 해외에 있는 외국인 개발자들을 관리하고 소통하는 능력과 한국의 고객과 소통하는 능력 모두 중요합니다. 레클은 지난 6년간 베트남 법인을 운영하며 축적한 노하우와 개발 문화를 갖추고 있습니다. 그리고 전원 정규직으로 구성된 탄탄한 개발팀을 두고 있기 때문에 다른 아웃소싱 업체들과는 차별화된 경쟁력이 있다고 하겠습니다.

베트남 시장에 진출하면서 가장 어려웠던 점은 무엇입니까?

무엇보다 문화 차이를 꼽을 수 있습니다. 어떤 나라든 우리나라와 문화적으로 차이가 있습니다. 어찌 보면 베트남은 다른 나라에 비해 상대적으로 문화 차이가 적습니다만 일을 하다 보면 작은 차이에도 문제가 생기곤 합니다. 이런 문제가 발생할 때 어떤 때는 현지 문화를 존중하고, 어떤 때는 한국 방식을 따르도록 요구해야 하는데 이런 경계를 정하기가 쉽지 않습니다.

예를 들어 베트남 개발자들은 역할 분담이 철저하고 서로의 영역에 간섭하지 않는 습성이 있습니다. 심한 경우 개발자들이 본인이 개발한 내용을 개발 환경에서 실행 한번 시켜보지 않고 테스트 팀에 넘기는 경우도 있습니다. 테스트는 테스트 팀의 영역이기 때문에 개발자가 테스트하는 건 월권이라고 말합니다. 다른 개발자의 코드를 건드리거나, 코멘트하는 것도 꺼려하는 직원도 많습니다.

오류가 발생할 것을 뻔히 알고도 별다른 이야기를 하지 않습니다. 어떤 개발자는 애플리케이션이 완성될 때까지 소스코드를 사내에서

출처: 레클

레클 베트남 사무실 벽면에 그려진 팀워크 강조 모습.

도 비공개하겠다는 경우도 있었습니다. 이런 것을 하나하나 극복하면서 역량 있는 개발 조직으로 만들어 가는 것이 레클에서 계속 진행되는 일입니다.

베트남 정보기술 산업에 일찍 진출한 기업으로 앞으로의 시장은 어떻게 전개될 것으로 전망하십니까?

베트남은 다른 동남아시아 국가들에 비해 교육열이 매우 높은 나라입니다. 그 덕분에 상당히 많은 대학 졸업 고급 인력이 육성되고 있습니다.

지금까지 베트남의 성장을 이끌었던 경공업 산업은 이미 미얀마, 캄보디아, 아프리카 국가들로 옮겨가고 있고, 그 자리를 삼성전자를 비롯한 첨단 제조업이나 정보기술 산업이 대신하고 있습니다.

현지에서 느끼기에도 기존 경공업 산업 단지는 도시 외곽으로 계속 밀려나고 있고, 해외로 이전하는 공장들도 많습니다. 반면 소프트웨어 개발 업체들은 계속해서 생겨나고 있어서 호찌민 시내에 사무용 건물을 얻기가 어려울 정도입니다.

한국은 소프트웨어 분야가 워낙 발달한 국가이기 때문에 체감하기 어렵겠지만, 세계적으로 볼 때 아직도 기본적인 전산화조차 되지 않은 국가들이 많습니다. 베트남만 하더라도 여전히 연말 개인 소득세 정산을 먹지를 대고 수기로 작성하고 있습니다.

세계적으로 기업이나 정부의 전산화가 필요한 곳이 많지만, 한국처럼 자국 내 인력으로 해당 수요를 소화할 수 있는 나라는 많지 않습니다. 일본 조차 정부의 전산화 프로젝트를 해외 아웃소싱으로 진행하고 있습니다. 물론 이 같은 정보기술 아웃소싱을 베트남과 인도에서 대부분 수주하고 있습니다.

앞으로도 베트남은 전 세계의 정보기술 아웃소싱 수요를 소화할 중요한 공급 기지가 될 것으로 예상합니다.

레클만의 직원 동기부여 방법이 있는지요? 또 특별한 복지 프로그램은 무엇입니까?

레클은 다른 회사에 비해 직원에게 좀 더 자율성을 보장하려고 노력하는 편입니다. 세세한 것까지 관리하는 '마이크로 매니징'을 지양하

| 베트남 내 정보기술 인력 수급 현황

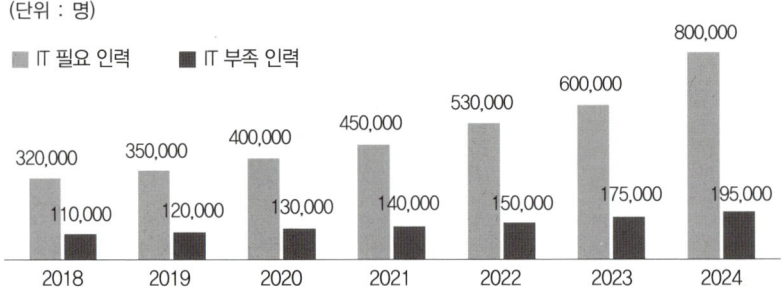

출처: Topdev, 2022.

고, 개발팀 스스로 계획을 짜고 그것을 지키도록 유도합니다. 누군가 지시한 일만 하는 게 아니라 정말 좋은 제품을 만들기 위해 '일하는 문화'를 만들어 가고 있습니다.

복지 프로그램 중에는 3년 근무 시 한국 본사에서 근무 경험을 쌓을 수 있는 기회를 주고, 장기 근속자 보너스, 건강보험, 온라인 교육 수강 등을 지원합니다.

앞으로의 사업 방향과 성장 전략을 소개해 주십시오.

레클은 베트남의 조직을 질적, 양적으로 성장시켜서 이른 기간 내에 개발자 1,000명 이상의 조직을 만들려고 합니다. 이를 위해서는 개발 표준화, 개발 문화 육성, 글로벌 영업 조직 등을 하나씩 갖춰 나가고 있습니다.

레클 베트남 워크숍 모습.

출처: 레클, 2021.

    반도체의 TSMC, 제조업의 폭스콘 등의 파운드리 업체가 생산 기술력을 향상시키는 데 집중하고 규모의 경제를 달성한 것처럼 소프트웨어 업계도 소수의 높은 생산 기술을 보유한 업체가 다수의 아이디어와 서비스를 보유한 업체들의 제품 개발을 대행하는 방식으로 발전할 것이 명확합니다.

    이미 인도에는 수십만 명의 개발자를 보유한 정보기술 아웃소싱 업체들이 여럿 있지만, 베트남은 아직 그에 견줄 만한 곳이 등장하지 않았습니다. 레클은 베트남에서 가장 크고 기술력 있는 정보기술 아웃소싱 업체가 되고자 합니다.

해외 진출을 고려 중인 한국 기업에게 조언하고 싶은 사항이 있으면 말씀해 주십시오.

베트남 진출을 시도했던 많은 한국 기업들이 실패를 겪은 것으로 알고 있습니다. 해외 진출을 앞두고 그 나라의 사업 환경, 미래 전망, 문화, 가성비 등의 자료를 충분히 검토하겠지만, 실패의 원인을 파악해 보면 대부분은 사람에서 비롯됩니다.

우선 베트남에 가겠다고 선뜻 나서는 직원이 없습니다. 여러 보상을 약속하고 2~3년 임기로 파견한다고 해도 자기 일처럼 열심히 하지 않습니다. 회사에서 설정한 핵심성과지표^{KPI}는 주로 '사무실을 마련하고 1년 안에 100명 뽑아라'라는 식의 정량적 목표가 대부분이기 때문에 돈을 써서 목표만 달성하고 골프 치러 다니는 분이 한눈을 파는 경우를 많이 봤습니다. 이렇게 돈으로 쉽게 만든 조직은 모래성처럼 무너질 수밖에 없습니다.

만약 운 좋게 능력 있는 임원이 자발적으로 베트남으로 간다고 해도 문제가 전혀 없는 것은 아닙니다. 임원 개인의 역량도 중요하겠지만 건강 문제, 적응 문제, 가족 문제 등과 같은 예측할 수 없는 일로 예정보다 일찍 한국으로 복귀하는 상황이 다반사입니다. 특히 자녀를 동반한 가정은 아이들이 학교에 적응을 하지 못하거나 학업 성취도가 떨어지는 등의 예상치 못한 상황이 발생하면 버티기 어렵습니다.

이 외에도 업무 과정에서 베트남 통역 직원에게 의존하다가 통역에게 휘둘리는 경우에서부터 회사 자동차 운전사가 휘발유 훔치고 가짜 주차 영수증을 가져오는가 하면, 회계 직원이 업체에게 뒷돈 받은 사실을 공공연하게 자랑하는 등 온전한 정신으로 견디기 어려운 상황도 벌어지기도 합니다.

  예기치 못한 리스크를 최소화하려면 처음에는 작게 시작해 오랜 시간동안 키워나간다는 식으로 시장에 진출하는 것이 좋습니다. 탄탄하게 조직을 만들어 가겠다고 생각하고 사람 한명 때문에 무너지지 않는 조직을 구축해야 합니다.

6장
커피는 베트남 사람에게 일상이다

    2015년 베트남 대학과 산학 협력 관계로 다낭에 처음 방문했을 때의 일이다.

  당시 방문할 대학은 다낭 시내에서 바닷가 쪽으로 가는 중간쯤 위치에 있었다. 더운 날씨 탓에 시원한 커피를 마시고 싶은 욕구가 일어 대학 도착 전 입구에 내려 제법 그럴듯한 프랜차이즈 커피숍을 찾았지만, 눈에 띄는 곳이 없었다. 그 대신 작은 의자와 테이블에 젊은 남녀가 모여있어 간판은 없었지만, 커피숍일 것 같아 들어가 봤다.

  커피숍은 맞지만 쾌적한 분위기가 아니고, 에어컨도 없이 커다란 선풍기만 돌아가고 있었다. 한편에서는 젊은 남자들이 상의를 벗은 채 담배를 피우고 있었다. 다시 나가기도 애매해서 자리를 잡고 메뉴에 있는 아이스 커피를 주문했다.

  사장인 듯 보이는 사람이 조그만 쟁반 위에 에스프레소 커피잔과 얼음이 들어있는 컵 그리고 연유 같은 게 들어있는 작은 컵 등 세 개를 놓고 그냥 가버렸다. 한국에서 즐겨 마시던 아이스 아메리카노가 아니었다.

베트남어를 할 줄 몰라서 내가 주문하고자 하는 커피를 설명해 줘도 잘 이해하지 못했다. 커피 한 모금 마셨는데 엄청나게 써서 바로 얼음 컵에 입을 가져다 댓다. 그런 후 연유를 커피에 넣고 다시 한 모금 마시니 처음보다 덜 썼지만 그래도 쓴맛이 강해 마시기 힘들었다.

이것은 나중에 알게 된 베트남식 아이스커피인 '카페 쓰어다$^{caphe\ sua\ da,\ 베트남\ 연유\ 커피}$'였다. 베트남의 주요 커피 생산 품종인 '로브스타 원두$^{Robusta\ bean}$의 쓴맛을 없애기 위해 커피에 연유 혹은 설탕이 들어간 우유를 넣고 얼음을 넣어 마시는 베트남식 아이스 밀크커피이다. 지금은 이런 스타일의 베트남 커피를 즐기는 편이다. 특히 점심 후 머리가 멍할 때 작은 의자에 앉아 쓴 커피를 마시고 해바라기씨 껍질을 벗기고 습관처럼 씹곤 한다. 갈증을 느낄 때는 머리가 띵할 정도로 시원한 코코넛 커피 한 잔으로 해소한다.

베트남 커피 문화는 다른 나라와 비교할 때 독특한 특징을 지녔다. 예를 들어, 이탈리아나 프랑스와 같은 유럽의 커피 문화는 에스프레소 기반의 음료를 중심으로 구성되어 있다면, 베트남 커피는 보통 프렌치 프레스로 추출된 로브스타 원두를 사용하며, 연유나 응고 우유를 첨가해 달콤하게 즐길 수 있는 카페쑤어다가 대표적이다.

베트남 사람들은 남녀노소 커피를 즐긴다. 길거리 노점이나 베트남 로컬 브랜드 커피숍, 그리고 세계적인 커피 전문점을 가릴 것 없이 커피를 마시는 사람들로 하루 종일 북적거리는 것을 볼 수 있다. 특이하게도 베트남에서는 거리 모서리나 보도에 있는 작은 간이 카페에서 커피를 즐기는 것이 일상적이다. 이러한 거리 카페는 사람들이 모여 이야기를 나누는 '소셜 스페이스social space'로 자리 잡고 있는데, 베트남에서의 커피 문화를 대표하는 중요한 요소다.

베트남은 현재 브라질에 이어 세계 2위의 커피 생산국이자, 수출국이다. 베트남에서는 매년 약 30억 달러 정도의 커피 원두를 수출한다. 이는 베트남 총 농업 수출액의 10%에 해당한다. 베트남은 전 세계 커피 생산의 20% 가까이 차지하며 세계에서 가장 많은 로브스터 종 생산지로 성장했다. 이는 베트남이 무덥고 습기가 많은 기후로 인해 로브스터를 재배하기에 최적의 조건을 갖췄기 때문이다. 베트남에서 생산되는 커피의 90%는 로브스터 종이다.

베트남 커피는 다른 나라에 비해 매우 저렴하다. 베트남에서는 거리 카페에서 약 50센트에서 1달러 정도의 가격으로 커피를 즐길 수 있다.

베트남 커피는 1857년 프랑스 선교사가 처음 들여왔다고 한다. 그 후 베트남 전쟁 후 동독과의 커피 조달 협약을 통해 산업화의 첫발을 내디딘 후, 1986년 베트남 정부가 주도한 도이 머이 Đổi mới 정책을 거치며 현재의 부흥기를 맞고 있다.

베트남 사람들에겐 커피가 일상이다

베트남 일상생활에서 커피는 매우 중요하다. 하루에 여러 잔의 커피를 마시는 사람도 많다. 베트남 하노이나 호찌민 등 대도시에 가면 어느 곳이든 카페는 가장 쉽게 찾을 수 있는 곳에 있다. 차가 달리는 좁은 인도에 파라솔과 앉은뱅이 플라스틱 의자를 넓게 펼치고 있는 노상 카페와 깔끔한 인테리어에 쾌적한 에어컨이 나오는 프랜차이즈 카페 등 여러 형태의 카페들이 혼재되어 있다.

코로나19 대유행 이전까지만 해도 노상 카페는 학생이나 직장인이 시간을 보내는 주요 장소였는데, 최근에는 젊은 세대들이 노상 카페 대신 커피 전문 프랜차이즈 매장에서 친구들과 미팅하거나 노트북을 펼쳐 놓고 공부하거나 비즈니스 미팅 등을 한다. 그래서인지 베트남

| 베트남 주요 커피 프랜차이즈 점포 수 (2022년 기준)

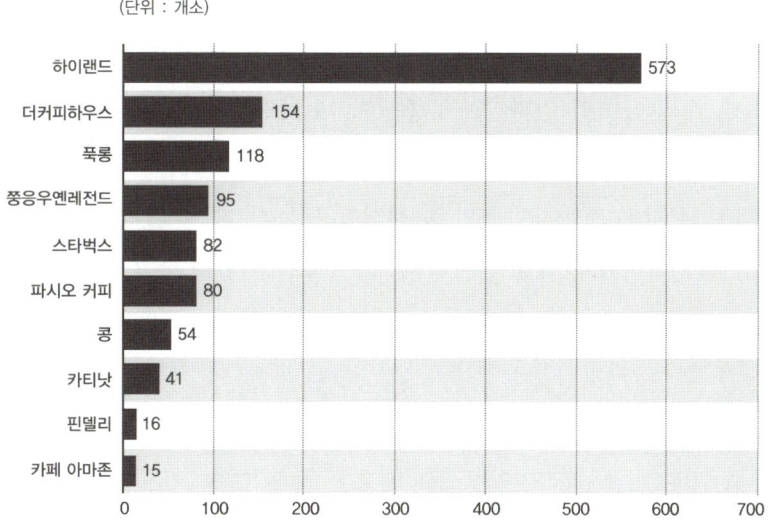

출처: Statista, 2022.

카페의 모습은 한국과 별반 차이가 느껴지지 않는다.

차이가 있다면 베트남은 커피 프랜차이즈 브랜드가 전체 커피 시장에서 7% 정도 남짓이고, 절대다수가 노상 카페 등 일반 커피점이 높은 점유율을 차지하고 있다는 점이다.

베트남의 프랜차이즈 커피 시장

베트남의 커피숍은 그 매장 수가 엄청난 만큼 콘셉트도 다양하다. 중요 상점가나 도심에 있는 크고 작은 커피숍과 더불어 눈을 돌리면 어디서나 대형 프랜차이즈 커피숍 매장을 찾을 수 있다. 최근 베트남은 커피 프랜차이즈가 대세라고 할 수 있다. 특히 하노이, 호찌민 등 대도시에는 대형 아파트 및 상업지구 중심에 커피 프랜차이즈가 건물 내 몇 개씩 들어와 있다. 도시 중심지, 오피스가, 주택가, 백화점 등 어디를 가든 대형 커피 프랜차이즈가 자리 잡고 있다.

베트남 커피 프랜차이즈의 총 시장 규모는 약 27억 달러(한화 약 3조 1,000억 원) 규모로 추산된다. 베트남의 5대 커피 프랜차이즈는 2021년 상반기 기준 하이랜드 커피$^{Highlands\ Coffee}$, 스타벅스^{Starbucks}, 푹롱$^{Phuc\ Long}$, 더커피하우스$^{The\ Coffee\ House}$, 쯩웬 레전드$^{Trung\ Nguyen\ Legend}$이다. 이 중 매출 1위는 하이랜드 커피이다. 하이랜드 커피는 하이랜드커피는 2019년 기준 6,800만 달러의 매출을 기록, 직전년도 대비 31% 이상 성장했다.

하이랜드 커피가 독보적으로 자리매김을 하고 있어 당분간 매출 면

| 베트남 내 주요 커피 프랜차이즈

하이랜드 커피 Highlands Coffee	커피 하우스 The Coffee House	스타벅스 커피 Starbucks
베트남의 로컬 스타벅스. 저렴한 가격대와 변화가 입지 선정, 점포 수로 업계 매출 1위 기업.	저가와 중고가 커피를 함께 취급. 하이랜드 커피보다는 모던하고 고급스러운 인테리어로 업계 2위.	전 세계 어느 매장을 가나 통일감을 주는 인테리어, 맛, 음악 동일화 정책으로 익숙함을 찾아 찾는 고객들이 많음. 업계 3위.
푹롱 Phuc Long	쭝웬 레전드 Trung Nguyen Legend	콩카페 Cong Caphe
1968년 설립된 차 전문 기업. 프리미엄 퀄리티의 차와 다양한 커피를 동시 취급. 업계 4위.	한때 업계 1위였던 쭝웬(Trung Nguyen)커피의 전 부인이 만든 회사. 오랜 이혼소송과 재산 분할 분쟁, 과도한 마케팅 비용 투자, 비슷한 이름의 두 커피숍의 매출 분산으로 인해 업계 5위 기록.	베크통 분위기의 인테리어, 코코넛 커피 판매로 인기. 점포 개수는 총 69개로 스타벅스와 같으나 매출은 훨씬 아래에 위치.

출처: KOTRA, 2020. 7.

에서 하이랜드커피를 앞지를 프랜차이즈 카페는 없어 보인다. 2012년 필리핀 패스트푸드 대기업 졸리비[Jolibee]가 베트남 창업주로부터 하이랜드 커피 체인점을 사들인 후, 간단한 식사 거리와 전통 커피부터 프라푸치노까지 다양한 메뉴를 제공하면서 남녀노소를 가리지 않고 인기를 끌고 있다. 특히 입지 선택에 공을 들여, 편리한 장소에 많은 매장을 두는 확장 전략으로 하이랜드 커피는 대도시 어디에서나 찾을 수 있는 익숙한 매장이다.

한국에서 높은 시장점유율을 차지하고 있는 스타벅스는 베트남에서도 살아남은 몇 안 되는 외국계 커피 프랜차이즈로 꼽힌다. 스타벅스는 고유의 매장 컨셉트와 맛을 유지하면서도 베트남에서는 점포의 입지에 집중하여 안정적인 수익을 창출할 수 있는 곳에 입점하는 전략을 택했다. 가격도 현지 커피숍에 비하여 약간 비싼 정도(하이랜드 커피보다 2~3배 비쌈)로 현대적인 맛을 찾고 글로벌 브랜드와 연계하고 싶어 하는 베트남 젊은 층과 외국인들의 취향을 공략하며 비교적 성공적으로 베트남 시장에 안착했다.

2018년부터 두각을 나타내고 있는 베트남의 커피 브랜드 '더커피하우스$^{The\ Coffee\ House}$'는 2022년 기준 154개의 점포를 두고 있으며, 이는 573개의 하이랜드에 이어 두 번째 규모이다. 더커피하우스는 젊은 고객층을 대상으로 자연주의식 인테리어와 합리적인 가격, 고속 와이파이 서비스로 젊은 세대에 어필하고 있다. 자체 앱과 배달 앱 중에는 배민을 통해 배달 서비스를 제공하고 있다.

푹롱$^{Phuc\ Long}$은 베트남 프랜차이즈 커피 시장에서 점유율 3위에 차지하는 기업으로, 2022년 기준 118개 점포를 운영 중이다. 호찌민에서 시작한 푹롱은 커피에 남부 특유의 볼드하고 단맛을 내어 차별화했고 특히 우유를 사용한 티라떼가 유명하다. 매장 면적 2,000㎡에 달하는 대형 프리미엄 매장을 개점해 다른 커피 프랜차이즈와 차별화하고 있다.

필자도 즐겨 마시는 베트남 인스턴트커피 대표 브랜드인 G7과 킹커피$^{King\ Coffee}$를 제조하는 쭝응위옌 레전드$^{Trung\ Nguyen\ Legend}$는 1996년에 설립되어 한때 커피 프랜차이즈 업계에서 1위를 차지하기도 했다. 하지만 매장마다 커피 맛이 다르고 관리도 부실해 고객이 급격하게 줄

베트남 대표 커피 프랜차이즈인 푹롱 매장에 아침부터 그랩 배달 직원들이 줄지어 서 있다.

출처: 저자

었다.

반면 당 레 응웬 부$^{\text{Dang Le Nguyen Vu}}$ 회장의 전 부인인 레 호앙 디엡 타오$^{\text{Le Hoang Diep Thao}}$가 세운 쭝웬 레전드는 이혼 후 공격적인 광고 마케팅에 힘입어 베트남 프랜차이즈 커피 매출 4위를 차지할 정도로 성장했다.

또 다른 베트남 로컬 커피 프랜차이즈인 제미니^{Geminee}, 아하^{Aha}, 콩 카페$^{\text{Cong Caphe}}$ 등도 상당히 많은 프랜차이즈 카페가 눈에 띈다. 이들 커피 프랜차이즈의 특징은 베트남의 전통적인 노상 카페의 분위기

6장 • 커피는 베트남 사람에게 일상이다 — 233

를 살리는 낮은 의자와 전통적인 인테리어로 베트남식 연유 커피와 코코넛이 든 커피를 주력 상품으로 판다. 전통과 현대가 공존해서 현지인과 외국인 모두에게 인기를 끌고 있다.

외국계 커피 프랜차이즈가 베트남에서 살아남기

커피 프랜차이즈가 급성장하면서 커피 프랜차이즈 시장이 거의 포화 상태에 이르고 있지만, 베트남 시장에 직접 뛰어든 외국계 커피 프랜차이즈 중 스타벅스 이외에 성공한 사례를 찾기 어렵다. 미국계 커피 프랜차이즈인 커피빈$^{Coffee\ Bean}$ 역시 다른 나라에서만큼 성공적이지는 않다.

한국의 카페베네^{Cafebene}도 진출을 시도했으나 얼마 되지 않아 철수했으며, 엔젤리너스$^{Angel-in-us}$는 롯데그룹의 성공적인 베트남 진출에도 불구하고 영업 중인 매장 수는 매우 적다.

2017년 하노이에서 첫 개장 후 호찌민까지 확장 중인 **빽다방**은 백종원 대표의 식당 브랜드와 연계하여 한국 주재원 또는 한국 관광객과 한류에 관심 있는 베트남 젊은 세대를 중심으로 확산하고 있지만 여전히 갈 길이 멀어 보인다.

베트남에서 외국계 커피 프랜차이즈들이 성공하기 어려운 이유 중 하나는 베트남인들에게는 고유의 커피 문화가 매우 오래전부터 형성되어 있기 때문으로 보인다. 베트남은 브라질에 이어 세계 2위의 커피 생산국인데다가, 베트남인의 1인당 연간 커피 소비량이 1.8kg에 달할 정도로 많다. 즉, 베트남인은 자신만의 고유한 커피 문화를 아주 오랫동안 유지해 오고 있는 만큼, 외국계 커피 프랜차이즈의 낯선 커피 맛이 시장에 확산하기까지는 적잖은 시간이 필요해 보인다.

또한 커피 프랜차이즈에서 판매되는 커피 가격도 다른 소비 물가에 비하면 아직 저렴하다. 커피는 다른 먹거리보다도 베트남 사람들에게 친숙한 음료로, 국민 소득과 가격의 관련성 역시 크다고 할 수 있다.

베트남에서 커피빈의 커피 가격이 미국이나 한국과 비슷한 약 7만~8만 동[VND](약 3,500원~4,000원), 스타벅스의 에스프레소 베이스 커피 가격은 5만~6만 동[VND](약 2,500원~3,000원) 등 외국계 커피 프랜차이즈가 대체로 비싼 편이다. 베트남 토종 커피 프랜차이즈 매장에서는 전통 커피인 카페쑤어다(연유 커피)의 가격은 3만 동~5만 동[VND](약 1,500~ 2,500원)이다.

베트남에서는 대도시 중산층과 젊은 층이 주로 커피숍을 이용하는 데 반해, 아직도 중장년층과 저소득층, 도시 이외의 지역 주민들은 인스턴트커피를 마시는 경우가 많다.

커피 프랜차이즈를 이용하는 고객층이 중산층, 청년층, 도시민으로 한정되어 있는 만큼 타겟 고객층의 문화와 습관을 파고들 수 있는 노하우는 역시 로컬 브랜드이다.

예를 들면 청년층들은 커피숍에서 다양한 활동을 하며 간단한 식사를 곁들이는 것을 선호하는데 현지 브랜드들은 현지 기호에 맞는 간식 메뉴를 잘 갖춰 놓는다. 또 커피에 달콤한 젤리를 넣어 먹거나 섞어 먹는 것도 베트남 전통 디저트와 유사하여 젊은이들이 선호한다. 하지만 외국계 커피 프랜차이즈들이 베트남식 음식 문화를 빠르게 받아

출처: 저자

베트남식 커피. 카페스어다 (연유 커피).

들이는 데 한계를 보인다.

젊은 세대들은 자신만의 스타일과 멋을 뽐내고 싶어 하고 현대적인 맛을 추구하기에 외국계 커피 프랜차이즈에서 각종 모임을 열거나 미팅하고 소셜미디어에 올리는 걸 즐기는 편이라 앞으로 외국계 커피 프랜차이즈는 로컬 커피 프랜차이즈와 좋은 경쟁 구도를 형성할 수 있을 것 같다.

치열한 경쟁 속 살아남기

베트남 인스턴트커피 시장은 다국적 기업 네슬레^{Nestle}, 베트남 브랜드 비나카페^{Vinacafe}, 쭝응위옌 등 매년 품질과 디자인을 개발하면서 치열하게 경쟁하고 있다. 최근 확산하고 있는 베트남과 외국계 편의점 체인들도 앞다퉈 저가의 인스턴트와 원두커피 판매에 나서고 있다. 앞서 살핀 커피숍들은 매장 컨셉, 서비스, 커피 이외의 음식, 가격대 등 모든 면을 고려하여 고객을 끌어들이기 위해 고군분투하고 있다. 그럼에도 거의 포화 상태에 이른 커피와 차 매장으로 프랜차이즈들은 점포 확장의 어려움을 호소하고 있다.

커피숍에서 미팅, 업무, 공부 등을 하는 모습. 베트남 대도시 커피숍에서 쉽게 볼 수 있는 광경이다.

출처: KOTRA 무역관

최근 대형 커피 브랜드가 길거리 손수레 상점을 운영하고 있는데.. 서민들의 상권까지 위협하고 있는 대형 프랜차이즈 커피점

출처: 저자

　대형 커피 체인점들은 상대적으로 저소득층으로 잠재 고객을 목표로 하는 전략으로 적은 투자로도 시장에 진출할 수 있도록 하는 '커피 카트'를 운영하기 시작했다. 주요 커피 브랜드들이 교통 체증이 심한 길거리에서 카트를 끌고 나와 커피를 파는 것이다. 하이랜드 커피는 호찌민 도로변에서 매일 오전 출근 시간에 2만 9,000동^{VND}(약 1,500원)짜리 커피를 판매하는 판매 카트를 앞장서 선보였다.

　인스턴트커피 회사 비나카페는 1만 2,000동^{VND}에서 1만 4,000동^{VND}

인사이트

시장 조사 업체인 칸타르 월드패널^{Kantar Worldpanel}의 연구 보고서에 따르면, 60% 이상의 베트남 20~30세대들은 집에서 커피를 내려 마시는 대신 카페에서 마시는 것을 선호하는 것으로 나타났다. 젊은 소비자들은 평균적으로 한 달에 최소 3회 이상 카페에서 커피를 마시는 것으로 조사됐다.

글로벌 커피 프랜차이즈들이 베트남의 중산층 확산과 젊은 인구 구조, 급격한 도시화에 따른 시장의 잠재력을 보고 베트남 시장에 뛰어들고 있지만, 현실은 녹록지 않다.

전통 커피 문화와 급속한 유행의 변화, 저렴한 가격과 좋은 품질에 대한 수요의 충돌 속에서 균형점을 찾는 것이 관건이다. 특히 베트남 사람들의 전통과 생활 습관, 현대적 사고 방식에 대한 깊은 이해가 필요하다.

최근 유행하고 있는 커피 이외의 차(茶)도 다른 아시아태평양 지역과 비교해서도 짜다(녹차)를 즐기는 문화, 오토바이 배달 주문이 일상화된 환경, 젊은 층의 기호 변화 등이 맞물려 수요가 빠르게 변화하고 있다.

코로나19 대유행 이후 베트남 내 O2O^{Online-to-Offline} 시장이 급속하게 성장하고 있어 온라인 배달 플랫폼인 그랩, 고젝, 배민 등을 통한 커피 주문도 증가하고 있다.

이러한 배달 모델은 소비자들에게 편리성을 제공하면서도 기업에게는 온라인으로 수요를 창출한 후 오프라인 매장에서 구매를 유도하는 방식이 가능하다. 외국계 커피 프랜차이즈도 배달 플랫폼과 연계하여 고품질의 커피 맛과 새로움을 찾는 베트남 젊은 세대에 접근하면 로컬 커피 프랜차이즈와 경쟁 구조를 형성할 수 있을 것으로 전망된다.

(약 600원~700원) 가격대의 커피를 판매하는 모닝커피 카트를 운영한다.

쭝웬 렌전드 커피숍은 최근 테이크아웃 전용 소규모 커피숍인 E-커피$^{E-Coffee}$를 출범하며, 일반 매장의 8분의 1 정도의 투자금만으로 점포를 열 수 있도록 하고 있다.

이 밖에도 스타벅스와 푹롱, G7 커피로 유명한 쭝웬그룹 등의 커피숍 매장은 베트남의 환경 보호에 앞장서며 플라스틱 빨대 사용을 중단하고, 종이나 스테인리스 빨대를 사용하는 등 친환경 캠페인에도 나서고 있다.

최근 베트남 사람들의 환경에 관한 관심이 높아지면서 친환경 캠페인이 이미지 차별화로 이어져 고객의 발걸음을 끌어들이고 있다. 스타벅스는 최근 베트남 진출 10주년을 맞이해 컵과 텀블러 등 기념품에 베트남의 옷과 문화를 입힌 마케팅에도 나섰다. 다양한 전략으로 커피만 파는 것이 아니라 문화와 감성까지 충족시키는 전략을 펴는 것이다.

인터뷰로 엿보는 베트남 비즈니스

뷰티

도나 코퍼레이션 김동희 대표

도나 코퍼레이션은 어떤 회사입니까?

'베트남 뷰티는 도나와 함께~!!!'

도나 코퍼레이션은 뷰티 분야 전문 기업입니다. 24년을 뷰티 산업에서 종사해 온 경험을 살려 현재 베트남 호찌민에서 5년째 뷰티 사업을 전개하고 있습니다. '2021~2022년 톱 100 비즈니스 스타일 어워드'에서 대한민국을 대표하는 기업으로 우수상을, '파이오니어 2021~2022$^{\text{The Pioneer 2021~2022}}$'에서 베트남 뷰티 제품 분야 '선구적 기업가상'을 각각 수상했습니다.

개인적으로는 '2022년 글로벌 베트남 여성 리더 100인'$^{\text{Top 100 Vietnamese Women Leaders to Shine Globally 2022}}$에 한국 여성기업인 대표로 선정되기도 했습니다. 지역 사회에 공헌하기 위해 호찌민 한인회에서 부회장으로도 활동하고 있습니다.

도나 코퍼레이션의 주요 사업 영역을 소개해 주십시오.

도나 코퍼레이션은 베트남에서 세 가지 형태의 뷰티 비즈니스를 운영하고 있습니다. 첫 번째는 도나박스$^{\text{Dona Box}}$로 한국 화장품을 베트남에 유통하고 있습니다. 한국의 중소기업 브랜드가 베트남에 진출할 수 있도록 돕는 역할입니다. 도나박스는 2~5종류의 한국화장품을 하나의 패키지로 구성하여 고객에게 발송하는 구독형 서비스$^{\text{subscription service}}$입니다.

도나박스는 2021년 10월에 출시 되었는데, 현재까지 총 26개 브랜드의 제품을 누적으로 3,600세트 판매하였습니다.

도나박스는 일종의 '체험'의 개념으로 한국의 중소기업 제품을 100

개~300개 한정 수량으로 최대 80%까지 할인해 제공함으로써 베트남 소비자에게 저렴한 가격으로 다양한 한국 화장품을 체험할 수 있도록 하는 'K-뷰티 체험 박스'라고 할 수 있습니다. 도나박스에 참여하는 기업들은 베트남 화장품 시장을 테스트 베드$^{test-bed}$로 활용해서 현지 고객의 니즈를 확인할 수 있습니다. 도나 코퍼레이션은 베트남 현지 고객들이 구매할 수 있는 합리적인 가격 수준(기존 100만원에서 2만 4,900원)을 제시하며, 온오프라인으로 판매하고 있습니다.

현재 도나 홈페이지$^{Donabeauty.com}$에서 전자상거래하고 있으며, 유명 플랫폼인 쇼피^{Shopee}, 라자다^{Lazada}, 센도^{Sendo}에 도나박스 자사 몰을 입점해 시장 반응을 살펴 보고 있습니다. 또한, 라이브커머스 인플루언서 아카데미와 협업하여 라이브 스트리밍을 통한 판매 라인 구축, 엔터테인먼트 및 인플루언서$^{KOL, KOC}$ 제휴 협력사들과 함께 최적화된 브랜드 마케팅 전략을 펼치고 있습니다.

오프라인 행사로는 박람회, 세미나 및 팝업 스토어 운영, 드럭스토어 입점 대행을 통한 도나박스의 브랜드사들이 베트남에서 글로벌 기업으로 자리 잡을 수 있도록 지원하고 있습니다.

두 번째는 도나테라피$^{Dona Therapy,}$ $^{뷰티 프랜차이즈}$로 뷰티 및 헬스케어 분야 경영자들과 에스테티션의 어려움과 고충을 해결하는 한국형 뷰티 프랜차이즈 사업을 전개하고 있습니다.

베트남 내 뷰티살롱 및 클리닉의 수는 보고된 숫자보다 집계되지 않은(사업자등록 없이 운영) 사업자들이 훨씬 많습니다. 영세한 스파^{spa}의 경우에 마케팅 및 고객의 유입을 입소문에만 의존할 수밖에 없고, 고객관리, 예약 시스템과 고객서비스, 영업 및 마케팅이 부족한 것이 현실입니다.

도나테라피는 그들의 애로사항을 해결하고 높은 수익을 보장하는 전략으로 프랜차이즈를 확대해 나가고 있습니다. 상권 분석에서부터 개장까지 필요한 모든 서비스를 제공하고 있습니다. 도나테라피의 자체 방문판매팀을 체계적이고 조직적인 시스템으로 운영, 개발 및 홍보를 통해 프랜차이즈 사업을 확대하고 있습니다.

향후 베트남을 거점으로 캄보디아 미얀마, 태국 등 글로벌 기업으로 확장할 계획입니다.

세 번째는 인플루언서^{KOL}를 통한 홍보 및 마케팅 부문 베트남 인터넷동영상서비스^{OTT} 1위인 비온^{VIEON}과 한류 콘텐츠 수출 업무 협약을 체결했습니다. 또한 KBS미디어 등 K-드라마 17편 수출, 한국음반산업협회^{RIAK} 38만 곡의 한국가요와 뮤직비디오 500개의 라이선스를 체결했습니다.

베트남 1위 OTT 서비스인 '비온'은 데이터 베트남 VAC 그룹$^{DAT\ VIET\ VAC\ GROUP}$의 비온 주식회사에 속해 있습니다. 이용자 수요를 파악하기 위해 DMT$^{data\ management\ platform}$ 시스템을 통합한 베트남 최초의 OTT 앱을 운영하며, 2,000여 명의 인플루언서^{KOL}와 협업해 도나박스, 도나테라피를 홍보, 판매하고 있습니다.

베트남을 여성 중심 사회라고 합니다. 그만큼 여성의 사회 참여가 많고 조직 내 역할과 책임도 높은 편이라 생각됩니다. 특히 코로나19 대유행 이후 뷰티와 헬스 등 개인 미용과 건강에 관한 관심이 확대되고 있는데 대표님의 생각하는 베트남 내 최근 미용과 뷰티 트랜드는 무엇인지요?

베트남의 18세~ 65세 여성 인구의 경제 활동 참여 비율은 OECD 회원국 평균 64%보다 높은 79%로, 이는 중국보다도 10%포인트 높은 수치입니다. 젊은 인구 비율이 높으며, 인구의 절반 이상이 30세 미만이라는 점 또한 뷰티 비즈니스에 큰 장점이라 하겠습니다. 코로나19 대유행 이후 헬스케어 시장에서의 큰 변화는 단연 이너뷰티$^{Inner\ Beauty}$의 강세를 꼽을 수 있습니다. 몸속부터 관리하는 이너뷰티는 주로 식습관과 생활 습관을 조금씩 개선하는 것에서 시작해서 자연스러운 색조 화장품을 선호하는 수요로 이어집니다.

B2B 시장에서 도매상은 앞다투어 한국의 제조사로부터 콜라젠 및 히아루로닉 제품을 OEM, ODM 주문 요청하는 사례가 많아지고 있으며, 뷰티 트렌드를 선도하는 성형외과 및 스파 뷰티 센터에서도 온라인과 오프라인을 연계하여 이너뷰티 화장품 유통을 선도하고 있습니다.

도나 코퍼레이션은 즉각적인 효과를 내는 필러, 보톡스와 함께 속까지 채워주는 스킨부스터(샤넬 주사, 엑소좀)에 대한 홍보와 마케팅을 강화하고 있습니다.

베트남의 뷰티 시장은 현지 업체와 글로벌 기업 간 경쟁이 치열하다고 알고 있습니다. 도나 코퍼레이션의 경쟁력은 무엇입니까?

코로나19 대유행 중 베트남은 강력한 봉쇄로 실내 활동이 증가했었습니다. 이때 색조화장품에 대한 수요는 감소했지만, 외출 여부와 관계없이 사용해야 하는 기초 화장품에 대한 수요는 증가했습니다.

베트남 화장품 업계에서는 전통적으로 자외선 차단, 미백 등의 기능이 있는 제품이 인기를 끌었었는데 마스크 착용으로 인한 피부 트러블, 가벼운 화장을 위한 피부 표현, 노화 방지(안티에이징) 등 미백 이외 피부 문제에도 관심을 보이는 소비자가 점점 늘어나고 있습니다.

또한 피부를 근본적으로 개선하여 자연적인 아름다움을 추구하고자 하는 베트남 문화와도 맞아떨어져, 기능성 제품을 통한 피부 관리 수요는 점점 확대되는 추세입니다.

베트남 화장품 시장에서는 제품의 질도 중요하지만 브랜드 인지도 및 제품 패키지 역시 제품 선택 기준 중 하나이기에 잘 알려지지 않은 외국 브랜드의 경우 그 효능을 인정받기 전에는 가격 경쟁력과 SNS 마케팅 측면에서 우위를 점할 수 있도록 노력해야 합니다.

도나 코퍼레이션은 글로벌 화장품 브랜드와 베트남 로컬 화장품 기업과 달리 K-한류와 K-뷰티를 접목하여 베트남 소비자들에게 접근하고 있습니다.

또한 베트남 내에서 쌓은 뷰티 사업 경험과 함께 폭넓은 현지 네트워크를 갖추고 있어 베트남 진출을 희망하는 한국 기업들 또는 글로벌 기업의 가교 역할도 수행하고 있습니다.

최근에는 화장품 유통에만 국한되지 않고 뷰티와 헬스를 엮어 소득 증가와 생활의 질을 개선하려는 베트남 중산층과 외국 주재원을 대상으로 사업을 확대하고 있습니다.

베트남 시장에 관심이 많은 한국 내 많은 뷰티 및 헬스 기업이 베트남 진출을 고려하고 있습니다. 베트남 진출을 원하는 한국 기업에 무엇을 조언하시겠습니까?

먼저 베트남은 한국과 다르다는 것을 이해해야 합니다. 베트남은 소득 수준이 낮으니까, 저가의 상품만 잘 팔리리라고 생각하면 안 됩니다. 시장 조사 업체인 스태티스타^{Statista}에 따르면, 2012년 15억 달러였던 베트남 미용 및 화장품 시장은 2024년에는 27억 달러까지 확대될 것으로 전망됩니다.

코로나19 대유행을 경험하면서 자연 및 환경 친화 제품에 관한 관심과 건강에 대한 니즈가 증가하여, 화장품 구매 시 주요 성분의 영향을 고려하는 소비자가 증가하고 있습니다.

코로나19 이후 빠르게 성장하는 신흥 부자의 구매력 향상으로 고급 제품에 대한 수요가 늘고 있습니다. 프리미엄 화장품 판매는 2016년부터 2021년 사이 연평균 8.3%씩 증가하였으며, 2021년부터 2026년까지는 연평균 8.5%씩 성장할 것으로 예상됩니다.

두 번째는 'K-뷰티 화장품이면 다 된다'라는 생각을 버려야 합니다. 한국에서 잘 팔리는 제품이라고 해서 무조건 베트남 내 판매로 이어지지 않습니다. 변화하는 베트남 중상류층 소비자의 취향에 따라 차별화된 상품을 내놓을 수 있도록 준비해야 합니다. 또한, 장기적으로 단순히 '메이드인 코리아$^{Made\ in\ Korea}$' 뿐 아니라, 브랜드 이미지 홍보를 강화하여, 향후 성장 가능성이 큰 프리미엄 시장을 공략하기 위해 준비하는 것도 필요합니다.

마지막으로 베트남 진출에 대한 체계적인 계획이 필요합니다. 다수의 한국 기업은 베트남 진출을 쉽게 여기고, 처음부터 잘될 것으로 생각하는 데 이는 아주 큰 착각입니다. 베트남 현지 수요와 현지에서 선호하는 디자인에 부합하는 제품을 연구 개발해 베트남 진출을 체계적으로 준비해야 합니다.

이전에 베트남에는 보따리 장사와 같은 밀수입이 많았지만, 베트남 정부가 이에 대한 규제를 계속해서 강화하고, 한-베 자유무역협정^{FTA1}에 따라 화장품 관세율이 인하되면서 직접 수입이 경쟁력을 얻게 되었습니다. 베트남 진출 및 수출 시 필요한 여러 가지 내용을 숙지하고 베트남에 성공적으로 진출할 수 있기를 기대합니다.

베트남에서 제품을 홍보하고 마케팅하는 것이 쉽지 않습니다. 대표님께서는 어떻게 베트남 시장을 개척하셨는지요? 인플루언서 마케팅의 효과와 필요성에 대해서도 말씀해 주십시오.

식상한 표현이지만 발로 뛰었습니다. 각종 네트워크 미팅, 세미나, 포럼, 아카데미 수료 행사, 뷰티 전시장, 박람회, 뷰티 자격증 등 다양한 네트워크 모임 등에 참석하면서 관련 산업 종사자와 네트워크를 구축했습니다.

그리고 베트남 시장에서 영향력이 있는 기업과 관련 인물을 적극적으로 접촉하여 파트너십을 맺었습니다. 베트남 파트너와 함께 베트남 현지 시장의 니즈를 파악하고 글로벌 뷰티 트렌드에 부합하는 제품을 출시하거나 기능 업데이트를 통해 파트너와 함께 발전하는 윈윈$^{win-win}$ 모델을 구축했습니다.

베트남 화장품 마케팅에서는 영향력 있는 인플루언서$^{KOL, KOC}$ 마케팅이 필수라고 생각합니다. 베트남은 전체 인구의 73.7%가 소셜미디어를 사용하고 있고 소셜미디어를 가장 많이 이용하는 연령층은

20~30대입니다.

최근에는 짧은 영상 중심인 틱톡^{TikTok}에 화장품 인플루언서들이 많이 활동하고 있으며, 유튜브, 페이스북 등도 인기가 높습니다.

베트남에서는 소비자가 SNS 셀러의 라이브 스트리밍을 보고 구매하고 싶은 상품을 발견하면 페이스북이나 인스타그램과 같은 SNS상에 댓글을 다는 형태로 주문하는 방식이 일상화되어 있습니다.

베트남의 20~40대 98% 이상이 페이스북을 이용하며, 현재는 인스타그램을 거쳐 빠르게 틱톡^{TikTok}으로 전환하고 있습니다.

틱톡^{TikTok}과 틱톡샵$^{TikTok\ shop}$은 베트남 내 가장 두드러지게 성장하는 소셜 미디어 플랫폼입니다. 2023년 페이스북을 통한 인플루언서$^{KOL,\ KOC}$ 마케팅은 기본이며, 틱톡^{TikTok}을 통한 라이브 스트리밍 판매가 확대되고 있습니다.

유명 틱톡커^{TikToker}를 통한 판매뿐만 아니라 마이크로 인플루언서$^{KOL,\ KOC}$의 홍보도 중요합니다. 베트남은 동남아시아 국가 중 인도네시아에 이어 두 번째로 틱톡샵$^{TikTok\ shop}$ 모델을 도입했으며, 인플루언서를 통해 뷰티, 패션, 전자기기 등 다양한 분야에서 새로운 트렌드를 선도하고 있습니다.

이러한 플랫폼은 단순한 거래에서 벗어나 엔터테인먼트 요소를 결합해 소비자 만족도를 극대화하는데 목적이 있으므로 베트남에서 SNS 영상 마케팅을 통해 얻는 효과는 기존의 광고나 마케팅 방식보다 훨씬 뛰어나다고 볼 수 있습니다.

도나 코퍼레이션 역시 인플루언서$^{KOL,\ KOC}$와의 협업과 함께 자체 틱톡커^{TikToker}를 교육하고 양성하는 데 힘쓰고 있습니다.

베트남에서 생활하면서 느끼는 한국과 베트남과의 문화 차이가 있다면 무엇인가요?

먼저 '현금'입니다. 베트남에서 사업을 시작한 2019년 2월 무렵만 해도 베트남 인구의 80% 이상이 은행 계좌가 없었지만, 코로나19 대유행을 거치면서 지금은 은행 거래 및 온라인 결제가 늘고 있습니다. 하지만, 아직도 현금 거래를 선호하며, 온라인 쇼핑과 배달 서비스에서도 COD$^{cash\ on\ delivery}$ 결제를 주로 이용합니다.

두 번째는 베트남 직원의 이직률입니다. 직원의 이직률이 한국에 비해 훨씬 높습니다. 베트남의 최대 명절인 뗏^{tet}은 국가 지정 연휴가 5~8일 정도 됩니다만, 거의 모든 직원이 연휴 앞뒤로 짧게는 일주일 길게는 2주 정도 휴가를 냅니다.

더구나 휴가 간 직원의 약 60%가량은 다시 출근하지 않습니다.

뗏^{Tét}에는 '13개월의 급여'라고 해서 100% 이상의 상여금을 지급합니다. 상여금이 법률로 강제로 규정된 것이 아니지만 베트남 내 대부분의 회사에서 관행처럼 지급하고 있습니다. 상여금을 받은 후, 뗏^{tet} 연휴를 기점으로 상당수 베트남 직원은 농사일 등을 핑계로 다른 회사로 이직하는 경우가 많습니다.

도나 코퍼레이션의 앞으로의 계획이 궁금합니다.

도나 코퍼레이션은 2024년 6월까지 100개의 '도나 테라피$^{Dona\ Therapy}$' 프랜차이즈를 오픈할 예정입니다. 100개의 프랜차이즈를 통해 PB 상품과 도나 테라피 OEM 기기를 판매할 예정입니다. 톤업 크림, 줄기세포 화장품 세트(덕용), 바디톤업 크림 등과 건강기능식품,

이너뷰티 PB 상품의 개발과 판매를 계획하고 있습니다.

도나박스 가입자를 10만 명 이상 확보하기 위해 참여 브랜드를 확대할 계획입니다. 이와 함께 고객 데이터베이스^{DB}를 기반으로 고객관계관리^{CRM} 시스템을 적극 활용할 방침입니다.

모바일 앱을 통해 고객을 관리할 뿐 아니라 B2B 시장을 공략하기 위한 다양한 파트너십도 맺을 것입니다.

베트남에서도 성형과 미용 시술에 관한 관심이 높다고 들었습니다. 한국과 중국 또는 태국 등으로 성형 관광을 한다고 하는데 실상은 어떤지요? 한국 의료 관광에 대한 베트남 수요도 있는지요?

세계 관광의 주요 개발 트렌드 중 하나인 의료 관광은 의료 서비스와 관광을 연계한 고부가 가치 사업입니다.

시장 조사 업체인 그랜드 뷰 리서치$^{Grand\ View\ Research}$에 따르면, 2030년까지 세계 의료 관광 산업의 수익은 거의 1,000억 달러에 육박할 것으로 예상된다고 합니다. 매년 평균 35%씩 성장하는 가운데 그 핵심에 한국의 의료 관광이 있다고 하겠습니다.

다만, 한국은 의술은 발전했지만 관광 상품을 접목한 의료 관광 개발에는 아직도 부족한 부분이 있습니다.

한국 여성의 피부 결과 스타일을 좋아하는 베트남 젊은 여성들은 베트남 내에서의 성형보다는 한국에서의 자연스럽고 세련된 모습의 성형을 선호합니다.

예를 들어, 유명 틱톡커^{TikToker}인 후인 홍 응옥$^{Huynh\ Hong\ Ngoc}$은 수년간 틱톡에서 뛰어난 메이크업 기술을 선보이며 유명해진 인물입니다. 현재 틱톡에서 53만여 명, 인스타그램에서 18만여 명의 팔로워를 보유하고 있습니다. 자신의 성형 과정을 가감 없이 전달하면서 '비포^{before}와 애프터^{after}'의 완벽한 변신을 보이면서 더 많은 팔로워를 모았습니다.

2022년 한 해 동안 성형을 위해 한국을 찾은 외국인 중에 태국인이 1만 1,207명으로 가장 많고, 일본인(8,600명), 중국인(6,422명), 미국인(5,100명), 베트남인(3,448명) 순으로 집계됐습니다.

K-콘텐츠의 유행과 함께 한국 성형 의학이 세계 최고 수준이라는 믿음, 저렴한 수술 비용, 좋아하는 한류 스타를 닮고 싶다는 욕구 등으로 인해 한국으로의 성형 관광은 앞으로도 수요가 증가할 것으로 전망하고 있습니다.

이에 여행 업체와 협업하여 한국으로 의료 관광 시 비자를 비롯한 여러 불편 사항을 해결하고 통역 가이드가 함께 한국 내 병원까지 논스톱 서비스를 제공하는 한편 한국의 문화를 경험할 수 있는 관광 상품 패키지를 개발한다면 한국의 의료 관광을 찾는 이들이 많아질 것입니다.

호찌민에서 사업을 하시면서 여성으로 겪은 애로사항이 있으신지요? 베트남에 진출하고 싶어 하는 여성 CEO에게 어떤 조언을 하시겠습니까?

뷰티 사업을 하는 여성으로 애로사항은 별로 없었습니다. 다만, 해외 시장에서의 도전은 쉽지만은 않았습니다. 베트남에 연고가 없었기에 하나에서부터 열까지 혼자 힘으로 걸음마부터 배운다는 심정으로 늦더라도 한 단계씩 나아갔습니다.

한국에서 배웠던 뷰티 운영과 마케팅 형태는 베트남 시장에서는 낯선 이의 시선에 불과했으며, 많은 시행착오를 거쳐 그들의 시선을 다소나마 배울 수 있었습니다.

그 과정에서 코로나19의 직격탄을 받았으며, 한 달에 1억 5,000만 동(약 800만 원)의 임대료와 직원 인건비는 적자 운영으로 이어졌습니다. 베트남 소매 시장에 진출한 국내 소상공인 대부분 비슷한 처지였다고 생각합니다.

타국에서의 격리와 언제 끝날지 모르는 봉쇄는 큰 불안과 공포와 다름 없었습니다. 봉쇄 기간 오프라인 매장에서 온라인 쇼핑몰로의 방향을 모색하며 재기할 기회로 삼았습니다. 한국에서의 운영 노하우만 가지고는 승산이 없다는 것을 깨닫고 '나부터 바꾸자'라고 생각했고, 베트남 현지화에 초점을 맞췄습니다.

현재는 온라인과 프랜차이즈 사업을 함께 운영하면서 어느 정도 안정을 찾아가고 있습니다. 베트남에 진출하려는 여성 사업가라면 주저하지 마십시오. 도전하면 불가능이 없다는 말씀을 드리고 싶습니다.

'도전하십시오!!!'

다소 물린 말 같지만, 한국의 뷰티 산업은 현재 내수 시장만으로는 포화 상태입니다. 베트남은 1억 명의 인구와 평균 나이 32.5세로 젊은 나라입니다. 베트남의 뷰티 산업은 지금까지보다 앞으로의 성장이 더욱 기대됩니다. 2012년 15억 달러였던 베트남 미용 및 화장품 시장은 2021년 23억 달러로 증가했으며, 2024년에는 27억 달러로 확대될 것으로 전망됩니다.

처음부터 사업을 무리하게 진행하는 것보다 코트라^KOTRA나 중진공 등 해외 진출 기업의 문을 열어줄 정부 기관의 도움을 최대한 활용하여 리스크를 줄이면서 차근차근 접근하는 것을 추천합니다. 한국의 많은 여성 CEO가 베트남뿐만 아니라 '전 세계에서 위상을 높이는 그날까지 파이팅!!!' 입니다.

[참고 자료]

베트남에 부는 스페셜티 커피의 바람. KOTRA 하노이무역관, 2020. 7. 6.

베트남 카페 시장, 강자는 누구?. KOTRA 호치민무역관, 2019. 10. 18.

베트남 내 주요 커피 프랜차이즈 브랜드. KOTRA 호치민무역관, 2019. 10. 18.

3부

디지털 베트남

1장
베트남 중산층의 부상과 K-컬쳐 확산

베트남 소비를 이끄는 베트남 중산층

한국이 저출산과 고령화로 성장이 둔화하는 것과 달리 베트남은 젊고 역동적인 1억 명의 인구를 발판으로 빠르게 성장하고 있다. 지금은 베트남의 '노동력'에 주목하고 있지만, 더 중요한 것은 잠재된 '소비력'이라는 게 전문가들의 공통된 의견이다. 20세에서 49세까지에 이르는 주요 소비 계층이 전체 인구의 절반을 넘고, 중산층 비중이 40%에 육박한 베트남에서는 머잖아 거대한 소비 시장이 열릴 것으로 기대된다.

| 향후 10년간 중산층 증가 상위 9개국

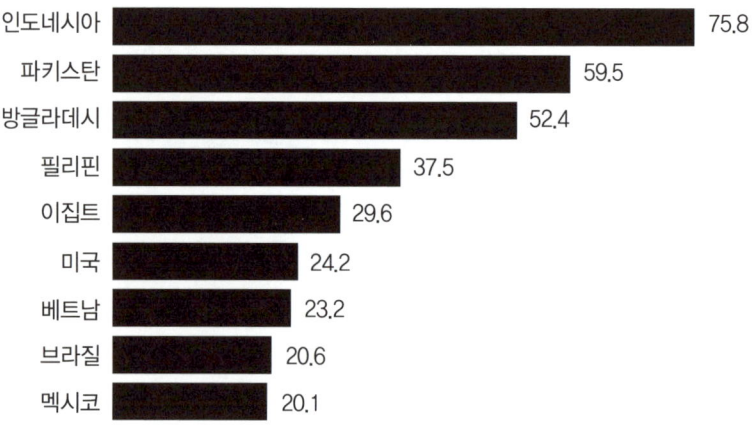

출처: World Data Lab, 2021. 9.

컨설팅 업체인 맥킨지^{McKinsey}에 따르면, 하루에 최소 11달러를 소비할 수 있는 베트남의 중산층 소비자 계층은 2000년에는 전체 인구의 10% 미만이었으나, 현재 40%까지 증가했다. 향후 10년간 중산층 소비자가 3,600만 명 증가해 2030년에는 전체 인구의 75%를 차지할 것으로 전망했다.

신규로 중산층 소비자로 진입하는 인구뿐만 아니라 소득 피라미드 계층 간 이동도 확대될 것으로 예상된다. 하루에 30달러 이상을 소비하는 소득 피라미드의 최상위 두 개 층이 빠른 성장세를 보여 2030년까지 전체 인구의 20%를 차지할 것으로 예상된다.

베트남 통계청의 도시화 중위 시나리오에 의하면, 베트남의 도시화 비율은 2030년까지 50%, 2040년에는 약 60%를 달성할 것으로 예측된다. 도시 인구 비율은 현재 37%에서 2030년 44%로 증가할 것으로 예상되는데, 이는 향후 10년간 베트남 도시 인구가 약 1,000만 명 증가하는 것을 뜻한다. 도시는 향후 10년간 전체 소비 증가의 약 90%에 이바지하며 베트남의 성장 엔진이 될 것으로 예상된다.

베트남 중산층은 주로 하노이와 호찌민 등 도시 지역에 거주하며, 대부분 중산층 가구는 부동산, 금융, 교육, 의료, 정보기술 및 서비스 산업에서 종사하고 있다. 그들은 이전 세대보다 교육 수준이 높고, 자신의 생활을 향상하기 위해 더 많이 노력한다.

또한 베트남 중산층은 소비 규모가 커서, 국가 전체 소비를 늘리는 데 중요한 역할을 한다. 중산층 소비는 주로 부동산, 자동차, 전자 제품, 음식, 여행, 건강, 자녀 교육, 미용 등의 제품 및 서비스에 집중되고 있다.

베트남의 중산층은 점차 디지털화되고 있으며, 핀테크와 같은 비대면 거래에 대한 접근성도 높아지고 있다. 중산층은 모바일 애플리케이션 및 인터넷을 통해 은행 거래, 결제, 송금 등 다양한 금융 서비스를 익숙하게 이용하고 있다.

특히, 베트남은 인터넷 환경이 빠르게 발전하고 있으며, 모바일 보급률도 높아 중산층이 모바일 금융 서비스를 쉽게 이용할 수 있는 환경이 갖춰져 있다. 또한, 베트남 은행도 디지털화에 적극 대응하고 있어, 중산층이 디지털 금융을 이용하는 데는 별다른 불편이 없다.

베트남의 중산층을 대상으로 한 생활 관련 테크 비즈니스는 '위드 코로나' 이후 지속적으로 발전하고 있다. 중산층의 삶의 질을 향상하고 라이프스타일 변화에 맞춘 다양한 생활형 테크 서비스도 경쟁적으로 등장하고 있다.

그중에서 대표적인 것은 음식 배달과 온라인 쇼핑이다. 베트남은 코로나19 대유행 기간 음식 배달 서비스 시장이 크게 성장하면서, 중산층을 중심으로 인기를 끌고 있다.

베트남에서 주로 이용하는 음식 배달 앱은 그랩푸드^{GrabFood}, 나우브앤$^{Now.VN}$, 배민^{Baemin} 등이다. 또한, 중산층의 쇼핑 습관 변화에 맞춰 온라인 쇼핑 시장도 크게 성장하고 있는데, 티키^{Tiki}, 라자다^{Lazada}, 쇼피^{Shopee} 등의 온라인 쇼핑 플랫폼이 생활형 플랫폼으로 자리매김하고 있다. 이 외에도 헬스케어, 뷰티, 교육 등에서도 생활형 테크 비즈니스가 쏟아지고 있다.

1980년부터 2012년까지 출생자를 일컫는 Z세대와 밀레니얼 세대를 모두 포함하는 디지털 네이티브 세대가 2030년까지 전체 소비의 40%를 차지할 것으로 전망된다. 이들은 온라인과 모바일 생활이 일상적이다.

베트남 컴퍼니 빌더$^{company\ builder}$ 기업인 쿠빌더는 새롭게 진행하는 프로젝트에서 베트남 중산층 중 MZ 여성 세대에 초점을 맞추고 있다. 이를 위해 MZ 여성이 무엇을 선호하고 어떤 소비 패턴을 보이는지 분석하여 비즈니스 모델부터 디자인, 마케팅까지 철저히 취향을 반영하고 있다. 예를 들어 카페의 경우 전체적인 공간과 메뉴 구성뿐 아니라 조명 색상과 각도, 소품까지 셀카를 좋아하는 그들의 패턴을 반영했다. 대신 음료 가격은 다른 지역 카페보다는 높게 책정했는데, 이는 '셀카 맛집'으로서의 가치가 가격 부담을 상쇄시킬 수 있다는 판

베트남 MZ 세대와 카페.

단 때문이다.

한-베 30주년과 한국어 제1외국어 선정

베트남 교육훈련부는 2021년 2월 발표한 시행 규정[712/QD_BGDDT]을 통해 영어, 중국어, 일본어, 프랑스어, 러시아어에 이어 한국어를 제1외국어로 선정했다.

베트남에서 제1 외국어는 초등학교 3학년부터, 제2 외국어는 중등

학교부터 선택 과목으로 가르치는 외국어를 말한다. 2021년 8월부터 한국어를 초등학교 3학년 학생부터 가르칠 수 있는 근거가 마련됐다. 하지만, 현장에서는 교과서 개발과 교원 양성 등 관련 준비가 필요해 실제 교육 현장에서 원활하게 운영되는 데는 다소 시간이 필요할 것으로 보인다.

우리나라 교육부는 주베트남 한국대사관, 베트남 교육훈련부와 협력 협약을 체결해 교과서와 학습자용 익힘책, 교사용 지도서 개발, 교원 양성, 한국인 교사 파견 등을 적극 지원할 방침이다. 특히 우리나라 교민이 많이 거주하는 하노이와 호찌민 포함 한국 기업이 몰려 있는 하이퐁과 박닌·박장·타이응우옌·빈즈엉·동나이·붕따우성 등에서 한국어 교육이 활성화하도록 집중적으로 지원할 계획이다.

하노이 국립외국어대학의 연구에 따르면, 2021년 12월까지 베트남 전역에서 한국어 및 한국학 대학과 전문대학 등 총 49개가 설립됐다. 이 중 28개가 남부 지역에서 운영 중이고, 북부 지역에 17개, 중부 지역에 네 개가 있다.

2007년부터 한국 정부 지정 및 지원을 받은 교육기관으로 세종학당이 있다. 세종학당은 한국어 교육과 한국 문화를 국제 친구들에게 소개하는 두 가지 주요 임무를 수행하고 있으며, 2022년 기준으로 전 세계 84개 국가에 234개 지점을 두고 있다.

베트남에는 2022년 전국에 23개의 세종학당 학원이 운영 중에 있다(하노이(4개), 호찌민(6개), 컨터(2개) 그 외 11개 지역에 1개씩) 베트남은 세종학당 학생이 가장 많은 국가로 2022년 기준으로 1만 2,000명 이상이다.

| 한국 내 베트남 유학생 현황
(2017년~2023년 1월)

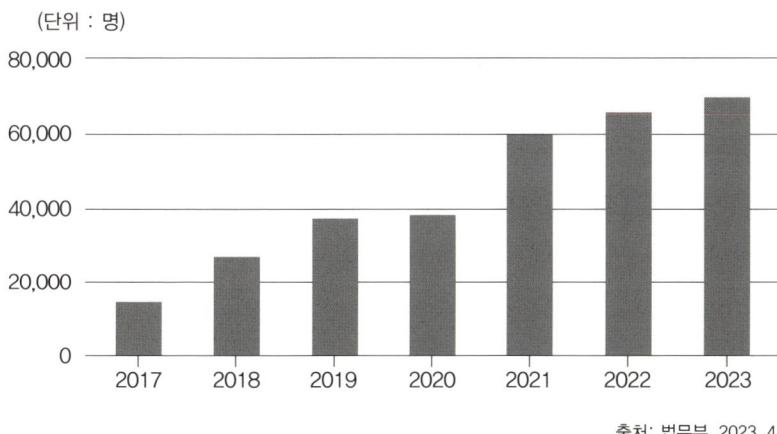

출처: 법무부, 2023. 4.

법무부 출입국외국인정책본부의 외국인 유학생 체류 현황에 따르면, 2023년 2월 말 현재 어학연수 등을 포함한 외국인 유학생은 20만 5,167명이다. 이 가운데 베트남 유학생이 7만 212명으로 가장 많고, 뒤이어 중국 6만 3,859명, 우즈베키스탄 1만 1,974명, 몽골 1만 1,603명 등이다.

국내 베트남 유학생은 꾸준히 증가하다가 2021년부터 최다 외국인 유학생을 차지했다. 코로나19로 이전까지 최다 국가였던 중국에서 유학생들이 입국하지 못했기 때문이다.

한국국제교류재단이 118개국 149개 재외공관과 공동으로 조사해 발표한 자료에 따르면, 2022년 말 기준 전 세계 한류 팬 수는 약 1억 7,883만 명으로 2012년 첫 조사 당시 926만 명에 비해 약 19.2배 증가했다. 또 팬클럽^{fandom} 수는 1,684개로 120% 늘어났다. 국가별로는 중국이 8,430만 명으로 단연 1위이며, 뒤이어 태국 1,680만 명, 베트남 1,330만 명 순이다.

이들이 접하는 한류 콘텐츠는 한국 TV 프로그램(80% 이상), 게임(70%), 음악(K-팝, 68%), 캐릭터(65%), 애니메이션(58%), 한국 뷰티(K-Beauty, 46%) 등으로 파악됐다.

K-드라마, K-팝, K-영화, K-푸드 등 K-컬처 등으로 대표되는 한류가 확산하면서 베트남에서 한국을 바라보는 이미지가 긍정적으로 개선되고 있다. 무엇보다 한글을 배우는 사람이 늘면서 높은 연봉을 받을 수 있는 한국 기업에 취직도 수월해지는 효과도 있어, 베트남에서의 한류, 한국어 교육, 한국 유학 붐의 선순환 구조는 지속적으로 이어질 것으로 예상된다.

K-컬처와 함께 한국어 열풍

베트남 대상 시장 조사 업체인 큐앤미$^{Q\&Me}$가 2021년 6월, 23세 이상 41세 미만 성인 남녀 728명에게 조사한 결과, 현재 학습 중인 외국어 1위는 86%를 기록한 영어로 나타났다. 앞으로 배우고 싶은 외국어 1위는 37%를 기록한 일본어였으며, 이와 근소한 차이로 36%의 응답자가 한국어를 선택했다.

외국어를 유창하게 구사하면 더 좋은 직업을 구할 확률이 높고, 다양한 기회가 생기기 때문에 베트남 대학생과 취업 준비생은 외국어 공부를 매우 열심히 한다.

한국어 공부 열풍에 따른 현상 중 하나로 베트남 내 한국인과 함께하는 1:1 언어 교환 또는 프리토킹 모임이 베트남 내에서 활발하게 이뤄지고 있다.

학교나 학원의 커리큘럼이 주로 문법이나 독해, 시험 대비 등에 특화되어 있어, 말하기나 듣기 실력을 독학(유튜브 등 SNS 활용)이나 현지 교육 기관을 통해 향상하기 어렵다. 따라서 보다 자유로운 분위기에서 한국어의 활용도와 유창함을 늘리기 위한 목적으로 본인 수준에 맞는 사설 모임에 적극적으로 참여하고 있고 베트남 내 한국 기업들은 베트남 MZ세대를 위해 한국어 지원을 위한 다양한 커뮤니티 활동과 한국어 교재를 내놓고 있다.

일례로 한국인이 운영하는 호찌민 현지 카페인 '모노스퀘어'에서는 매주 1회씩 한국어 프리토킹 모임을 개최하고 있다. 매주 주제를 바꿔가며 자유롭게 해당 주제에 대한 의견을 한국어로 말하고 토론하는 형식으로 일정 수준의 한국어 실력을 갖춘 사람만 참여할 수 있다.

모임마다 정원이 15~20명이지만 대개 몇 배나 많은 참석자가 신청하고 있다. 특별한 광고나 홍보 없이 입소문으로 참가자가 꾸준히 늘어나고 있을 뿐 아니라 매주 2회~3회로 늘려달라는 요청이 있을 정도로 반응이 뜨겁다.

대부분 참가자는 20대 여성들로 한국 문화, 특히 대중문화에 대한 큰 관심이 있으며 한국 유학이나 한국 업체에 취직하는 등 단순한 취미 이상의 실용적이면서 구체적인 목적으로 한국어를 배우고 있다.

모임을 주관하는 모노스퀘어 이주홍 대표는 "사설 교육 기관이나 온라인 프로그램 등 다양한 경로로 한국어를 공부하고 있지만 정작 실제 원어민인 한국인과 교류할 기회는 제한적이다"라며 "한국어 자체를 공부하는 것뿐 아니라 한국의 문화에 대한 궁금증을 해소하고 싶은 욕구도 크기 때문에 앞으로 이런 모임이 더욱 활성화될 것으로 예상한다"라고 말한다.

한류의 긍정적 파급 효과와 많은 한국 기업의 베트남 진출은 베트남 내 한국의 위상을 높이고 있다. 현지 매체에 따르면 주요 베트남 대학의 한국학과 학생들은 지난 수년간 90%가 넘는 취업률을 나타내고 있다.

2021년 한국어가 제1외국어로 선정되면서 베트남 공교육에서 한국어 교육 비중이 높아질 전망이고, 공식 외국어 교육 과정으로도 시범 운영을 시작한 것 역시 매우 중요한 의미가 있다.

도프엉투이 하노이 국립 외국어대 한국어 및 한국문화학부 부학장은 "베트남에서 한류는 엄마와 중고생 딸이 세대를 넘어 함께 즐기는 문화"라며 "젊은 베트남 사람에게 이미 일상으로 깊이 파고들었다."고 전한다.

코로나19로 주춤했던 한-베 교역 확대 기대

주베트남 한국대사관 관계자는 "베트남 정부가 학생들에게 한국어를 일찍부터 가르칠 필요가 있다고 인식한 것"이라며 "한국과 한국어에 대한 관심이 더 커질 것으로 기대한다"고 말했다.

2023년 6월 윤석열 대통령은 베트남 하노이 주석궁에서 보 반 트엉 베트남 국가주석과 한-베트남 정상회담을 통해 "지난해 한국과 베트남 양국 관계를 포괄적 전략적 동반자 관계로 격상한 데 이어 지난 30년의 성과를 바탕으로 더 밝고 역동적인 미래 30년을 만들어 가기를 기대한다"고 밝혔다.

윤석열 대통령은 베트남 국빈 방문 첫날인 22일 하노이 국가대학교 별관에서 개최된 '베트남 한국어 학습자와의 대화'에 참석해서 한국어를 배우는 현지 젊은이들을 만나 격려했다.

대통령실은 이날 행사가 통역 없이 한국어로만 진행됐다며 "한국어에 대한 높은 학습 열기를 보여줬을 뿐 아니라 한국어가 양국 미래세대 간 연대·협력의 기반임을 확인하는 기회였다"고 말했다. 그러면서 "한-베트남 양국 학생·연구자들의 교류가 이뤄질 수 있도록 정부 차원의 지원을 아끼지 않겠다"고 전했다.

베트남의 교육열은 한국에 버금갈 정도로 높다. 베트남 젊은 중산층과 MZ세대들은 인터넷과 스마트폰 보급률이 70% 이상이어서 비대면 방식의 온라인 교육 접근성도 뛰어나다.

한국 교육 기관과 기업들은 베트남 특성을 고려하여 정보기술을 접목한 에듀테크 플랫폼을 기반으로 한 온라인 학습 앱 또는 온오프라인 통합 교육 콘텐츠를 제공하는 것도 좋은 기회가 될 수 있다.

[참고 자료]

베트남 인구구조 변화와 함께 변화하는 소비 트렌드.KOTRA 호치민무역관, 2023. 3. 30.

인터뷰로 엿보는 베트남 비즈니스

컴퍼니 빌더

쿠빌더 이주홍 대표

쿠빌더는 어떤 회사인지 소개해 주십시오.

쿠빌더는 베트남 내 초기 스타트업을 발굴하고 육성하는 베트남 최초의 '컴퍼니 빌더Company Builder'입니다. 베트남 내수 시장을 겨냥한 혁신적 아이디어와 뛰어난 실행력을 갖춘 팀에 단순 재무 투자를 넘어 다각적인 유무형 지원을 제공함으로써 창업에 따른 리스크를 줄이고 성공 확률을 높여줍니다. 이를 위해 창업 및 투자, 초기 스타트업 경험을 갖춘 멤버들이 쿠빌더와 함께하고 있습니다. 2020년 9월에 설립되었으며 호찌민 시내에 자체 스타트업 센터를 운영하고 있습니다.

쿠빌더의 사업 영역과 주요 제품이나 서비스는 무엇인가요?

공유 오피스를 비롯해 카페, 공유 스튜디오, 한국어 아카데미, 소프트웨어 개발 아웃소싱 등 다양한 사업을 전개하고 있습니다. 특정 분야로 사업 영역을 한정하고 있지 않지만, 공동 창업자 및 파트너의 경험과 역량이 잘 발휘되고 기존 사업과 시너지가 나는 경우 먼저 사업화하고 있습니다.

여러 사업 중 현재 가장 성장하는 부문은 마케팅 에이전시입니다. 코로나19 이후 빠르게 베트남 내수 시장이 회복되면서 자연스럽게 기업들의 마케팅 니즈가 커지고 있어 신규 클라이언트가 급증하고 있습니다. 특히 한국을 비롯한 해외 기업의 베트남 진출이 늘어나며 베트남 시장 상황에 부합하는, 현지화된 마케팅 서비스가 필요합니다.

특히 자체 장비와 스튜디오를 통해 퀄리티 높은 마케팅 콘텐츠를 직접 생산하고 있으며, 고객의 반응을 끌어내는 온·오프라인 콘텐츠 제작에 특화되어 있습니다. 트렌드 변화에 신속히 대응하는 자체 콘텐츠 제작 능력과 소셜네트워킹서비스^{SNS} 이해도, 데이터 분석 능력 등을 기반으로 거대 소비 시장으로 전환하고 있는 베트남에서 마케팅 산업을 리딩 할 수 있는 기업으로 성장하고 있습니다.

2023년 6월까지 '키네 마스터 영상 제작 프로젝트', 'PILLY 베트남 온·오프라인 마케팅' 등 누적 50여 개 기업의 마케팅 프로젝트를 진행했습니다.

베트남 본사와 한국 지점의 역할과 책임이 따로 있나요?

특이하게 저희는 베트남이 본사이며 한국이 지사 역할을 하고 있습니다. 당연히 저를 비롯한 주요 멤버들이 모두 베트남에서 상주하고 있으며 베트남 내에서 대부분 업무를 처리하고 있습니다.

한국 지사는 주로 베트남 진출을 희망하는 한국의 스타트업 또는 창업가를 지원하기 위해 설립되었으며 최근에는 한국 시장 진출을 희망하는 베트남 기업을 지원하는 역할도 맡고 있습니다. 더불어 한국의 투자자로부터 투자 유치를 희망하는 베트남 현지 기업을 연결하는 역할도 맡고 있습니다.

동남아시아 여러 나라 중 베트남 시장을 선택한 이유가 무엇이었나요?

베트남의 생산 거점으로서의 매력은 이미 수십 년 전부터 널리 알려진 것과 달리 소비 시장으로서 매력은 아직까지 높이 평가받지 못하고 있는 것 같습니다. 특히 통계로 접하는 베트남의 소득 수준, 구매력, 중산층 비율 등이 여전히 낮은 수준에 머물다 보니 태국이나 말레이시아 등 다른 동남아 국가를 더욱 매력적으로 보는 경우가 많은데, 저는 베트남이 차세대 소비 시장으로 매우 큰 잠재력을 지닌 곳으로 보고 있습니다.

더불어 '함께 일하는 동료,' '같이 일하고 싶은 동료'로서 다른 국가에 비해 베트남인이 더욱 매력적으로 느껴졌습니다. 문화의 유사성도 있지만 베트남인 특유의 성실함과 근면성, 노동에 대한 자부심, 개방적인 마인드 등이 한국인과 궁합이 잘 맞습니다.

끝으로 창업 인프라스트럭처가 싱가포르를 제외하고 동남아에서 가장 잘 구축된 곳이 베트남이라고 판단했습니다.

2023년 6월 윤석열 대통령과 경제사절단 방문으로 한국 기업의 베트남 시장 진출은 '제조 생산 거점'이 아닌 '차세대 소비 시장'으로 관점이 변화하고 있습니다. 과거에 비해 높아진 인건비만큼이나 전반적

| 쿠빌더의 인하우스 팀 빌딩 프로세스

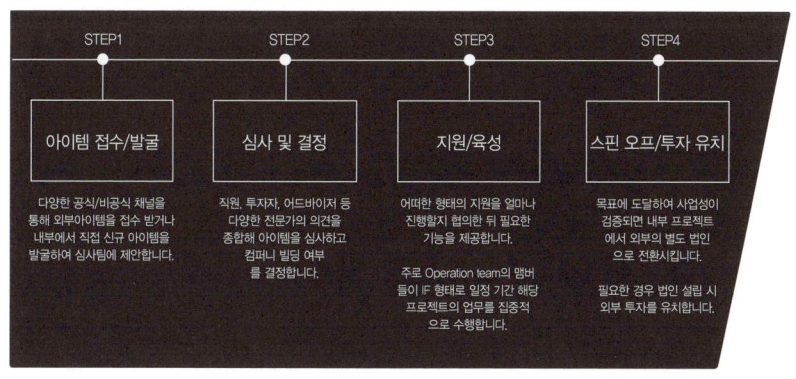

출처: 쿠빌더

인 구매력이 상승하였고 가치 소비를 지향하는 젊은 세대들의 증가로 인해 소비 시장의 규모가 급격히 확대되었기 때문입니다. 특히 다른 국가 대비 한국 기업과 제품이 베트남 내에서 높은 경쟁력이 있는데, 한국 문화와 제품에 대한 베트남 젊은 세대의 높은 선호도 반영되고 있습니다. 또한 뷰티와 패션, 콘텐츠, 푸드 분야에서 두각을 나타내는 한국 기업이 베트남 진출에 속도를 내고 있습니다.

베트남 내 마케팅 에이전시로 다수의 프로젝트를 수행한 경험이 있는 것으로 알고 있습니다. 한국 기업이 베트남에서 성공하려면 어떻게 해야 한다고 보십니까?

베트남 소비 시장에 성공적으로 진출하기 위해서는 다양한 요소가 고려되어야 하지만 최근에는 마케팅이 사업의 성패를 가르는 경우가 많아지고 있습니다. 브랜딩이 특히나 중요한 뷰티, 패션, 푸드 분야에선 마케팅의 역할이 성공과 실패를 좌우하는 결정적 요인이라 생각합니다.

현지 마케팅의 중요성에 대한 인식이 높아지는 것과는 별개로 효과적인 방안에 대한 해답을 찾지 못해 시행착오를 겪는 기업도 많은데 마케팅 효과를 보지 못하는 기업에게 다음과 같은 몇 가지 공통점을 찾을 수 있습니다.

첫 번째로 한국의 콘텐츠를 그대로 베트남 시장에 적용하는 경우입니다. 한국의 유명 연예인이 등장하는 영상이나 이미지를 그대로 사용하거나 일부 언어만 변경해 사용하는 경우가 많은데, 비용 절감 등의 이유가 있겠지만 현지 환경에 맞지 않을 때 시장에서 좋은 반응을 끌어내기 어렵습니다. 특히 SNS에서 사용되는 광고 콘텐츠는 현지 트렌드에 부합하는 콘텐츠를 빠르게 생산하여 시의적절하게 교체되어야 하지만, 한국에서 방영되는 TV 광고 등의 콘텐츠에 자막만 덧붙인 상태로 베트남 내에서 장기간 사용되는 경우도 빈번합니다. 이런 경우 베트남 현지인에게 외면받을 수밖에 없습니다.

두 번째는 오프라인 마케팅을 배제하고 온라인에만 집중하는 경우입니다. 물론 베트남은 온라인 마케팅 효과가 뛰어난 시장이므로 좋은 콘텐츠는 적은 비용으로도 큰 성과를 거둘 수 있습니다. 그러나 오프라인 마케팅 역시 효율성이 상당히 높은 편인데, 기본적으로 인건비를 비롯해 오프라인 활동에 투입되어야 하는 예산은 한국에 비해 훨씬 낮게 책정되어 있습니다. 극단적인 예로, 베트남 내 앱^{app} 마케팅은 온라인 광고를 통한 CPI$^{cost\ per\ install}$나 CPA$^{cost\ per\ action}$보다 파트타이머를 통한 대면 다운로드 유도 비용이 더 낮을 때도 많습니다.

세 번째로 코로나19 대유행 이후 베트남에서도 한국처럼 비대면 흐름이 이어지는 경우가 많지만, 실제 비즈니스 환경에서는 사뭇 다릅니다. 베트남 의사결정자들은 상호 간의 신뢰와 친밀감을 매우 중요하게 여기기 때문에, 기업 간^{B2B} 기업이라면 출시 행사, 고객 초청 행사 등 대면 활동을 전제로 한 오프라인 마케팅이 필수적이라는 점을 유념해야 합니다.

네 번째로 한국의 법률과 규제에 익숙한 기업이 베트남에서 과감한 마케팅을 전개하지 못하는 경우가 많습니다. 기업이 법률의 테두리 내에서 적법한 활동을 펼치는 것이 당연하나, 베트남의 현실을 들여다보면 법률이 미비하거나 사각지대가 존재하는 영역이 꽤 많습니다. 이러한 감시의 허점을 오히려 과감히 이용하고 있는 베트남 현지 기업과 경쟁하고 승리해야 한다는 측면에서는 기존의 틀과 접근법을 과감히 바꾸는 것도 필요합니다.

일례로 건강기능식품의 경우 한국에서는 허위 광고 과대/과장 광고로 간주할 여지가 있는 문구의 사용을 철저히 차단하고 있으므로 '~에 도움을 줄 수 있음'과 같은 표현이 일반적이지만, 베트남에서는 비교적 직접적이고 구체적인 표현도 허용되고 있습니다.

한국인의 시각에선 거부감이 느껴질 정도로 지나치게 부풀려 표현되거나 빈약한 근거에 기반한 광고 문구를 전면에 사용하는 베트남 현지 기업을 다수 볼 수 있는데, 결과적으로 소비자의 관심은 해당 문구에 더 몰리는 것이 현실입니다. 마케팅 담당자가 베트남 현지 문화와 규제에 유연하게 대처하는 자세가 필요합니다.

다섯 번째로 베트남 젊은 세대에게 기성 연예인보다 SNS에서 활동하는 인플루언서가 미치는 영향력이 더 크다는 것은 사실이나 인플루언서 마케팅에 대한 과도한 기대나 환상은 피하는 게 좋습니다. 특히 뷰티, 패션, 푸드 분야에서 그런 현상이 빈번하게 목격되고 있습니다. 팔로워 숫자, 노출, 조회 수 등 단편적인 지표에만 신경을 쓰고 정작 인플루언서의 콘텐츠와 메시지에 대해 고민하지 않아 노출 빈도수는 많은데 반응이 없는 결과를 낳기도 합니다.

콘텐츠에 대한 고민과 실제 생산까지 인플루언서에 기대하기보다는 인플루언서를 영향력 있는 마케팅 '채널'로 인식해야 합니다. 기업은 전달하고자 하는 메시지를 내부에서 고민하고 생산한 뒤, 뚜렷한 제작 가이드라인을 인플루언서에게 제시해야 합니다. 가이드라인을 간섭으로 여기거나 본인의 편의대로 콘텐츠를 만드는 인플루언서와의 협업은 삼가야 합니다.

또한 단발로 다수의 인플루언서를 기계적으로 활용하는 때도 많습니다. 자사 제품에 관한 관심이 높고 애정이 엿보이는 소수의 인플루언서와 장기적인 관점에서 파트너십을 맺고 협업하는 것이 더욱 효과적일 수 있습니다.

마지막으로 외부 에이전시 또는 프리랜서에게 마케팅을 전적으로 위임하는 일은 지양해야 합니다. 단발성 프로젝트를 수행하거나 비용을 절감하려는 목적이 아니라면, 내부에서 마케팅 전략과 기획을 일관성 있게 추진할 수 있는 최소한의 인력 또는 역량을 갖추길 권합니다.

베트남 진출 과정에서 가장 어려웠던 점은 무엇이었나요?

코로나19가 창궐하던 2020년에 창업해서 2021년 한 해를 사실상 개업 휴점을 했던, 그 특수했던 상황을 헤쳐 나가는 게 가장 어려웠습니다. 베트남의 봉쇄 정책이 강력했던 터라 집 밖을 나가지도 못했고, 3개월 정도는 외부 사람들도 만나지 못할 정도였습니다. '사업을 포기해야 하나' 하는 생각이 가장 많이 들었던 기간이었는데 결과적으로 그 시절을 극복해 낸 지금은 어지간한 어려움은 어려움으로 느껴지지 않을 만큼 제 멘탈을 강하게 만들어 준 시간이었습니다.

베트남 마케팅 전문가로서 한국과 베트남과의 마케팅 차이가 있다면 무엇입니까?

매체 환경도 다르고 SNS 사용 패턴이나 콘텐츠 선호 등 많은 것이 다릅니다. 실무적으로 하나만 꼽자면 한국에서는 불법, 위법 수준의

쿠빌더 직원들.

출처: 쿠빌더

위험한 콘텐츠가 베트남에서는 생각보다 무리 없이 유통되고 있는 것을 자주 목격하고 있습니다. 특히 뷰티나 의료, 헬스케어 쪽 콘텐츠는 한국 기준으로 생각하고 만들면 반응이 생각한 것보다 훨씬 저조하다는 걸 느낄 때가 많습니다.

쿠빌더만의 직원 동기부여 및 복지 프로그램을 소개해 주십시오.

특별한 복지 프로그램은 없습니다. 다만 한국을 비롯한 해외 출장을 통해 직원들의 경험을 쌓도록 돕고, 글로벌 스탠다드를 익힐 기회를 많이 제공하고자 합니다. 실제 해외 출장을 함께 다녀온 직원들의 역량이 빠르게 늘어나는 것을 체감하고 있습니다.

쿠빌더의 향후 사업 방향과 성장 전략을 소개해 주십시오.

얼마 전까지는 오직 '생존'에만 집중했을 만큼 코로나19 대유행의 후유증이 상당했습니다. 다행히 2023년에 들어서며 상황이 많이 개선된 덕분에 지금은 장기적인 성장 전략을 다시 수립하고 있는 단계입니다. 일단 단기적으로는 현재 진행하는 컴퍼니 빌딩을 통해 다져놓은 사업 중에서 독자 생존을 넘어 수익화, 그리고 인수합병$^{M\&A}$을 통한 출구^{exit} 사례를 올해 안에 만드는 것을 목표로 하고 있습니다.

해외 진출을 고려 중인 한국 기업에 조언하고 싶은 내용이 있다면 무엇인가요?

한국 기업에 '시장 확대'를 위한 해외 진출은 이제 선택이 아닌 필수라고 봅니다. 관건은 어느 국가로 진출하느냐는 것인데 단순 외부에 노출된 통계나 자칭 '전문가'라고 알려진 몇몇 분들의 의견에 함몰되지 말고 직접 그 나라를 경험하면서 올바른 의사 결정을 내리면 좋겠습니다. '한 달 살기'까지는 무리겠지만 최대한 자주 방문하시고 경험하면서 인프라스트럭처나 실물 시장 등을 세심히 살펴보길 권합니다.

쿠빌더 한국어 아카데미.

출처: 쿠빌더

2장
코로나19 엔데믹 후 베트남 스타트업 창업 붐

베트남 스타트업 생태계는 여전히 초기 단계이지만 코로나19 대유행 이후 성장세는 매우 높다. 베트남은 2020년 기준 유럽과 자유무역협정^{FTA}을 시행하고, 많은 공장이 중국으로부터 이전해 오면서 '제조공장의 포스트 차이나' 역할을 자처하고 있다.

2022년 3분기 기준 13.77%의 높은 경제성장률(연 7.5%)을 기록했다. 해외 투자자들은 2030년까지 매년 7~8% 고성장을 거둘 것으로 예상하고 베트남 내 차세대 먹거리를 위한 투자를 확대하고 있다.

벤처 펀드인 도 벤처스$^{Do\ Ventures}$와 국가혁신센터^{NIC}가 2023년 3월 발표한 '베트남 혁신 및 기술 투자 2023 보고서$^{Vietnam\ Innovation\ and\ Technology\ Investment\ 2023\ Report}$'에 따르면, 2022년 베트남 스타트업 투자 규모는 134건의 거래와 6억 3,400만 달러를 조달한 것으로 나타난다. 이는 2021년에 비해 56%나 감소한 것이다. 2021년은 165건에 14억

4,200만 달러의 자금이 조달됐다.

업종별로는 금융서비스, 소매, 헬스케어, 교육 순으로 투자가 많았다. 투자자는 베트남 펀드와 싱가포르, 북미, 한국 순이었다.

보고서는 2023년 투자 전망과 관련해 조사 대상 투자자의 거의 100%가 적어도 현재 투자 수준을 유지할 것으로 파악됐다고 전했다. 중기적으로 베트남의 스타트업 생태계는 여전히 매우 매력적이라는 다수의 전망이 여전히 유효한 셈이다.

베트남 정부의 2022년 디지털 전환으로 '디지털 정부, 디지털 경제, 디지털 사회'를 표어로 만들어 디지털 정책을 강력하게 추진하고

| 베트남 내 주요 스타트업 지원 기관

정부기관 로고	명칭 및 역할
NATEC	○ NATEC - 국가 기술 창업 사업회 진흥원 National Agency for Technology Entrepreneurship and Commercialization Development - 과학기술부 산하의 기관으로 혁신창업 생태계 지원, 과학기술 시장 개척, 과학기술기업 육성 및 육성 등의 기능을 수행
NATIF	○ NATIF - 국가 기술혁신기금 National Technology Innovation Fund - 과학기술부 산하의 금융 기관으로 연구개발, 혁신, 기술 이전 보조금과 특혜 대출을 제공
NSSC National Startup Support Center	○ NSSC - 국가 창업 지원센터 National Startup Support Center - 2025년까지 국가혁신 창업 생태계 지원사업으로, 국가혁신 창업의 날, 테크페스트 TechFest 의 연중 최대 스타트업 관련 혁신 창업 축제) 등 과제를 수립·시행 - 국내외 네트워크를 연계하여 창업 잘전을 지원하는 기관
NIC	○ NIC - 국가 혁신 센터 National Innovation Center - 국무총리가 설립한 기획투자부 Ministry of Planning and Investment 산하기관으로 스타트업과 혁신 생태계를 지원

출처: Doventures, 2023.

| 베트남 유니콘 기업 투자 유치 현황 (2022년)

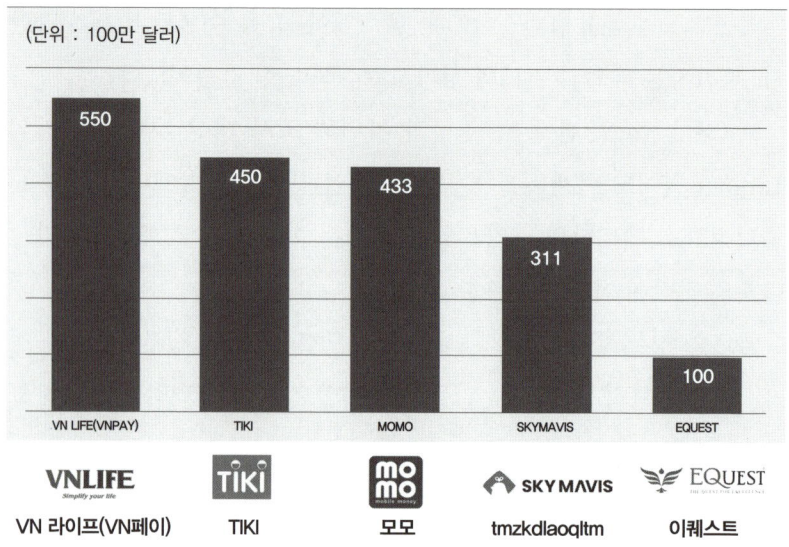

출처: Crunchbase, 2022.

있다. 이에 힘입어 베트남은 동남아시아에서 가장 빠르게 디지털 산업으로 전환되고 있는 국가로 꼽힌다.

홍콩상하이은행[HSBC]이 2022년 3월에 발표한 설문 조사 결과에 따르면, 베트남은 동남아시아에서 가장 매력적인 제조업 진출지로 지목됐다. 중국, 프랑스, 독일, 인도, 영국, 미국 등 여섯 개국에서 연 매출액 500만 달러(약 62억 원) 이상인 제조 기업의 의사결정자 1,500명을 대상으로 진행한 설문 조사에서 베트남 투자 매력으로 '숙련된 인재 풀[pool]'이 30%로 가장 높았다. 뒤를 이어 '낙관적 장기 경제 전망',

'경쟁력 있는 인건비', '코로나19 이후 경제 회복력' 등으로 나타났다.

2021년 동남아시아 지역 내 투자 증가율은 베트남이 1위를 기록했고, 투자 이익률은 싱가포르, 필리핀에 이어 베트남이 세 번째로 집계됐다. 2022년 들어 베트남 대상 투자 건수는 동남아시아 3위, 투자금은 4위로 다소 밀렸으나, 2023년 이후 동남아시아 2위 투자처로 부상할 것으로 전망된다.

한국 기업의 베트남 내 창업

2022년 3월 이후 한국과 베트남 하늘길이 열리면서 한국 투자자와 스타트업의 베트남 활동이 다시 활기를 띠고 있다. 특히 오프라인 모임에 따른 제약이 모두 풀리면서 한국인이 개최하는 소규모 밋업^{meetup}부터 대규모 스타트업 이벤트까지 다양한 스타트업 관련 행사가 2022년 5월 이후 지속적으로 증가하고 있다.

베트남은 유럽과 중국 대비 투자 리스크가 현저히 낮다는 평가와 함께 코로나19 대유행 이후 비대면 서비스의 확산과 모바일 기반 비즈니스의 잠재력이 더욱 커지고 있다는 기대가 맞물리면서 글로벌 투자 고려 대상 국가 중 선호도가 높은 편이다. 특히 전자상거래, 핀테크, 푸드테크, 정보기술 관련 비즈니스 솔루션 및 기술 서비스 스타트업 기업에 많은 투자가 이루어지고 있다.

2022년 11월 한국 넥스트랜스^{Nextrans}와 베트남 도벤처스$^{Do\ Ventures}$가 주도해 투자한 베트남 온라인 식료품·레시피·쇼핑 플랫폼인 쿠키

호찌민에서 열린 한 한국인 창업가 모임.

출처: 쿠빌더

Cooky는 450만 달러를 조달했다. 코로나19 이후 전자상거래 시장이 크게 성장함에 따라 베트남의 온라인 식료품 시장 규모가 2025년까지 15억 달러로 성장할 것이라는 전망에 힘입은 바 크다.

2023년 3월 베트남 하노이에서 열린 '베트남혁신포럼[VIF]'에서 SK와 벤처캐피털 스틱인베스트먼트[STIC Investment]는 베트남 물류, 전자상거래, 헬스케어 부문 스타트업에 지금까지 각각 20억 달러, 3억 달러를 각각 투자했다고 밝혔다.

넥스트랜스에서 베트남 투자를 총괄하는 채승호 상무는 "베트남은 아직 시드[seed]부터 시리즈 B[series B]까지 지속적으로 투자를 지원하는 곳이 많이 없어 넥스트랜스가 그 부분을 선점하려고 한다"라며 "베트남에서 8년동안 구축한 창업자, 투자자 네트워크뿐 아니라 자체적인 엑셀러레이팅 프로그램과 교육 프로그램을 통해 창업자를 발굴하여 성장시킬 예정이다"라고 말했다.

베트남 최대 스타트업 행사 '스타트업 휠$^{Startup\ Wheel}$ 2022'에서 한국 기업 두 곳이 최종 상위 5위$^{Top\ 5'}$에 올라 화제가 됐다. '스타트업 휠'은 2013년 첫 시작한 베트남 최대 스타트업 행사 중 하나다. 호찌민 인민위원회 산하 스타트업 육성 국영기관인 BSSC$^{Business\ Startup\ Support\ Centre}$에서 주관한다. 초기에는 베트남 스타트업만을 위한 행사였으나, 2019년부터 해외 스타트업도 참여할 수 있도록 문호를 열었다.

이 외에도 '테크페스트 베트남$^{TECHFEST\ Vietnam'}$ 등 다양한 이벤트가 열리면서 스타트업들은 자사 제품과 서비스를 알리고 투자 유치 및 다

2022년 베트남 호찌민에서 열린 '스타트업 휠$^{Startup\ Wheel}$ 2022' 파이널 라운드 모습.

출처: 머니투데이, 2022.

양한 협업 기회를 찾고 있다.

해외에 진출하려는 한국 기업 또는 개인이 차세대 소비 시장이라는 가능성과 향후 동남아시아 시장 진입을 위한 교두보로 베트남을 꼽으면서 베트남 진출 또는 창업이 이어지고 있다. 한국 대비 개발 인력 풀^{pool}이 풍부하다는 점과 인건비가 저렴하다는 점 그리고 전체 인구의 50%가 30세 이하인 점도 주요 고려 요인이다. 베트남 정부도 해외 투자자들이 관심을 보이도록 스타트업 생태계를 조성하고 독려하고 있어 한국을 포함한 해외 기업들이 베트남 내 창업은 증가하는 추세이다.

하지만 베트남 스타트업 생태계는 아직 성숙하지 못한 측면이 있고 해결해야 할 과제도 많다. 베트남에서 스타트업이 성장하기 위해서는 기술, 자금, 인재 등과 관련해 더 많은 개선이 필요하며, 정부와 기업의 지속적인 지원도 절실하다.

[참고 자료]

베트남 스타트업 관련 기술 및 투자 생태계 동향. KOTRA 하노이무역관, 2022. 10. 18.

10대 1 뚫었다…베트남 최대 스타트업 대회 '탑5' 오른 K-스타트업, 머니투데이, 2022. 8. 26.

베트남, 스타트업 투자유치 급감…작년 6억 3,400만 달러, 56%↓, 인사이드비나, 2023. 4. 3.

인터뷰로 엿보는 베트남 비즈니스

스타트업 생태계

넥스트랜스 채승호 상무

넥스트랜스는 어떤 사업을 하는 기업인가요?

넥스트랜스는 한국의 스타트업이 초기에 투자를 유치할 수 있도록 자문하기 위해 2004년 설립됐습니다. 지금은 초기 투자는 물론이고 대규모의 투자도 직접 주도하고 있습니다.

현재 한국, 베트남, 미국 등지에서 110개 기업에 1,000억 원 정도를 투자했습니다. 넥스트랜스 투자 포트폴리오들이 후속으로 조달한 투자 금액은 약 1조 5,000억 원에 이릅니다. 베트남에서 현재까지 36개 기업에 투자하고, 해당 기업들이 누적으로 유치한 투자 금액은 5,800억 원이 넘습니다. 각 산업별 1, 2위를 차지하며 시장을 리드하고 있습니다.

베트남에서 공기업들의 민영화 흐름과 함께 대규모 글로벌 투자가 본격화된 시기는 2018년부터입니다. 정보기술 기업들에 대한 투자 역시 활발하게 진행되고 있습니다.

넥스트랜스는 투자 유치 경험이 부족한 베트남 창업자들을 위해 교육 프로그램인 'VC 파운데이션 프로그램^{VC Foundation Program}'을 운영하는 한편 베트남의 정보기술 산업에 대한 정보가 부족한 글로벌 VC를 위해 산업 보고서를 주기적으로 발간함으로써 베트남 창업 생태계에 기여하고 있습니다.

넥스트랜스가 주로 투자하는 분야는 어디이며, 현재 투자가 진행 중인 곳도 소개해 주십시오.

넥스트랜스는 '더 나은 세상을 만들기 위하여 산업을 새롭게 재편하는 창업자'에게 투자하고 있습니다.

투자 대상 국가는 한국, 베트남, 미국인데, 한국의 경우 모바일로 시장을 재편하는 기업에 주로 투자했습니다. 앞으로는 글로벌로 사업 기회를 확장할 수 있는 기술을 기반으로 '운영 탁월성$^{Operational\ Excellence}$'을 갖춘 기업을 발굴해 투자하려고 합니다.

미국에서는 전 세계에 적용되어 산업의 근간을 바꿀 수 있는 '딥테크$^{Deep\ Tech}$' 분야에 주로 투자하며, 생명과 관련된 바이오^{Bio}, 헬스케어^{Healthcare}, 클린테크$^{Clean\ Tech}$, 로보틱스 그리고 인공지능 등에 초점을 맞추고 있습니다.

베트남의 경우 사람들의 기본적인 삶을 위한 '의, 식, 주'와 관련된 생활 인프라스트럭처를 디지털로 혁신하고 생활을 더욱 풍성하게 만드는 금융(대출, 투자, 보험), 의료, 업무 환경, 교육 등의 분야를 혁신하는 기업들에 투자하고 있습니다.

베트남은 1980년대와 1990년대의 대한민국처럼 모든 산업이 급속도로 성장하고 있습니다. 또 전체 인구의 85%가량이 스마트폰을 이용할 정도로 디지털이 생활 속에 빠르게 침투하고 있는 국가입니다.

베트남의 디지털 경제 규모는 현재 210억 달러(약 28.3조 원)로 국내총생산^{GDP}의 5.8%에 불과하지만, 2030년에는 약 2,200억 달러(약 297조 원)으로 성장하며 GDP의 33%를 점유할 것으로 전망됩니다.

넥스트랜스는 급팽창하는 베트남 내 디지털 경제의 핵심 산업군에서 최고의 기업들을 발굴해 투자하는데 집중하고 있습니다.

베트남 창업 시장을 겨냥해 5,000만 달러 규모의 펀드를 준비하는 것으로 알고 있습니다. 베트남을 선택한 주된 이유는 무엇인가요?

베트남은 향후 10~20년 동안 전 세계의 생산 공장이 될 가능성이 큰 국가입니다. 전체 인구의 25~30%가 소재한 주요 도시의 인당 국내총생산^{GDP}은 6,000~7,000달러에 이를 정도로 성장하였으며, 5~7년내 1만 달러에 도달할 잠재력을 지니고 있습니다. 약 2,500만 명에서 3,000만 명의 인구가 인당 1만 달러의 생산력을 발휘하는 시점에는 '가격에 대한 민감도'보다는 '삶의 질을 위한 소비' 인구가 증가하게 될 것으로 예상됩니다.

이렇게 변화하는 삶을 뒷받침하는 서비스와 이를 제공하는 기업들의 가치는 수천억 원에서 수조 원으로 높아질 것으로 생각됩니다. 사람들의 소득이 증가할수록 삶의 리스크를 줄이기 위한 보험에서부터 다양한 투자 상품에 투자하는 웰스매니지먼트$^{Wealth-management}$, 신선 식품 소비, 여행 등이 활기를 보이기 때문입니다.

앞으로 성장이 엿보이는 기업들이 아직 100만 달러(약 13억원)에서 2,000만 달러(약 250억원) 정도의 기업 가치를 평가 받는 단계이며, 앞으로 투자를 받고 더욱 성장하면 수천억원 이상의 가치를 인정받을 수 있을 것입니다.

지금 베트남에서는 곧 베트남의 김범석(쿠팡 의장), 김봉진(우아DH아시아 의장), 이승건(토스 대표) 등과 같이 성장할 창업자들이 속속 등장하고 있습니다.

앞으로 한국이나 미국 기업이 베트남에 진출할 때 반드시 만나게 될 기업들입니다. 이런 곳에 초기에 투자하여 규모 경제를 함께 형성하고, 투자에 대한 수익도 거둘 수 있을 것으로 기대하고 있습니다.

또한 넥스트랜스는 베트남 투자 생태계에 베품의 '페이잇포워드$^{pay-}$

It-Forward 문화를 만드는 원동력이 되는 등 앞으로 베트남 창업 시장에서의 '표준'을 만들어 가는 존재가 되려 합니다.

코로나19 대유행 이후 베트남 내 스타트업 창업 시장은 어떻게 변화하고 있습니까.

베트남의 정보기술 투자 시장은 2018년도부터 본격적으로 대규모 투자가 이루어지기 시작하여 현재는 약 8억 5,500달러에서 14억 달러(약 1.1조 원~1.9조 원) 수준의 투자가 이뤄지고 있습니다. 1년에 약 4~5건 정도는 5,000만 달러(약 650억 원) 이상의 투자가 일어날 정도로 대형 투자 사례도 등장하고 있을 정도로 스타트업 창업 생태계는 빠르게 성장하고 있습니다.

2017년도까지는 소수의 글로벌 벤처캐피털이 50만 달러에서 100만 달러 정도의 소규모 투자를 하는 시장으로 1억 달러 이상의 기업이 10개에도 못미칠 정도로 그 규모가 크지 않았습니다.

하지만 2019년도에 소프트뱅크 비전 펀드 Softbank Vision Fund, 싱가포르 국부펀드인 테마섹 TEMASEK, 그리고 GIC 등이 1억 달러 이상의 투자를 앞다퉈 진행하면서 본격적으로 벤처캐피털 생태계가 형성되기 시작했습니다. 여기에 세쿼이어 캐피털 Sequoia Capital이 서지 Surge라는 초기 투자 및 엑셀러레이팅 프로그램을 가동하면서 1년에 4~5건 이상 베트남에 투자하는 등 글로벌 투자사들이 왕성한 모습을 보였습니다.

2020년에 접어들어서는 코로나19로 인하여 글로벌 투자자들이 베트남에 진입하기 어려웠는데, 이를 기회로 베트남 현지에서 오랜 기간동안 글로벌 펀드의 담당자로 일했던 사람들이 '베트남 전용 펀드'

를 경쟁적으로 선보였습니다.

이에 투자 당 50만 달러(약 6.5억 원)에서 100만 달러(약 13억 원) 수준의 투자를 1년에 10건 이상 하는 투자사들이 많이 생겨 초기 투자 생태계가 오히려 활성화되었습니다.

벤처캐피털 생태계는 연간 10~15건 이상을 투자하는 5~6곳의 베트남 전문 벤처캐피털이 초기 투자를 진행하고, 그들의 출자자 및 협력 투자사가 후속 투자를 이어가는 구도를 형성하고 있습니다.

베트남은 2019년도 이후 5,000만 달러 이상의 투자를 받아 유니콘 (10억 달러 이상의 기업 가치를 지닌 비상장 기업)이 된 기업들이 네 곳 탄생했습니다. 여기에는 베트남의 카카오로 불리는 VNG^{Vinagame},

| 넥스트랜스 산업별 투자 포트폴리오

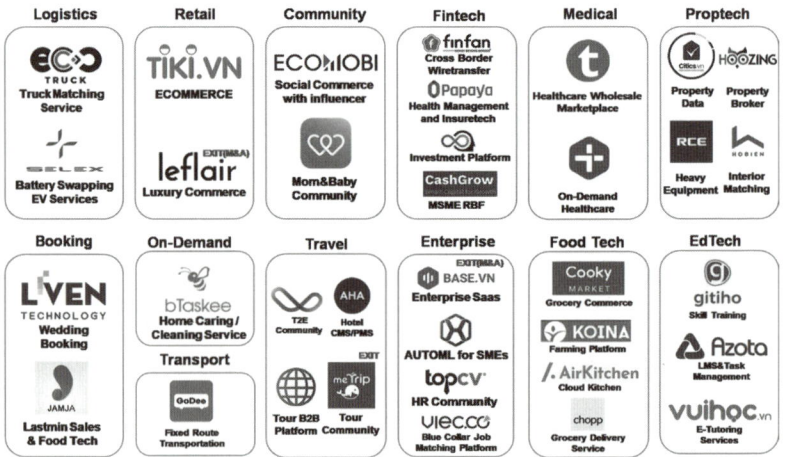

출처: 넥스트랜스, 2023.

온오프라인 결제 솔루션인 VN페이^{VNPay}, 전자 기반 결제 및 금융 솔루션인 모모^{Momo}, 대체불가토큰^{NFT} 게임인 스카이매비스^{Skymavis} 등이 있습니다. 이들 유니콘이 속한 분야는 사업의 가장 기초가 되는 커뮤니케이션(정보공유 및 소통), 유통, 결제 등이며, 앞으로 B2C/B2B 유통, 대안신용평가, 중소기업 금융 등에서 차세대 유니콘이 등장할 것으로 예상됩니다.

앞으로 10년 이내에 그보다 더욱 세부적인 식음료, 부동산, 의료, 교육 등의 수직^{Vertical} 영역에서 큰 영향력을 발휘하는 기업들이 점진적으로 등장할 것입니다. 또 이런 기업에 대규모로 투자할 수 있는 다양한 국적의 투자자들이 등장할 것으로 판단하고 있습니다.

곧 조성되는 '베트남 펀드'는 어떤 분야에 투자하게 됩니까?

베트남 펀드는 생활에 필요한 기반을 디지털로 구축하는 기업들에게 시드^{seed}부터 시리즈B에 이르기까지 성장할 수 있도록 투자할 예정입니다. 각 산업의 가치사슬$^{value-chain}$에서 최고의 위치로 성장할 수 있도록 지원하는 것이 이번 펀드의 목적입니다.

중국, 인도, 인도네시아 등 빠른 경제 성장을 이루고 동시에 디지털로 내수 시장 기반이 갖춰진 국가들의 과거 산업별 주요 디지털 플레이어들의 기업 가치를 레퍼런스로 삼아 투자 산업을 선정하게 됩니다. 이어 해당 시장을 선점하고 빠르게 성장시킬 핵심 창업자들을 발굴해 지속적으로 투자할 계획입니다.

이번 펀드에서는 시드^{seed}의 약 10% 정도 이상의 지분을 취득함으로 주요 주주로서 함께 경영에 참여할 방침입니다. 후속 투자 지원 및 사업을 지원하는 역할을 하기 위한 지분을 확보하는 셈입니다. 적극적으로 참여해 회사가 단번에 성장할 수 있는 구조를 만들 것입니다.

베트남 진출 과정에서 어려웠던 점은 무엇입니까?

베트남에 진출할 때 '한국 사람'이라는 '우월 의식'을 내려놓는 것이었습니다. 한국의 시스템을 베트남에서 그대로 적용하면 이곳에서도 성공할 수 있을 것이라는 생각은 내려놓으라고 말하고 싶습니다.

우선 베트남 사람들의 삶을 조명하고 열린 마음으로 그들과 소통하는 것이 첫 번째 과제였습니다.

베트남에서 온오프라인에서 현금으로 결제하는 비율이 80% 이상이었던 시점에서 '왜 베트남 사람들은 많은 은행, PG, 결제망 등이 있는데도 왜 현금으로만 결제하는 걸까?'라는 의문이 생겼습니다. 그들의 입장에서 생각하는 일이 말처럼 쉬운 일은 아니었습니다. 그러나 지속적으로 그들의 입장에서, 그들의 마음으로 산업을 바라보고자 노력했습니다. 보다 정확한 정보를 얻기 위한 '팀 구축, 조언가 네트워크Team Building, Advisor Network'를 구축하는데 약 8년의 기간이 소요되었습니다.

두 번째, 내수 시장에서 고려해야 할 사항뿐만 아니라 다양한 측면에서 미리 고민하고 위험 요소를 파악해야 합니다. 예를 들면, 환율 변동은 대규모 투자에서의 손실이나 추가이익을 발생하게 만드는 요소 중에 하나입니다. 원화 가치의 변화를 추적하기 위하여 지속적으로 미국의 정책 기조를 관찰해야 할 뿐 아니라 베트남 경제의 전망과 더불어 한국의 외교적 활동에 대한 모니터링도 철저해야 합니다. 베트남의 정치적 현황이나 정책 기조, 행정 실무 등도 빠르게 파악하고 대응해야 합니다.

예를 들어, 베트남 내 모든 서류에서 서명은 반드시 '파란색 펜'으로만 해야 법적 효력이 있습니다. 2~3년 전까지만 하더라도 '펜의 색상'에 대한 제한이 없었지만 지금은 규정이 생겼습니다. 또, 양도세를 납부할 때는 과거 해외 기업간 거래에서도 베트남에 보유한 해외 기업의 IICA(간접투자자본계좌)를 통해서만 송금하도록 되었지만, 최근에는 해외 기업 간 거래 시 해외 기업의 해 외계좌에서 송금하고 베트남에서 징수하는 양도소득세에 대해서만 해당 기업에 송금해 지급하는 방식으로 바뀌었습니다.

불과 1년~2년 사이에 새로운 제도가 등장하고 빠르게 변화하기 때문에 이에 신속하게 대응해야 합니다. 한국에서만 투자하는 경우 빠르게 대비하기 어려운 부분도 많습니다.

다양한 베트남 기업을 분석하고 투자했을 텐데, 한국과 베트남에서 어떤 차이가 있었습니까?

한국은 2011년부터 스마트폰이 도입되기 시작해 일찍부터 모바일 기반으로 전환되는 등 신속하게 디지털 경제로 진입했습니다. 이로 인해 모바일 기반 서비스를 제공하는 기업들 역시 규모가 커졌습니다. 이제는 틈새 시장을 겨냥한 사업자나 글로벌 시장의 문제를 푸는 기술 기반의 기업들이 등장하는 상황이며, 대부분의 벤처캐피털 역시 그런 기술을 중점적으로 찾고 있습니다. 넥스트랜스도 글로벌 시장을 타겟으로 하되 유즈케이스가 검증된 기업에 투자할 예정입니다.

베트남은 완제품을 전 세계에 수출하는 경제 기반을 갖추고 있어서 기본적인 소득이 빠르게 성장할 여력이 있는 국가입니다. 내수 시장을 위한 산업 기반은 아직 개발이 필요한 데 이를 효율적으로 지원하는 모바일 기업이 속속 등장하고 있으며, 이들 기업에 주로 투자하고 있습니다.

베트남에서 대규모 고객 접점[B2C, B2B 포함]을 갖출 수 있거나 가치망에서 시장점유율 50% 이상 차지할 수 있는 잠재력을 지닌 곳에 시드[seed] 투자를 하려고 합니다.

베트남 기업의 가치 평가나 출구[exit] 시장 규모가 한국의 20분의 1 수준이기 때문에 많은 투자자들은 초기에 집중하고 있습니다. 넥스트랜스도 시드[seed] 투자에 집중하고 있으며, 지속적으로 성장하도록 지원하는 것을 목표로 삼고 있습니다.

투자 포트폴리오 구성에 있어 다른 벤처캐피털과 다른 점은 무엇입니까?

넥스트랜스의 장점은 현지 상황을 가장 잘 이해하고 있는 베트남 팀과 '글로벌 변화를 실시간으로 조사하고 변화의 방향을 경험한 한국 팀'이 함께 기회를 파악하고 투자하는 의사결정 역량을 갖췄다는 점입니다.

넥스트랜스는 단순히 한 가지 사업을 잘하는 창업자를 보고 투자하는 것이 아니라 베트남에서 부족한 산업별 고통점[pain-point]을 현지 팀이 면밀하게 조사하고, '가치망별 주요 플레이어' 전체를 비교 검토한 후 결정합니다. 또한 해당 포지션의 글로벌 플레이어는 어느 정도의 가치를 얼마나 입증받고 있는지 한국 팀이 조사하게 됩니다. 한국, 중국, 인도 등지에서 해당 기업에 대한 성장 이력을 파악해 그들이 성장할 수 있도록 지원하게 됩니다.

각 산업별로 핵심 정보와 변화를 정확하고 세밀하게 파악하기 위해 지난 8년간 최고의 어드바이저^{Advisors}와의 네트워크를 구축해 왔습니다. 이렇게 형성한 네트워크를 통해 투자 포트폴리오 기업들이 위치한 시장의 산업 성장 방향을 파악한 후 가장 영향력이 높은 기업들을 선별할 수 있었습니다.

예를 들면, 식음료와 관련된 기업이라면 '농장, 도매상, 유통업체, 소매상(음식점, 식료품 판매)' 등 각 부문별 주요 플레이어를 모두 조사한 후 디지털 전환을 주도하는 기업을 파악했습니다. 최종적으로 농장주들을 위한 유통/금융/교육 커뮤니티 디지털 솔루션인 코이나^{KOINA}에 투자했습니다.

투자 당시 어드바이저 네트워크를 기반으로 코이나^{KOINA} 창업자들에 대한 레퍼런스를 점검했을 뿐 아니라 식음료$^{F\&B}$ 산업에서 가장 영향력 있는 서비스 중 하나인 '쇼피 푸드$^{Shopee\ Food}$'의 창업자인 민 당$^{Minh\ Dang}$에게 '온라인 식료품 유통 현황'을 교차 점검함으로써 코이나^{KOINA}의 지닌 솔루션의 가치와 식료품 직유통의 필요성을 정확히 파악할 수 있었고, 시드 투자를 진행하였습니다. 이처럼 면밀한 검토를 통해 구성된 투자 포트폴리오에는 현재 총 36개 기업이 있습니다.

넥스트랜스의 향후 방향과 성장 전략을 소개해 주십시오.

넥스트랜스는 향후 10년 동안 '디지털 경제' 기반을 구축하는 기업들을 위주로 투자할 예정입니다. 그리고 그들이 실제로 업계에서 괄목할 수준으로 성장하도록 계속 지원할 방침입니다.

금전적인 후속 투자도 공격적으로 진행하면서 빠르게 산업 내 리더가 될 수 있도록 뒷받침하고 있습니다. 한국의 유사 기업들도 면밀하게 조사하여 그들이 어떻게 사업을 일구고 기업 가치를 인정받을 수 있었는지에 파악해 참고하고 있습니다. 한국의 성공 기업들과 미팅을 주선하고 실제 현장을 방문하는가 하면 다양한 사례들을 정확히 확인해 교훈을 얻을 수 있도록 지원하고 있습니다. 이와 함께 한국 기업들과의 협업으로 다른 경쟁사들이 따라오지 못하는 전략적 자원을 확보하는 기회를 지속적으로 제공합니다.

넥스트랜스는 베트남의 건강한 벤처 생태계를 위해 다양하게 노력하고 있습니다. 그중 하나로 지난 3년 동안 베트남에서 벤처캐피털을 양성하여 글로벌 투자를 유치할 수 있는 인재들을 산업에 더 많이 포진시키는 'VC 파운데이션 프로그램$^{\text{VC Foundation Program}}$'을 들 수 있습니다. 벤처 투자가 실제로 어떻게 일어나고 있는지, 고려해야 할 사항은 무엇인지 등을 배울 수 있는 교육 프로그램입니다. 벤처캐피털을 양성하는 동시에 창업자들에게 도움을 주는 생태계 프로그램이라고 할 수 있습니다. 지금까지 총 3기를 진행하였으며, 약 60명의 창업자, 정부 관계자, 벤처캐피털 지원자가 참여했습니다.

또한, 액셀러레이팅 프로그램$^{\text{Accelerating Program}}$을 공동 주관 방식으로 선보였으며, 많은 창업자들이 초기에 지분투자 이외의 그랜트^{grant}를 제공하는 프로그램을 임팩트 스퀘어를 도와 진행하고 있습니다.

베트남 창업자들이 프로그램에 지원하면 20개 기업에 지분 희석이 없이 그랜트^{grant}를 부여하도록 하여 사회적 영향과 관련된 지표들로 사회를 건강하게 만들어 나갈 뿐 아니라 최대 15만 달러의 지원금을 제공하여 충분한 사업을 펼칠 수 있는 기간, 즉 런웨이^{runway}를 길게 확보할 수 있도록 지원하고 있습니다.

향후 10년 동안 넥스트랜스는 '베트남의 창업자가 가장 먼저 찾는 첫 기관투자자'가 되기 위해 베트남 창업 생태계에 필요한 자원들을 체계적으로 공급하는 파트너가 되고자 합니다.

해외 진출을 고려 중인 한국 기업에게 조언하고 싶은 내용은 무엇입니까?

베트남에 진출하려는 분들에게 당부하고 싶은 사항은 두 가지입니다. 첫째, 현지화가 되어야 한다는 것입니다. 둘째, 지금은 투자 단계라는 사실을 잊지 말아야 한다는 점입니다. 베트남을 단순히 '인구가 많은 젊은 국가'로만 인식하고 단기간에 이익을 창출할 수 있을 것으로 기대하며 진출했다가는 자칫 낭패를 볼 수도 있습니다.

현지에서의 법률 비용, 체류 비용, 관리 비용 등 많은 부대 비용으로 인해 한국에서 사업하는 것과 비교해 적어도 1.2~1.5배 이상이 필요합니다. 최대한 낮은 비용으로, 스스로 베트남인이 되었다는 생각으로 산업에서 필요한 '고통점$^{pain-point}$'을 찾으면서, 5년 정도는 그들과 동고동락하여 수익이 발생할 때까지 버틸 수 있는 사업 구조를 만들 수 있어야 합니다. 이것이 가장 중요한 진출 포인트라고 할 수 있습니다.

베트남에서 가장 중요한 것은 모든 사업의 시도, 운영, 삶의 방식, 사고 체계 등이 거의 완벽하게 베트남화가 되어야 한다는 것입니다.

베트남은 한국과는 전혀 다른 문화권에 속한 전혀 다른 국가입니다. 그들의 긴 역사 속에 고착된 사고방식과 삶의 방식 그리고 기초하고 있는 사상적 근원부터 현재를 바라보는 시각, 신뢰, 기업 윤리 및 시스템 인프라까지 우리가 전혀 경험하지 못한 다른 사회로 조직화되어 있습니다. 그래서 그들의 삶의 방식을 이해하고 그들의 고통점$^{pain-point}$에 공감하면서 문제를 해결할 조직을 베트남 사람들과 함께 눈을 맞춰 동기부여하면서 만들어야 그 문제를 해결할 수 있습니다. 그렇지 않으면 5~10년 정도 동안 사업 구조를 구축하기는 쉽지 않을 것입니다. 현지화하여 생존, 인력, 비용, 소통 및 문화 체계를 갖추려고 노력하는 마음 자세가 무엇보다 중요합니다.

그다음은 베트남은 지금 '투자 기간'이라고 생각해야 합니다. 향후 5년간은 실제 영업 이익이 발생하기까지 규모의 경제를 만드는 것에 집중해야 합니다.

소득 수준이 올라가고 실제로 투입된 자원 대비 고객의 지불 용의가 충분히 그 비용을 감당할 수준까지 성장하는 시기가 도래할 때까지는 조급한 마음을 버리고 시장에 충분하게 투자해야 합니다. 이를 뒷받침할 자금력 또는 생존력을 갖춘 기업만이 5~10년 후 내수 산업이 폭발적으로 성장하는 시기에 진정으로 장기적인 성장이 가능한 기업이 될 수 있을 것입니다. 또한 해외에 진출해서 성공한 기업의 사례를 면밀하게 조사하면 참고할 수 있는 지침을 도출할 수 있을 것입니다.

3장
한국은 투자 겨울, 베트남은 투자 여름

베트남 북부에 있는 하노이에서 11월부터 4월까지 이어지는 건조한 날씨는 한국의 초가을 날씨와 비슷하다. 아침저녁은 쌀쌀하고 낮은 약간 덥게 느껴진다. 야외 활동하기 좋은 날씨지만 고개를 들어 먼 곳을 바라보면 눈높이 하늘이 흐릿하다. 뿌연 공기 속으로 코로나19 대유행으로 중단되었던 고층 건물들을 서둘러 완성하기 위한 대형 트럭들이 쉴 새 없이 오가고 있다.

2023년 여름 현재 하노이는 여전히 너무 많아 숫자를 세기 어려울 정도로 많은 오토바이와 어느새 늘어난 자동차가 온종일 도로를 누비고 있다.

베트남 경제는 코로나19 대유행이 한창이던 2022년에 전 세계적으로 유례없는 높은 성장률을 기록하며 세계의 이목을 끌었다. 2023년 1분기에는 3%대로 다소 주춤했지만, 베트남 정부는 곧 1인당

GDP가 5,000달러를 넘어설 것으로 낙관한다.

 중국에서는 강력한 코로나 봉쇄가 장기간 이어지면서 글로벌 제조 기업들이 베트남에 공장을 이전하는 사례가 증가하고 있다. 심지어 중국 제조 공장조차 베트남으로 진출하면서 중국과 국경을 접하고 있는 베트남 북부에는 공장을 지을 땅이 없을 정도가 됐다.

 팜 민 찐$^{Pham\ Minh\ Chinh}$ 베트남 총리는 베트남의 역량을 강화하고 글로벌 가치망으로 확장하기 위해 한국 이외에도 선진 국가 기업 총수들과 연이어 만나면서 투자와 협력 확대를 요청하고 있다.

 코로나19 대유행 이후 경제 활성화에 적극적으로 나서고 있는 베트남 정부와 산업계의 노력에 힘입어 스타트업 생태계에도 온기가 돌고 있다.

 베트남 과학기술$^{Ministry\ of\ Science\ and\ Technology,\ MOST}$에 따르면, 2022년 기준 디지털 경제에 기반한 베트남 유망 스타트업은 3,800개 사이며, 2021년 혁신 스타트업에 투자된 거래는 165건이며, 총투자 금액은 14억 4,000달러에 달했다.

 코로나19 사태가 발생했던 2020년에만 4억 5,100만 달러로 줄었을 뿐, 2019년(8억 7,400만 달러) 대비 150%가량 증가한 수치다. 특히 베트남은 1,000만 달러 이상 대형 투자 유치 건이 전체의 82%를 차지하는 등 규모와 내실 모두 탄탄하다. 최근 베트남을 제2의 중국으로 생각하는 해외 유명 벤처캐피털들이 베트남에 적극 진출하고 있다.

한국은 투자 겨울

2022년 초 한국 경제는 위드 코로나로 비교적 낙관적인 분위기였다면 같은 해 2월에 발발해서 지금까지 이어지고 있는 러시아와 우크라이나 전쟁, 미국 중앙은행^{Fed}의 금리 인상, 중국 경제 봉쇄 조치 장기화, 미·중 경제 패권 경쟁, 신흥국의 금융 위기 등으로 한국 경제는 고금리, 고환율, 고물가와 저성장으로 불확실성이 높아지면서 투자 등 경제 전반에 브레이크가 걸렸다.

2023년 들어 벤처 투자는 극심한 혹한기를 맞고 있다.

스타트업얼라이언스가 내놓은 스타트업 투자 동향 자료에 따르면, 2023년 상반기 스타트업 총투자 건수는 584건, 총투자액은 약 2조 3,226억 원으로 집계됐다. 2022년 상반기의 투자 건수 998건, 투자액 7조 3,199억 원과 비교하면 모두 많이 감소했다. 투자 건수는 약 41.48%, 투자 금액은 68.27% 각각 줄었다.

미국 금리 인상에 따른 고금리와 경기 침체 우려 여파로 혹한기는 지속될 전망이다. 그나마 다행인 점은 최근 풍부한 자금력을 앞세운 대기업이 기업형 벤처캐피털^{CVC}을 통해 존재감을 드러내고 있다는 것이다. 국내 CVC는 2018년 84개에서 2022년 140개 이상으로 늘었다.

베트남은 투자 여름

베트남 정부는 오는 2025년에는 디지털 정부, 결제, 물류 체계 등 모든 디지털화를 포괄하는 '디지털 경제'가 베트남 국내총생산^{GDP}의 20%에 이바지할 것으로 전망한다. 이와 함께 디지털 기술 관련 스타트업이 곳곳에서 생겨나고 있고, 관련 투자도 급증하고 있다.

2023년에 들어서면서 한국의 많은 스타트업 기업이 코로나19 대유행 이전처럼 베트남으로 향하고 있다. 이미 음악, 드라마·영화, 음식까지 한류가 자리 잡고 있으며 삼성 등 9,000여 한국 기업들이 자리 잡고 있어 베트남은 다른 나라에 비해 한국 기업에게 다소 덜 위험하고 안정적인 조건을 갖춘 나라로 인식하는 경향도 여전하다.

베트남 호찌민에서 최근 베트남 법인을 설립했던 패스커^{FASSKER} 베트남 법인 박희수 대표는 "베트남 내수 시장의 규모가 빠르게 커지고 있을 뿐 아니라 코로나19 대유행 중 디지털 전환이 가속화되면서 한국 스타트업의 베트남 진출이 급증하고 있다."고 소개했다. 그는 "베트남 개발 인력 풀^{pool}은 안정적일 뿐 아니라 인건비가 상대적으로 저렴하므로 스타트업 및 투자자의 베트남 진출은 꾸준히 증가할 것"이라고 전했다.

2022년 하반기에 60억 원 규모의 시리즈A 투자 라운드를 마친, 베트남 금융 정보기술 기업인 인포플러스 경우가 이에 해당한다. 인포플러스는 전체 인력의 70%가 베트남 현지 개발 인력으로 구성되어 있어, 안정적인 자체 연구개발$^{R\&D}$ 능력을 인정받으면서 베트남에 진출하고자 하는 국내 금융 정보기술 기업으로부터 전략적 투자를 유치

더인벤션랩 K-Global Accelerator: Dream Challenger Vietnam Demo Day – 베트남에서 진행된 한국 스타트업 밋업.

출처: 쿠빌더

하고 사업 협약까지 체결했다.

단순한 사업 협약 정도로만 머물던 다른 사례와는 다르게 투자와 공동 사업 진행이라는 성과를 낸 인포플러스와 같은 사례가 앞으로도 늘어날 것으로 기대한다.

베트남 내 스타트업 창업을 위해

현재 베트남 스타트업 시장은 한국의 2010년대 후반과 비슷하다. 글로벌 투자 펀드를 통한 투자 건수는 2021년 기준 165건으로 한국이 한 달에 200개 이상 투자 및 협업이 진행되는 것에 비해 다소 적지만 높은 경제성장률과 정부의 노력 그리고 글로벌 투자자 유입 등을 보면 잠재력은 매우 크다고 할 수 있다.

2021년 베트남 내 유니콘(10억 달러 가치 인정) 기업은 네 곳으로 블록체인 기반 게임 '엑시인피니티$^{Axie\ Infinity,\ AXS}$'를 개발한 스카이 마비스$^{Sky\ Mavis}$, 전자지갑 플랫폼 모모^{Momo}, 메신저 잘로^{Zalo} 개발사인 VNG 그리고 결제 플랫폼인 VN페이^{VNPay}가 있다.

베트남 정부의 디지털 전환 관련 한국을 포함한 외국 벤처캐피털의 투자가 증가하고 있다. 특히 코로나19 대유행으로 봉쇄되었던 세계 여행이 2022년 3월 이후 재개되면서 글로벌 벤처캐피털의 투자가 확대될 것으로 예상된다.

롯데그룹은 베트남 현지 스타트업을 육성하고 한국 기업의 베트남 진출을 지원하기 위해 외국계 기업으로는 최초로 벤처투자법인의 설립을 승인받았다. 현재 베트남은 전통적인 투자 기업 외에도 비전통적 투자가(헤지펀드, 연금펀드, 국부펀드, 정부 기관, 기업형 벤처캐피털 등)의 참여도 활발하다.

스타트업이 성장하기 위해서는 인재, 창의적 아이디어, 혁신적 기술, 사업이 성립할 수 있는 시장과 이에 부응하는 제품, 그리고 이를 실행할 자금 등이 필요하다.

베트남은 스타트업 성장에 필요한 자양분에서 부족한 부분(미흡한 인프라스트럭처, 기술 보호 제도, 인재 등)이 여전히 많다. 하지만 코로나19 대유행 이후 결제, 배달, 재택근무, 원격 교육, 의료 등의 비대면 서비스가 활성화되기 시작했고, 정부는 관련 규제를 완화하거나 해소하고 있어 관련 분야의 스타트업 창업은 계속해서 이어질 전망이다.

베트남에서 법인을 설립하고 운영하는 필자가 볼 때, 베트남은 코로나19 이전보다 스타트업 기업에 훨씬 매력적으로 전환되고 있다고 생각한다. 베트남에서의 스타트업을 시작하려는 한국 기업이라면 지금의 베트남 현지 상황을 좀 더 면밀하게 연구하고 더 철저하게 준비했으면 한다.

인터뷰로 엿보는 베트남 비즈니스
디지털 콘텐츠

패스커VN 박희수 대표

패스커VN은 어떤 기업인지 소개해 주십시오.

패스커VN은 메타버스^{Metaverse}와 같은 가상공간에 필요한 디지털 콘텐츠를 제작합니다. 2022년 9월 호찌민에 설립되어 이제 막 출발한 기업입니다. 옷, 신발, 액세서리, 배경, 애니메이션 등 각종 3D 콘텐츠를 베트남 고급 아티스트들과 함께 고품질로 선보이고 있습니다.

패스커VN의 사업 영역과 주요 서비스는 무엇인가요?

가상공간(메타버스)에 필요한 디지털 콘텐츠를 제작하여 공급하는 현재는 패션 쪽에 중점을 두고 있지만, 향후에는 영화, 게임 등의 3D 및 시각효과^{VFX} 등으로 서비스를 확장할 계획입니다. 가상현실과 증강현실 콘텐츠도 지원합니다.

패스커VN은 MZ세대를 위한 메타버스 기반 모바일 패션 스타일 테크 플랫폼을 운영한다.

출처: 패스커VN

한국 본사와 베트남 법인의 역할은 어떻게 나뉘어 있습니까?

한국 본사는 패스커 서비스를 통해 가상 패션 공간을 구현하고 서비스 유통을 담당하고 있습니다. 베트남은 해당 서비스에 필요한 3D 콘텐츠를 제작해 공급하는 역할을 맡고 있습니다.

동남아시아 여러 국가 중 베트남을 선택한 이유는 무엇입니까?

얼마 전까지는 중국이 전 세계 '아트 콘텐츠$^{art\ contents}$' 생산에서 중요한 역할을 했지만, 이제는 중국 인건비가 상승해서 경쟁력이 없어졌습니다. 그 대안으로 부상한 곳이 베트남이라고 할 수 있습니다. 베트남에는 50~300명 가량 보유한 아트스튜디오가 많고, 업력 또한 20년 이상이 된 기업들도 다수 있어 실력 면에서 중국과 차이가 없습니다.

이렇게 인원이 많은 스튜디오가 있다는 것은 인력 조달이 수월하다는 의미입니다. 또 20년의 업력을 쌓았다는 것은 어느 정도 역량을 갖췄다는 얘기가 됩니다.

무엇보다 베트남 구성원은 열정적이고 업무에 임하는 태도도 긍정적입니다. 한국에 대해 우호적이라는 점을 빼놓을 수 없습니다.

베트남은 메타버스, 증강현실, 가상현실 등 최신 정보기술에서 한국과 다소 차이가 있을 것 같은데, 현재 상황은 어떻습니까?

아직 한국 정도의 기술 수준은 아니지만 베트남 정부에서 정보기술 산업을 발전시키기 위해 많은 정책을 내놓고 있습니다. 또한 수많은 글로벌 정보기술 회사들이 베트남 인력을 통해 자사 서비스를 하

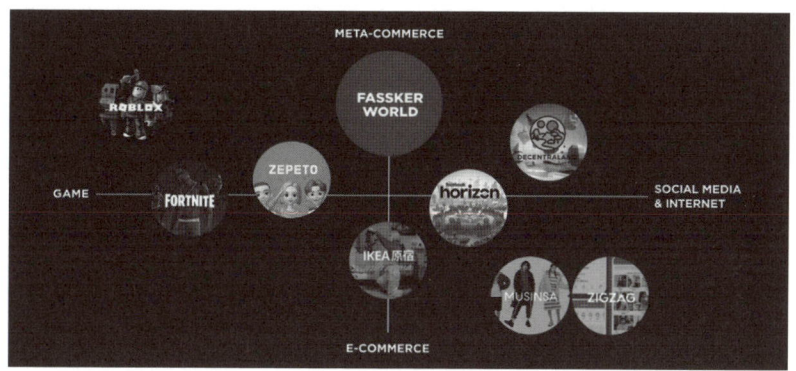

패스커VN는 글로벌 메타버스 커머스 플랫폼 시장에서 높은 기술력과 창의적 아이디어로 주목받고 있다.

출처: 패스커VN

려고 베트남으로 많이 들어오고 있는 추세입니다. 물론 현재로는 아웃소싱을 위한 것이 많습니다.

베트남 인력은 한국, 일본, 미국, 싱가폴 등에 유학하여 첨단 산업을 배우고 오는 추세라서 수준이 높아질 것으로 예상합니다. 추후에는 베트남 정보기술 또한 무시할 수 없는 수준이 될 것으로 생각합니다.

베트남 진출 과정에서 가장 어려웠던 점은 무엇입니까?

한국 본사에서 베트남을 한국과 같은 시선으로 바라보는 것이 가장 어려웠습니다. '한국에서는 이런데 왜 베트남은 안되죠?'라는 말을 많이 들었습니다. 베트남도 자체의 법과 규칙이 있고 고유한 문화가 있습니다. 예를 들면, '한국에서는 직원을 채용하면 수습이 3개월인데 왜 베트남에서는 2개월로 적용하시죠? 그냥 3개월로 하시죠.'라고 합니다. 하지만 베트남 법은 직원 채용시 수습 기간은 최대 60일(즉, 2개월) 입니다.

정식 법인 설립이나 외국인이 일하는 데 필요한 노동 허가 등은 생각보다 오랜 기간이 요구됩니다. 해외 진출 시 이러한 현실적 문제로 인해 지체되고 틀어지는 일도 자주 발생한다는 점을 염두에 둘 필요가 있습니다.

현지에서 느끼는 한국 기업과 베트남 기업의 문화적 차이가 있다면 무엇입니까?

이곳에서 오래 일을 하면서 양국 기업 문화 측면에서 여러 차이를 느낍니다. 첫째, 요즘 한국 기업에서는 사라져가는 추세이지만, 아직 베트남 기업은 가족적인 분위기를 원합니다. 동료 간에 친밀하고 대인 관계를 매우 중요시 여깁니다.

둘째, 베트남어에서는 Anh(형·오빠), Chi(누나·언니), Em(동생) 등 이름 앞에 꼭 호칭을 사용합니다. 계층적인 구조가 존재하는 것이라고 생각합니다. 우리 회사에서는 영어 이름을 부르는데 그 앞에도 역시 호칭이 붙습니다.

셋째, 베트남의 기업 문화는 매우 유연합니다. 규칙과 절차 등이 분명히 있지만 현재 당면한 문제를 해결하는 데 초점을 맞춰 움직입니다.

직원에 대한 동기 부여는 어떻게 하고 계신가요?

우수 직원들은 한국에서 일하며 경험을 쌓을 수 있도록 지원하고 있습니다.

베트남에서 운영 중인 외국계 회사와 동일한 수준으로 복리후생을 갖추고 있습니다. 외국계 병원에서 종합 검진을 받을 수 있도록 하고, 각종 경조사도 지원합니다. 직원을 위해 간식은 무한으로 제공하고 있습니다.

패스커VN의 향후 사업 방향을 알려 주십시오.

앞으로 메타버스 시장은 계속 확대될 것으로 예상합니다. 패스커VN는 패션뿐 아니라 게임, 영화 등 3D, VFX 등으로 사업 영역을 넓혀 나갈 예정입니다. 또한 베트남을 시작으로 동남아시아 시장에서도 좋은 성과를 낼 수 있도록 노력할 계획입니다.

해외 진출을 고려 중인 한국 기업에 조언하고 싶은 내용이 있다면 무엇인가요?

시장 진출에 앞서 현지 시장 조사는 필수적이지만 이를 통해서도 모든 것을 알 수는 없습니다. 해외 진출을 위해 현지 전문가를 섭외하여 그 지역적 특성을 파악하고 이를 고려해 사업을 진행해야 하지 않을까 싶습니다. '한국이 다소 앞서갔으니 그대로 따라 하자'는 식보다는 문화적인 이해와 존중을 토대로 상호 발전할 수 있는 방안을 마련하는 것이 중요합니다.

4부

베트남 비즈니스 현지화

챗GPT도 알려 주지 않는

베트남
비즈니스
2★30

1장
베트남 비즈니스 현지화에 따른 주의사항

　베트남뿐만 아니라 다른 어떤 나라든 외국에서 비즈니스를 할 때는 국내와 다른 현지 법률과 규제로 인해 어려움이 따르기 마련이다. 베트남의 경우 우리나라 미국, 유럽 등의 선진국에 비해 상대적으로 불안정하고 예측하기 어려운 면이 많다.

　베트남은 특히 중앙집중화된 구조로 인해 비즈니스 활동에 대한 규제와 절차가 때로는 복잡하고 번거로워 사업에 지장을 초래하기도 한다. 베트남어로 된 법률 및 규제 문서를 이해하는 것도 쉽지 않고, 때로는 해석이 모호하거나 일관성이 없을 수도 있다.

　그나마 다행스러운 점은 베트남이 세계 190개국 이상의 나라와 자유무역협정[FTA]을 체결하고 정부 차원에서 외국인직접투자[FDI] 유치에 적극적으로 나서면서 베트남 법률과 규제가 개방화되고 개혁되고 있다는 점이다.

| 베트남 비즈니스에서 알아둘 사항

	주요 항목	주요 내용
비즈니스 일반	비즈니스 문화와 관행의 이해	베트남의 비즈니스 문화와 관행을 이해하고 적응하는 것이 성공적인 비즈니스 운영에 필수적이다
	지역별 차이점 이해	베트남은 지역별로 경제적, 문화적 차이가 있으므로 지역별로 차이점을 이해하고 적합한 비즈니스 전략을 수립해야 한다. 특히 북부 행정 수도인 하노이와 남부 경제도시 호찌민시만 해도 완전히 다른 국가처럼 접근되어야 한다.
	신뢰 관계 파트너쉽	베트남 비즈니스를 시작할 때, 지역 파트너와 협력하여 먼저 신뢰 관계를 쌓은 후 비즈니스를 시작하는 것이 좋습니다. 현지 파트너는 베트남 비즈니스 문화와 관습을 이해하고 있기 때문에, 비즈니스를 시작하는 데 도움이 될 수 있습니다. 또한, 협력 파트너와의 관계를 유지하면서 지속적인 파트너십을 형성하여 비즈니스를 성장시키는 것이 중요하다
	인적 자원 관리	베트남은 인력 양성에 대한 노력을 지속적으로 하고 있지만, 아직도 기업에서 원하는 교육을 받은 인력이 부족하다. 중장기적 관점에서 인력 양성을 위한 방안을 마련할 필요가 있다
정부 & 법률 & 규제	법률 준수	베트남의 법률을 충분히 이해하고 준수해야 하며, 고용법과 지적재산권 보호 등에 대한 법률 준수는 매우 중요하지만 외국계 기업의 지적재산권을 인정받기 위해서는 현실적으로 쉽지 않다.
	정부와의 협력	베트남 정부와의 관계를 통해 비즈니스 환경을 이해하고, 비즈니스 활동을 지원받을 수 있다면, 새로운 비즈니스 기회를 발굴할 수 있다. 즉 정부와의 협력이 비즈니스에 아주 중요한 포인트가 된다.
	세무 관련 법률 준수	베트남의 세무 관련 법률은 한국과 다르기에 베트남 세무 법률을 이해하고, 준수해야 하며, 세무 체계와 세무 절차를 이해하는 것이 필요하다

주요 항목		주요 내용
기타	불투명성 & 언더머니	베트남의 비즈니스 환경은 여전히 불투명하고, 정보 공개가 제한적인 경우가 많다. 따라서, 비즈니스를 하기 전에 충분한 정보 수집이 필요한데 현지에 있지 않은 상태에서는 제약적이기에. 로비스트들이 관여하게 된다. 물론 성과에 따른 비용을 언더머니로 요청하는 경우도 있다.
	부정부패	베트남 정부가 부정부패와의 전쟁을 선포하고 국가 주석까지 경질할 정도로 노력을 하고 있지만 여전히 비즈니스 수행 과정에서 부정부패(뇌물, 접대 등) 요청이 있을 수 있다는 점을 이해하고 대응책을 마련하고 있어야 한다.

출처: 저자

일상 비즈니스에서 주의할 점

베트남은 오랜 역사를 지닌 나라이고 문화적으로 다양성이 풍부한 나라다. 베트남에서 비즈니스를 하려면 베트남 사람 문화를 존중하고 이해하는 것이 가장 중요하다. 베트남은 농촌을 중심으로 촌락 문화가 형성되어 가족과 친척, 친구 등과 유대 관계를 중요시한다. 비즈니스에서도 인간관계를 중요하게 여긴다.

일반적으로 비즈니스를 하기 전에 상대방과 관계를 형성한 후 협상한다. 신뢰를 형성하는 일이 단기에 이루어지는 것이 아니기 때문에 성공적인 비즈니스를 위해서는 시간과 비용을 쓰면서 인내해야 한다.

베트남어에는 '눈치'라는 단어가 없다. '기민하다'는 뜻의 '팅뚜엉^{tinh} ^{tường}'이라는 단어는 상황을 파악하고 대처하는 능력을 의미한다. 이는 사람 간 커뮤니케이션에서 상황에 맞게 대처하고 적절하게 소통하기 위해 대화 상대방과 신뢰와 상호 존중이 필요하다는 내용을 담고 있다.

베트남 사람은 상대방을 존중하고 체면을 중요시하는 경향이 뚜렷하다. 그 때문에 예의에 어긋나는 행동은 자제해야 한다. 베트남에서는 광고보다는 가격 할인이나 프로모션 등 이벤트를 통해 혜택을 제공하는 것을 선호하는데, 이는 광고에 비용이 들어갔으리라 생각해서 비싸다는 의미로 받아들이기 때문이다.

베트남 사람들은 자신의 이익보다 집단의 이익을 우선하는 성향이 있다. 대화나 협상 과정에서 타협하는 것을 선호하는 편이다.

베트남에는 아직 '동고동락' 문화가 있다. 이는 친구, 가족, 지역사회 등 사람들 간 상호 작용을 강화하고, 신뢰를 쌓는 것을 중요하게 여기기 때문이다. 일상적인 교류에서부터 협력과 상호 지원을 포함하는 넓은 범위의 사회적 관계 모두에 적용된다. 이런 동고동락 문화는 비즈니스에도 큰 영향을 미친다. 비즈니스 파트너십은 일반적으로 개인적인 관계와 연결된다. 기업 간에 거래를 진행하거나 합작사를 만들기 전에 서로 신뢰를 쌓는 것이 그 어느 것보다 중요하다고 여기고 있다.

베트남은 부정부패가 상당히 만연한 국가로 꼽힌다. 특히 공공 부문에서 '작은 부패petty corruption', 소액 부정부패가 빈번하게 일어나는 것으로 알려져 있다.

예를 들어, 관할 공무원의 어떤 요청을 할 때 이를 거절하면 비즈니스를 진행하는 데 불이익을 받을 공산이 크다. 공식 프로세스를 거치는 데 시간과 비용이 더 들 가능성이 높고, 규제 당국과의 관계에서 불이익을 받을 수도 있다. 특정 프로젝트나 계약을 체결하는 데 실패할 수도 있다.

하노이 vs. 호찌민, 비즈니스 차이를 이해하라

베트남에서 '메가시티'로 성장하고 있는 하노이와 호찌민을 먼저 이해할 필요가 있다. 기본적으로 두 대도시는 지역적, 문화적 차이로 인해 서로 다른 소비 패턴을 보인다.

하노이는 행정 도시이면서 수도이기도 하지만 전통적인 가치를 매우 중요하게 여기며, 예로부터 전해 내려온 문화와 관습을 따르려는 경향이 짙다.

대체로 자존심이 강하고 보수적인 분위기를 보인다. 체면(사회적 위치를 과시)을 중요시한다. 오후에는 차를 마시거나 공원에서 친구들과 이야기를 나누는 것이 일반적이다.

또한 명품을 선호하고, 서양식 음식(파스타, 스테이크, 햄버거 등)을 즐기는 편이다.

반면 호찌민은 더 현대적이며, 다양한 소비 활동이 이뤄지고 있다. 외국인과의 교류가 많아 다양한 문화적 영향을 일찍부터 받았기 때문이다. 생활 속에서의 가치를 중시하고 상품의 가격이나 브랜드에 큰 영향을 받지 않고, 해당 상품이 어떤 가치를 지니고 있는지를 중요하게 생각하는 편이다. 비싼 제품보다는 가격 대비 품질이 우수한 제품

| 하노이와 호찌민의 차이

	하노이	호찌민시
소비패턴	보수적, 전통적인 소비 선호 미래의 가치를 중시하고 사회적 위치를 고려한 프리미엄, 브랜드 네임을 선호	현대적이고 경쟁적인 소비 선호 현재의 가치를 중시하며 실속을 따지는 가성비, 소비자의 개성 강조
유행	보수적인 유행에 따르는 경향	트렌디한 유행에 따르는 경향
음식문화	더 많은 노동력을 필요로 하는 복잡한 요리	간단한 요리와 길거리 음식
상품 선호도	상품을 골라 사는 것을 선호	상품을 훑어보는 것을 좋아하며 딜을 찾음
맥주 마실 때	맥주병 하나로 여러 사람 잔에 맥주를 따라준다	한사람이 자기만의 맥주를 마신다
특이점	담배, 알코올, 게임에 대한 소비는 높음	커피, 스낵, 모바일 앱에 대한 소비가 높음
속담	"하노이에서는 돈이 많으면 된다. 돈이 없으면 속이 시리다." (Hanoi has money, no money, still shake your pocket)	"호찌민에서는 싼 게 좋은 게 아니라 좋은 게 싸다." (In Saigon, it's not that cheap things are good, it's that good things are cheap.)
비즈니스 유형	기업 대상 B2B 적합^{Business to Business}	소비자 대상 B2C 적합^{Business to Customer}
공통점	높은 소비 성향과 건강과 안전의 웰빙(Well Being)소비 현대식 쇼핑몰이 집중 해외 브랜드 선호도 증가 자녀 및 교육에 지출 증가 코로나19 이후 집밥 수요 증가(밀키트 등 간편 요리 및 배달요리 증가) 온라인 및 비현금 거래 증가	

출처: 저자

| 베트남 주요 지역별 소비 성향 차이 : 하노이 vs. 호찌민

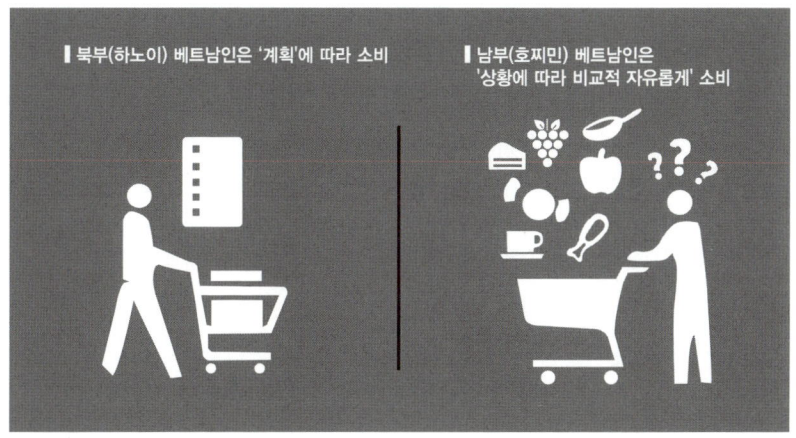

하노이와 호찌민 시민들의 소비 성향을 풍자한 모습

출처: KOTRA

을 선호한다.

대체로 호찌민 시민들은 쇼핑을 즐기며 볼링장, 클럽, 바 등 다양한 엔터테인먼트 활동을 즐기는 편이다

베트남 비즈니스 매너

해외에서 현지 기업이나 개인과 업무적으로 미팅을 할 때 일반적으로는 한국 중개인(또는 지인)을 통해 만남이 이뤄지는 경우가 많다. 미팅 시 한국과 다른 해외 현지 문화와 예의 그리고 상식을 몰라서 크

베트남에서 알아야 할 필수 사항

개요	항목	주요 내용
일반 미팅 시	인사	- 상대방을 존중하고, 예의를 갖추어 인사해야 한다. 인사할 때에는 베트남어로 보통은 "xin chào" (신짜오)라고 말한다.
	식사	- 식사 시 초대받은 사람이 메뉴를 선택하고, 비즈니스 만찬에서는 술잔이 비어있지 않도록 한다. - 식사는 보통 베트남 정통 레스토랑에서 쌀국수 외 다양한 음식을 주문해서 나눠 먹는 것을 선호한다.
	선물	- 선물을 주는건 비즈니스에서 중요한 요소다. 특히 베트남기업을 방문할 경우 한국 전통 공예품이나 면세점 제품 중 술,담배,화장품 등을 주는 게 일반적이다. 특히 여성 기업인에게는 선크림 등 화장품이 효율적이다.
	복장	- 현지인들은 복장에 큰 비중을 두며, 비즈니스 모임에서는 보수적인 비즈니스 정장을 착용해야 하며, 여성은 저녁에 드레스를 입는 편이다.
	명함	- 베트남 비즈니스에서는 상대방에게 비즈니스 카드를 교환하는 것이 중요하다. 카드 교환시에는 양손으로 주고받아야 한다.
	호칭	- 베트남에서는 상대방에 대해 존칭어를 사용하는 편이다. 나이가 많은 사람에게는 "ông" (오옹), 덜 나이가 많은 사람에게는 "anh" (안), "chị" (치), "em" (엠) 등의 호칭어를 사용한다.
비즈니스 미팅 시	술자리	- 베트남에서는 술을 마시는 것은 비즈니스 세계에서 중요한 역할을 한다. 술잔이 비워질 때마다 채워주는 것이 일반적이며, 이때는 반드시 건배를 하고 마시는 것이 예의에 맞다. 건배사로 못하이바,요$^{một\ hai\ ba\ yo}$ 정도는 알아두면 좋다.
	장소 선정	- 비즈니스 모임이나 회식에서 장소 선택이 중요하다. 베트남에서는 상대방을 대접하는 장소에 대한 기대치가 높기 때문이다. 보통은 베트남 레스토랑 또는 호텔 레스토랑이 일반적이다.
	약속 시간	- 약속 시간은 정확히 지키며, 미리 알려주지 않으면 지각해도 큰 문제가 없을 수 있다. 단, 교통 체증과 비가 많이 올 경우 도로 정체가 심해 한 시간 이상 늦는 게 일반적인 편이다.
	집 초대	- 베트남에서 비즈니스 파트너가 집에 초대된다는 것은 상호 간의 신뢰와 친밀감을 나타내는 중요한 행사로, 단순한 업무 회의를 넘어서 상호 간에 긴밀한 관계를 형성하기 위한 자리로 개인적인 이야기를 나누는 것이 일반적이다. - 초대받아 갈 경우 선물(한국 전통주, 기업 굿즈 상품, 면세품 또는 꽃과 과자 등)은 꼭 가져가는 게 예의다.

출처: 저자

고 작은 실수를 범하는 경우가 생긴다.

베트남에서의 비즈니스 매너는 상대방과의 관계성과 상호 존중을 중요시하는 문화적 배경을 이해하면서 시작된다고 할 수 있다.

베트남은 특히 신뢰 및 유대 관계를 비즈니스 매너에서 가장 중요시하기 때문에 비즈니스 미팅 시 대개 손을 흔들고 서로의 이름 말하고 명함을 주고받는다.

많은 베트남인은 서로 인사할 때 웃으면서 손을 흔들기 때문에 일부 외국인들은 그들이 진지한 것인지 파악하기 어려울 수도 있다. 또한, 회사나 기업 대표자들은 존경받는 인물로 인식되고 있으므로 특히 예의를 지켜야 한다.

옷차림 역시 매우 중요하다. 상황에 따라 다르겠지만, 비즈니스 미팅에서는 남녀 모두 보수적인 정장을 갖춰 입는 것이 바람직하다. 더운 날씨를 이유로 스포츠 의류 차림이나 반바지, 짧은 치마는 비즈니스 미팅에는 적합하지 않다. 특히 저녁 모임에서 여성은 드레스나 아오 자이$^{Áo\ dài}$라고 불리는 전통 의상을 입는 것이 일반적이다.

그리고 베트남어로 인사말 정도는 알고 있는 것이 비즈니스에 도움이 된다. '안녕하세요'라는 베트남어로 '신짜오$^{Xin\ chào}$'다.

베트남 비즈니스에 있어 가끔 이해되지 않는 부분

베트남은 다양한 지역에서 문화적 전통을 유지하려고 애쓰는 다문화 국가다. 이에 대한 이해도가 낮은 경우, 각 지역 및 문화 전통이 비

우리나라와 다른 베트남 비즈니스 문화

개요	항목	주요 내용
업무시간	낮잠 문화	- 과거 농업 중심 산업으로 낮잠은 오후 일을 위한 생산적 활동으로 인식하고 있고 오랜 역사적인 이유로 낮잠 문화를 긍정적으로 수용하고 있다. - 외국계 기업조차 낮에 낮잠을 자는 것이 일반적이며, 일부 기업에서는 점심시간에 낮잠을 취할 수 있는 시간을 제공하기도 한다. - 은행도 12시에는 문을 닫는 게 일반적인 편이다.
미팅 시간	오전 미팅 선호	- 더운 날씨 때문인지 오래전부터 오전에 일어나서 활동을 시작하는 문화가 형성되어 있다. - 특히 점심 전 오전 미팅을 선호하고 의사결정 미팅도 가능한 오전에 이루어진다. 저녁은 가족과 함께 보내는 것을 중요시한다.
의사결정	나이와 직급 우대	- 베트남 기업의 조직은 계층 적이며 나이가 많은 사람의 영향력이 높은 편이다. - 베트남 비즈니스 사회에서 상급자에 대한 존중은 매우 중요하며 비즈니스 미팅 시 상급자가 먼저 입장하는 문화가 있다.
의사결정	메일보다 전화 전화보다 대면	- 베트남은 지역마다 억양과 말이 다르고 메일을 통한 대화보다는 전화를 통한 대화를 선호해 비즈니스 미팅에서 오해의 소지를 줄이기 위해선 베트남 현지 통역이 필요하다. - 빠른 결정이 필요한 사안이라면 미팅 전 먼저 관련 자료를 e메일로 보내는 게 좋다.
그 외	뒷돈 문화	- 비즈니스 접대에서 뒷돈(언더테이블 머니, under the table money)를 제시하는 것은 법적으로 금지되어 있지만, 법적으로 문제가 없는 선에서 공식적인 선물이나 접대를 해야 한다. 일상생활에서도 "급행료"를 통해 우선권을 보장 받고 있다.
그 외	조상신 숭배	- 베트남은 조상 숭배 문화가 깊게 뿌리 박혀 있고 토착 종교, 불교, 개신교 등 다양한 종교적 요소와 관련 융합되어 있다. - 가족 구성원들이 참석하는 소규모의 행사에서부터 마을 전체가 참여하는 대규모 행사까지 다양하다. - 선조들의 영혼을 불러내어 축복을 받으며, 현재 세대에게 좋은 행운을 가져다 주기를 바라는 마음으로 매일 꽃과 음식 등으로 준비하고 있다.
그 외	화훼 문화	- 베트남 사람 대다수가 꽃을 좋아하며, 꽃을 주고받는 문화가 자리 잡혀 있다. 베트남 내 거의 모든 기념일이나 축제, 경조사 등에서 꽃을 선물하는 것이 일상적이다. 베트남에선 꽃이 없는 기념일은 상상할 수 없는 일이다.

즈니스에 미치는 영향이 절대 적지 않다. 베트남에서 비즈니스를 하면서 한국적 사고에서는 잘 이해되지 않았던 몇 가지 경험을 소개하면 다음과 같다.

베트남 낮잠 카페. 커피 한 잔 가격(대략 시간당 한국 돈 3,500원 수준)으로 낮잠을 즐길 수 있는 카페.

출처: 저자

베트남 어느 지역이든 꽃을 파는 가게와 노점상이 즐비하다. 이들은 꽃 선물을 자주 한다.

출처: 저자

인터뷰로 엿보는 베트남 비즈니스

여행

VOK 트립 박정재 대표(왼쪽)와 경정현 부대표(오른쪽)

회사 소개를 부탁드립니다.

베트남에서 인-아웃바운드 여행 서비스를 제공하고 있는 VOK 트립[VOK TRIP]입니다.

VOK 트립은 2022년 베트남 현지법인 HJ 트래블[HJ Travel]을 인수 합병하여 신규 설립한 한-베 합작 투자법인으로 기존 인바운드 위주의 여행 사업에 아웃바운드 사업이 가능하도록 확장된 토털 여행 서비스 전문 회사입니다.

코로나19 대유행 이후 양국 정부에서 여행 산업을 적극 장려하고 있는 가운데, 특히 베트남 내 K-팝[K-POP], K-드라마[K-Drama], K-뷰티[K-Beauty] 등 한국의 이미지가 제고되고 있어 베트남인의 한국 아웃바운드 여행의 수요가 급증하는 추세입니다. 이에 서울, 부산, 전주 등 주요 관광지와 더불어 무비자 입국이 가능한 제주도를 연계하여 직항 노선 재개와 테마별 관광상품을 개발하고 있습니다.

인-아웃바운드가 모두 가능한 양방향 여행 서비스를 바탕으로 VOK 트립은 5년 이내 MICE 산업에 수반되는 다양한 서비스가 안정적으로 제공될 수 있도록 성장하는 것이 목표이며, 양국의 대규모 국제회의나 전시회, 기업행사 및 이벤트를 유치 또는 가교함으로써 관광, 숙박, 교통, 무역, 유통 등 관련성 있는 여러 분야에서 고부가가치를 생산하고자 합니다.

주요 사업 영역과 주요 제품 및 서비스는 무엇인가요?

인-아웃바운드가 가능한 양방향 여행 서비스를 제공하고 있는 VOK 트립의 주요 사업은 크게 세 가지로 분류해 볼 수 있습니다.

먼저 VIP 대상 프라이빗 서비스입니다. 현재 가장 많은 매출을 기여하고 있는 서비스 영역으로 한국 내 기관, 기업, 학교, 병원 등 산업시찰과 관광을 연계한 토털 프로그램입니다. 최근 한국 기업의 베트남 진출을 위한 컨설팅도 문의가 많은 편입니다.

두 번째는 스포츠 프로그램입니다. 베트남 전 지역이 열대성 기온을 가지고 있어 한국과 같이 4계절이 있는 나라를 대상으로 스포츠 전지훈련 장소 제공 및 숙박, 여가 활동, 관광 등 부가서비스 전체를 지원하고 있습니다.

세 번째는 쉐어링 서비스입니다. 리무진 차량 공유 및 골프장과 풀빌라 그리고 리조트 등을 연계하여 베트남에 첫발을 내딛는 입국부터 출국까지 가장 럭셔리하고 안전한 여행을 제공하고 있습니다.

베트남이 코로나19 대유행 이후 여행 산업을 정부 차원에서 적극 장려하고 있으며 무비자 체류 기간을 45일로 연장하고, 전자 비자도 기존 30일에서 90일까지 연장안이 통과되어 관광 및 비즈니스에 많은 영향을 미칠 것 같습니다. 전문가로서 베트남의 관광산업 전망은 어떤지요?

베트남 통계청 General Statistics Office of Vietnam에 따르면 2023년 1~4월 기준 베트남을 찾은 외국인 관광객은 370만 명이고, 베트남 자국 내 관광객은 3,800만 명입니다. 외국인 중 한국인이 100만 명, 미국인이 26만 명, 중국인이 25만 명입니다. 2023년 8월 15일 이후부터 비자 기간이 연장되고 중국인 단체 관광이 시작되면 베트남 관광청이 목표로 잡은 800만 명을 넘어 1,200만 명에 달할 것으로 전망하고 있습니다.

베트남 정부 역시 코로나19 대유행으로 위축된 관광 산업의 활성화를 위해 비자 체류 기간을 연장하는 한편, E-비자 발급 절차를 간소화하여 외국인이 더 쉽게 베트남에 입국할 수 있도록 관련 정책과 제도를 개선하고 있습니다.

그 외 베트남 관광의 인기 명소 중 하나였던 야시장과 수상 시장이 리뉴얼된 모습으로 선보일 예정이며, 엔터테인먼트와 고급 숙박시설이 함께 조성된 대규모 복합 리조트가 주요 관광지에 다수 건설됨에 따라 한층 고급화된 관광 인프라를 제공할 수 있을 것으로 기대하고 있습니다. 이는 베트남 관광산업의 지속적 발전을 의미하고 있다고 생각합니다.

VOK트립 베트남 직원들.

출처: VOK트립

최근 베트남 내 관광정책의 변화는 VOK 트립에게도 좋은 기회가 되고 있습니다. 관광 인프라가 고급화되고 비자 체류 기간이 늘어남에 따라 기존 일주일 미만의 단순 체류 관광에서 관련 산업 벤치마킹과 베트남 기업과의 교류 촉진 등을 목적으로 한 투자형 관광 상품을 집중적으로 홍보하고 있습니다.

박정재 대표님은 베트남에 들어오셔서 다양한 비즈니스에 관여하고 있습니다. 코로나19 이후 베트남의 비즈니스 구조에서 크게 달라진 점이 있다면 어떤 게 있을까요?

호찌민에서 코로나19 대유행 봉쇄 기간에 많은 한국 소상공인이 사업을 철수하고 한국으로 복귀하는 것을 지켜봐야 했습니다. 개인적으로도 잘 진행하던 사업의 규모를 줄이거나 철수해야 하는 아픔을 경험했습니다.

2022년 엔데믹 상황으로 접어들면서 베트남 역시 눈에 띄게 달라진 점은 사회 전반적으로 비대면 시스템이 생활화가 되었다는 점입니다. 일상에서 편의점이 많아지고, 배달을 통해 음식과 커피 등을 시켜 먹고, 결제도 현금에서 신용카드와 송금 방식으로 변화해 가는 걸 경험할 수 있었습니다. 특히 의료서비스에 있어서 원격의료 서비스와 처방 약 배달 서비스가 일상화되고 있습니다. 즉 디지털 정부가 되고 있다는 것을 생활에서 느낄 수 있었습니다.

특히 코로나19 대유행 이전에는 저렴한 임금을 활용한 제조업이 베트남 산업의 중심이었지만 세계적 소비 위축으로 재고량이 증가하여 공장 가동을 일정 기간 중지하거나 철수하게 되면서 사업비 감축과

종업원의 정리해고로 이어졌습니다. 결국 베트남 정부도 인건비 중심의 제조업이 아닌 하이테크 산업의 육성과 민간기업 활성화를 적극적으로 추진하는 것을 확인할 수 있습니다.

2023년 6월 한국의 대통령과 대규모 경제사절단이 베트남을 방문한 것과 더불어 글로벌 VC와 글로벌 금융사들이 하노이와 호찌민에서 스타트업 기업을 대상으로 다양한 밋업$^{\text{Meet up}}$ 행사가 개최되고 있는 것으로 볼 때, 코로나19 대유행 이전보다 훨씬 역동적인 베트남을 보고 있습니다.

한-베 30주년이 지났고, 2023년 6월 한국의 대통령과 기업인이 베트남에 많이 들어왔습니다. 향후 베트남 산업에 한국 기업들의 관여가 많아질 거라 예상되는 가운데 VOK 트립이 특별히 신경 쓰고 전개하고 있는 분야가 있는지요? 있다면 그 이유를 듣고 싶습니다.

한-베 30주년에 양국 정상의 관심 및 지원으로 한국의 많은 기업이 베트남 진출을 모색하고 있지만 정확한 현지 시장조사와 직원 채용, 법률과 규제 등으로 많은 어려움을 겪고 있습니다.

VOK 트립은 한국 기업이 베트남 진출 문의 시, 전문 통역 직원을 배정하여 맞춤형으로 컨설팅을 지원하고 있습니다.

먼저 베트남 진출을 위한 산업형 맞춤 시장조사를 베트남 방문 전에 리포팅 하여 검토할 수 있게 합니다. 다음으로는 시장조사 대상을 먼저 방문하여 고객의 일정에 맞춰 미팅 약속을 확정합니다. 그런 후 고객사와 동행 시장조사를 통해 문제가 있는 부분과 추가 정보가 필요한 부분 등의 결과보고서를 작성하여 제출하고 있습니다.

한국 기업의 베트남 진출에 대한 원스톱 서비스가 제공될 수 있도록 자체 시스템을 구축해 나가고 있습니다. 법인 설립 및 사무실 개소 그리고 공장 계약 및 인허가 규제 해결, 직원 채용에 이르기까지 베트남 법인 설립에 필요한 A부터 Z까지의 모든 과정이 고객의 요구에 충족될 수 있는 맞춤형 컨설팅을 지원하는 것이 목표입니다.

베트남에서 네트워크가 많기로 유명하십니다. 당연히 베트남 비즈니스 관련 다양한 문의가 있었을 거라 생각됩니다. 대표님이 생각하기에 베트남에서 사업하는 데 있어 가장 힘들거나 어려웠던 점은 무엇인가요?

베트남에 처음 들어와 한인회, 동문회 등 다양한 모임에 참석했으며 요식업과 뷰티업을 하면서 다양한 분들과의 네트워크를 만들 수 있었습니다.

특히 코로나19 대유행 기간 베트남 생활을 계속 유지하면서 힘든 기간을 함께 보냈던 분들과 각별한 관계가 형성되었고, 지금은 상호 신뢰를 바탕으로 인적 인프라를 확대해 가는 데 중요한 역할을 하고 있습니다.

5년 이상 베트남의 시스템하에서 사업을 전개하면서 시행착오가 제법 많았습니다. 그중 가장 힘들고 불편했던 경험은 사업자등록이나 투자 허가서 발행을 위해 관련 행정기관을 방문해야 하는데, 베트남 관공서의 현재 시스템상 발행되는 시점을 정확히 파악하기 어렵다는 것과 발행이 지연되거나 거부되는 사유에 대해 사전에 전달받기 어렵다는 점입니다. 이런 상황에서 고객의 거래 제품 인허가 지연으로 클레임을 받거나 보상해야 하는 경우도 있었습니다.

아직 베트남 정부 기관과 관련 업체들의 업무처리 속도와 일하는 방식이 이해되지 않지만, 베트남의 방식을 고려하여 업무를 진행하기 때문에 큰 문제는 더 이상 발생하지 않습니다. 다만 한국 고객들에게 베트남의 행정 처리 실정을 설명하고 이해시키는 과정은 여전히 가장 어려운 숙제입니다. 다행히도 2023년 하반기부터 온라인을 통한 사업자등록 신청이 가능하다는 발표가 있어 점진적으로 행정기관의 시스템도 개선될 것이라 기대하고 있습니다.

최근 박정재 대표님은 한국과 베트남을 자주 왕래하고 계십니다. 특히 스포츠 마케팅 관련해서 한국의 대학과 고등학교 운동부의 훈련 장소로 베트남을 추천하고 계시는데요, 다른 동남아시아 국가 대비 베트남이 유리한 점과 차별화된 점은 무엇인가요?

호찌민은 사계절 내내 20도 이하의 기온으로 떨어지지 않으며 겨울 시즌에는 건기가 시작되어 실외 활동의 최적화 된 장소입니다.

전지훈련의 중요 요소는 훈련시설과 기후, 교통, 식사, 숙박 그리고 의료시설입니다. 베트남은 스포츠 인프라에 대한 높은 관심과 개발에 지속적인 노력을 기울이고 있으며, 적당한 기후 그리고 한국인의 입맛에 맞는 음식이 있습니다. 또한 축구의 경우 박항서 감독의 축구 열풍 덕분에 연습 경기에 적당한 상대를 갖추고 있어 다른 동남아시아 국가에 비해 좋은 인프라가 구축되어 있습니다.

베트남은 다른 동남아시아 국가들과 비교해 북미정상회담을 개최할 만큼 안보와 치안의 수준이 높은 편이며, 특히 호찌민은 베트남 경제의 중심지로 외국인 거주 비중이 높아 금융, 의료, 관광 등 사회적 시스템이 잘 구축되어 있습니다. 또한 여러 차례 언급된 바와 같이 한국에 대한 우호적 태도가 특히 문화, 스포츠를 통해 그 위상이 높아진 만큼 베트남 내 스포츠팀과의 친선경기 또는 합동훈련 프로그램을 구축하기가 쉽습니다.

지속적으로 베트남 내 소득 증가로 인해 2022년 이후 베트남 중산층이 많이 증가했습니다. 베트남 국민이 한류의 영향도 있겠지만 한국 결혼, 유학, 의료, 쇼핑 등에 관심이 아주 높다고 들었습니다. 박정재 대표님이 보시기에는 베트남 중산층이 한국에 입국해서 충분한 소비 활동을 할 수 있는 정도의 수준인지요?

한국관광공사에 따르면 2023년 1~5월까지 한국을 방문한 베트남 관광객은 16만 3,000명을 기록했다고 합니다. BC카드가 외국 관광객 국내 가맹점 소비 현황을 분석한 결과, 베트남 관광객의 평균 카드 승인 금액이 가장 높은 19만 7,000원으로 집계됐다고 밝혔고 이는 중국과 일본 관광객의 이용 금액을 뛰어넘었으며, 전년 대비 89% 증가한 수치입니다.

대부분이 면세점, 백화점, 병원, 화장품 같은 소비재 지출에 사용되었습니다. 베트남 중산층의 폭발적 증가로 고급 와인, 골프, 외식 등의 문화 확산 성향을 보이고 있으며, 이들은 영화나 드라마를 통해 한류를 접하고 이를 체험하기를 희망합니다. 그렇기에 저가의 한국 여행이 아니라 한국의 선진 문화를 체험하고 느낄 수 있는 프리미엄 상품의 개발로 급증하는 베트남 중산층 여행 수요의 만족도를 높일 수 있다고 생각합니다.

VOK 트립의 향후 방향 또는 성장 전략은 어떻게 되나요?

VOK 트립은 여행 사업에 기반하여 베트남 내 MICE 산업의 중심축으로 확대 성장하는 것이 목표입니다. 이를 실현하기 위해 풍부한 고객 경험을 바탕으로 기업/학교/기관과의 신뢰 관계를 견고하게 구축하고 다양한 패키징을 안정적으로 서비스 함으로써 경쟁력을 갖추고자 합니다. 또한 보다 효율적인 서비스를 제공하기 위한 쉐어링 플랫폼을 개발하여 트렌드와 고객의 눈높이에 부합되도록 지속적으로 연구하고 시도할 것입니다.

마지막으로 베트남 진출을 고려 중인 한국 기업에 조언하고 싶은 내용이 있다면 무엇인가요?

한국 기업 또는 개인이 베트남 진출을 고려한다면 사전에 베트남 시장에 대한 명확한 목표를 설정하고 철저하게 준비해야 합니다. 베트남은 코로나19 대유행 이후 정부와 기업 그리고 사회 전반에 걸쳐 각종 변화에 대해 빠르게 대응하고 있습니다. 어제의 정책이 오늘 달라지는 경우도 비일비재하며 베트남 정부 정책의 신뢰 여부를 떠나 그만큼 사회적 변화에 모두가 빠르게 적응하고 있습니다.

실시간 변경되는 정책은 구글이나 네이버 등 검색 엔진을 통해 알 수 있는 영역이 아니기에 베트남 현지에 믿을만한 파트너를 만들거나 현지 중소 규모의 컨설팅 기업과 사전 협업을 진행해서 실시간 현지 상황을 점검하고 그에 따라 대응해야 합니다. 한국 기업 중 베트남에 진출하려는 한 기업이 과거 데이터를 기반으로 의사 결정하여 큰 손실을 기록한 사례도 있었습니다.

그리고 무엇보다 정부 정책과 행정기관을 포함한 사회적 시스템이 다른 것에 대한 이해가 무엇보다 중요합니다. '왜 한국처럼 되지 않는가?'가 아닌 베트남 방식이 한국과 다르다는 걸 이해하고 잘 대응했을 때 기대했던 성과를 얻을 수 있을 것입니다.

2장
베트남 현지화하기

 베트남뿐만 아니라 해외에 진출할 때 현지 법률과 규제는 비즈니스에 큰 영향을 미치는 어려운 과제이다. 베트남은 미국이나 유럽 등의 선진국에 비해 상대적으로 제도가 투명하지 않으며, 예측하기 어려운 면도 많다.

 베트남어로 된 법률 및 규제 문서를 이해하기 쉬운 일이 아니며, 때로는 해석이 모호하거나 일관성이 없기도 하다.

 그나마 다행인 점은 베트남이 세계 190개국 이상의 나라와 자유무역협정^{FTA}을 체결하고, 정부 차원에서 외국인 투자 유치를 적극적으로 진행하면서 법률과 규제가 지속적으로 개방 및 개혁되고 있다는 것이다.

 필자가 관여하고 있는 호찌민에 있는 쿠빌더는 베트남 대학생을 대상으로 창업 아이디어를 발굴하고, 이를 실행 가능한 비즈니스로 만들기 위해 여러 지원을 하는 '컴퍼니 빌더company builder'이다.

쿠빌더는 2020년 설립되었는데 곧바로 코로나19가 발발하면서 어려움이 겹쳐 사업을 접을 뻔한 위기에 처했다.

코로나19 대유행 중 한인을 대상으로 사업을 전개했던 상당수 한국 기업 또는 개인 사업자가 철수했지만, 쿠빌더는 이주홍 대표를 포함한 직원들의 의지로 현지에서 사업을 지속했고, 이른바 '위드 코로나'가 시작되면서 시장에는 다시 활기가 생기기 시작했다. 쿠빌더는 이전보다 더 바빠졌다. 2023년 들어 한국에서 베트남 붐이 다시 불면서 전시 및 기획, 마케팅 대행 등 사업 의뢰가 늘고 있다.

코로나19 대유행을 겪으면서 특히 해외 진출 기업에는 현지화localization는 선택이 아닌 필수라는 점을 확실하게 깨달았다. 여기에는 제품, 마케팅, 웹사이트 등을 베트남 시장에 맞게 변환하는 과정이 모두 포함된다. 그래야만 베트남 현지 고객의 문화, 언어, 관습, 규제, 법률, 선호도 등을 이해하고 수용할 수 있고, 다른 업체와의 경쟁에서 우위를 확보할 수 있다.

이를 위해서는 현지에 지점 또는 법인을 설립하는 것이 바람직하다. 시시각각 변화하는 현지 고객 상황에 대응하기 위해서는 의사결정을 현지 법인 또는 지점 운영자가 내릴 수 있어야 한다. 한국 본사의 의사결정을 기다렸다가 집행하는 식이 반복되면 고객을 다른 경쟁 업체에 빼앗길 가능성이 높다.

또한 인력 채용 시에도 현지 소비자를 대상으로 하는 경우 반드시 현지인을 고용하는 것이 좋다. 이를 통해 현지 시장에 대한 정보 수집 및 마케팅 전략 개발, 현지 언어 및 문화에 대한 적극적인 대응 등이 수월해진다.

| 해외 진출 현황 분석

		단계별 기업 진단(해당 부분에 체크∨표시)					
		평가 문항	매우 우수	우수	보통	미흡	매우 미흡
해외 진출 준비도 평가	기술성	1-1. 핵심기술의 독창성, 차별성 및 경쟁 우위 정도	5	4	3	2	1
		1-2. 기술의 개발난이도 및 진입장벽(지재권 보유 현황 등)	5	4	3	2	1
		1-3. 제품/서비스의 개발 진행 정도	5	4	3	2	1
		1-4. 기업 내 개발인력의 전문성	5	4	3	2	1
	시장성	2-1. 국내 시장 규모 대비 성장 가능성 및 전망	5	4	3	2	1
		2-2. 해외 시장 규모 대비 성장 가능성 및 전망	5	4	3	2	1
		2-3. 현재 국내시장에서의 제품/서비스의 시장 점유율	5	4	3	2	1
		2-4. 현재 해외시장에서의 제품/서비스의 시장 점유율	5	4	3	2	1
		2-5. 신시장 및 신사업 개척 여부	5	4	3	2	1
	사업성	3-1. 비즈니스 모델 및 사업화 전략의 적정성	5	4	3	2	1
		3-2. 사업 추진 계획의 적정성	5	4	3	2	1
		3-3. 재무 상태의 안정성	5	4	3	2	1
		3-4. 투자유치의 적정성 및 투자안정도	5	4	3	2	1
	경영 현황	4-1. 본 사업에 대한 CEO의 적극성(참여 가능성)	5	4	3	2	1
		4-2. 핵심 기술/사업에 대한 인력구성의 우수성	5	4	3	2	1
		4-3. 회사의 비전 및 발전 가능성	5	4	3	2	1
		4-4. 조직의 의사소통 능력/문제해결 능력	5	4	3	2	1
	글로벌 진출 준비도	5-1. 해외 진출 전담 부서 여부	▫있음 / ▫없음				
		5-2. 진출 희망 국가 및 지역	일본				
		5-3. 영문 기업 소개서 및 IR 자료 보유 여부	▫있음 / ▫없음				
		5-4. 해외법인 설립 여부	▫있음 / ▫없음				
		5-4-1. 해외법인 소재지					
		5-5. 해외 매출 발생 여부	▫ 없음 ▫ 1억 미만 ▫ 1억 이상~10억 미만 ▫ 10억 이상				
		5-6. 해외 지재권 출원 및 등록 여부	▫있음 / ▫없음				
		5-6-1. 해외 지재권 출원 및 등록 건수	출원 : ( )건 등록 : ( )건				

출처: 저자

해외 진출 셀프 체크리스트

해외 진출을 염두에 둔 어느 나라든 기업 또는 개인 스스로 해외 진출을 왜 해야 하는지 여러모로 연구하고 검토했을 것으로 생각한다. 해외 진출 체크리스트는 속한 업태와 상황에 따라 달라질 수 있으므로 해외 진출 현황분석 표를 참고해 사업 모델에 맞는 해외 진출 체크리스트를 갖추고 체계적으로 준비하면 도움이 될 수 있다.

해외 진출 기업 벤치마킹

필자가 2015년 베트남에 진출할 때는 현지 조사를 특별히 진행하지 않았다. 베트남 내 법인을 설립하고 현지 기업을 대상으로 비즈니스를 전개할 때 참고할 수 있는 자료가 거의 없어 결국 더 많은 시간과 비용을 들여 처음부터 다시 조사한 경험이 있다.

해외 진출을 계획하고 있는 기업에 사전 시장 조사와 벤치마킹은 필수이다. 단순히 벤치마킹을 통해 기업의 성공 사례를 '복사'하면, 자사의 실제 상황과 맞지 않아 실패할 위험이 크다. 벤치마킹을 통해 참고하고자 하는 요소와 스스로 갖춘 역량을 조정하면서 자사의 경쟁력을 강화하는 데 활용하는 것이 중요하다.

필자가 베트남 현지화에 나름의 방식으로 성공한 현지 기업 13곳을 선정해서 현지화에 대한 어려움을 물은 결과, 그들은 베트남식 문화에 대한 이해 상충과 직원과의 소통 문제를 가장 먼저 꼽았다. 특히 한

| 벤치마킹 체크리스트

체크리스트 항목	주요 내용
대상기업 선정	벤치마킹할 기업을 선택하는 단계. 경쟁 기업, 분야 선두 기업, 차별화된 비즈니스 모델을 갖는 기업 등을 고려하는 단계
밴치마킹 대상 분석	대상 기업의 비즈니스 모델, 제품, 서비스, 마케팅 전략, 조직 문화, 경영 철학 등을 분석하는 단계
성공 요인 파악	대상 기업이 성공한 원인과 그 기반을 파악하는 단계
차별화 전략 도출	분석 결과를 바탕으로, 자사의 경쟁 우위를 확보할 수 있는 차별화 전략을 도출하는 단계
실행 및 평가	도출한 차별화 전략을 실행하고, 결과를 평가하는 단계

출처: 저자

국이 베트남보다 경제적으로 앞서 있고 문화나 가치관 면에서 상대적으로 우월하다는 생각을 버리지 않는다면 베트남과의 관계를 형성하는데 어려움이 따를 것이라고 경고했다.

2023 세계경제포럼^{WEF}의 주제는 '분열된 세계에서의 협력$^{Cooperation\ in\ a\ Fragmented\ World}$'으로, 오늘날 세계가 직면한 복합적인 위기를 극복하기 위해 민·관 협력을 기반으로 사회 경제 전반에 걸쳐 구조적 전환의 필요성을 강조하고 있다. 대한민국의 새 정부 역시 디지털 전환을 위한 디지털 플랫폼 정부를 추진하고 글로벌 역량 강화를 위해 국내 기업들의 해외 진출을 적극 장려하고 있다.

다수의 전문가가 이미 한국 국내 시장은 포화해 성장에 제한적이라 해외에서 생존의 길을 찾을 것을 권장하고 있듯이 기업들은 새로운 시장을 개척하고 성장 가능성이 높은 국가로 진출을 위해 여러 면에

| 베트남 진출 방법

진출 유형	형태	내용
투자 유형	직접투자	기업이 베트남에 직접 법인을 설립하여 사업을 진행하는 방법. 이 경우 베트남 법인으로부터 직접 이익을 얻을 수 있으며, 베트남에서 사업을 운영하기 위한 전문적인 경영진을 구성할 수 있다.
	합작투자	베트남의 현지 기업과 협력하여 법인을 설립하는 방법. 베트남 기업과의 협력을 통해 현지 시장에 대한 이해도를 높일 수 있으며, 베트남 기업과의 파트너십을 강화할 수 있다.
	대표사무소	기업이 해외에서 사업을 진행하기 위해 현지 법인을 설립하지 않고, 소규모 사업 활동을 수행하기 위해 등기된 사무소. 법인이 아니기에 베트남 현지에서 수익 창출을 할 수 없다.
기업 형태	주식회사 (Joint Stock Company)	주식 발행이 가능 주식의 매매와 지분의 이전이 가능하다. 자본금의 최소 금액은 10억 동(VND) 이상이다.
	유한회사 (Limited Liability Company)	주식 발행이 불가능. 따라서 주주는 지분을 매매할 수 없으며, 이전도 불가능하다. 자본금의 최소 금액은 1억 동(VND) 이상이다.

출처: 저자

서 정보를 수집하고 위험 요소를 줄이기 위한 방법을 찾고 있다.

해외 진출은 많은 기회와 이점을 제공하지만, 동시에 다양한 위험 요소도 안고 있다. 대상 국가에 진출하는 방법부터 현지 사무실 개소, 금융 계좌 개설, 현지 인원 충원 등 복잡한 과정을 거칠 수밖에 없으므로 현지 전문가의 지원은 당연히 필수적이다.

외국인에게 투자가 제한되는 분야

- 농업, 임업, 수산업 분야 베트남 법령상 외국인 투자의 최대 비중은 49%로 제한되어 있음
- 건설 분야 외국인 투자의 최대 비중은 30%로 제한되어 있음
- 전기 및 에너지 분야 베트남 법령상 외국인 투자의 최대 비중은 49%로 제한되어 있으며, 정부의 승인이 필요함
- 광업 분야 베트남 법령상 외국인 투자의 최대 비중은 50%로 제한되어 있음
- 교통 분야는 외국인 투자가 엄격하게 제한됨. 외국인은 자동차 운송, 항공 운송 등의 교통 분야에서 특별한 허가 없이 진입할 수 없음
- 해외에서 베트남으로 인수^{merger}나 인수합병^{acquisition}을 통한 투자는 제한적임. 베트남 법령상 해외 기업이 베트남 내 기업을 인수하는 경우, 정부의 승인이 필요함
- 외국인의 부동산 투자는 베트남 법령상 제한이 있음. 외국인은 주택 및 부동산을 소유할 수 없으며, 오직 임대 목적으로만 소유할 수 있음

또한 일부 산업에서는 규제 및 통제가 강화되고 있으며, 정부의 승인이 필요한 경우도 있다. 베트남에서 투자할 때는 베트남 법령을 준수하고, 투자 제한 분야를 고려해야 하므로 현지에 진출한 한국 법무법인을 활용하는 것이 좋다.

[해외 진출 팁 : 정부 기관에서 제공하는 공유 사무실 활용]

한국 과학정보통신부와 정보통신산업진흥원(NIPA)은 디지털 전환 수요가 증가하고 있는 베트남 현지에서 국내 유망 디지털 기업의 수출 및 투자 유치 등을 지원하기 위해 'K-글로벌@베트남 2023'을 추진하고 있다. 다음은 이에 대한 세부 내용이다.

모집 분야 및 선정 절차
- 모집 분야 : 국내외 정보통신기술 관련 중소 · 중견 기업
- 선정 방법 : 서류 평가를 통해 20개 사 내외 기업 선정
- 선정 기준 : 수행 능력, 우수성, 진출 가능성 및 기대 효과 등 종합 평가

선정 기준	세부 평가 기준	배점
수행 능력 (20점)	매출액, 자본금, 인력 구성 등	10
	해외사업 추진조직 및 진출 의지	10
우수성 (30점)	비즈니스 차별성 및 우수성	15
	비즈니스의 국내외 매출 규모 및 확장성	15
진출 가능성(10점)	현지 시장 진출전략의 타당성	10
기대효과 (40점)	기업경쟁력 강화 기여도(매출 증대, 현지 진출 등)	40

* 평가 점수 70점 이상인 기업 중 고득점순으로 참가 기업 선정
** 평가 점수 동일시, 진출 가능성 → 우수성 → 수행 능력 → 기대효과 순의 고득점순으로 선정

지원 내용
- 사무 공간 : 업무 수행 공간(사무실, 공용회의실), 인터넷, 우편물 수령 등
- 현지 비즈니스 컨설팅 : 기업 운영(법률, 회계 등) 관련 전문가 자문, 컨설팅
- 네트워킹 : 기존 진출 기업 및 현지 유망 파트너사, 기관, 단체와의 네트워킹 등 지원
- 가상 사무실 : 베트남 주소 활용 라이선스 등록 지원(비용 및 제한사항 별도 문의)

지원 내용, 선정 절차 그리고 선정 기준은 대체로 모든 정부 기관이 유사하다. 수행 능력과 우수성, 진출 가능성, 기대 효과에 따른 배점을 고려해서 지원하면 된다. 이를 잘 활용하면 해외 진출 시 관련 비용을 줄이고 위험을 최소화할 수 있다.

'고^{Go}! 베트남^{Vietnam}, 챗GPT도 알려 주지 않는 베트남 비즈니스.'

2020년 'Now 베트남 성장하는 곳에 기회가 있다^{KMAC}'라는 책을 내놓은 이후 두 번째 저술한 베트남 비즈니스 도서이다.

'Now 베트남, 성공하는 곳에 기회가 있다'를 출간한 후 한국국제협력단^{KOICA}과 정보통신산업진흥원^{NIPA} 등 정부 기관과 금융연수원에서 해외 진출 기업들을 대상으로 수많은 강의와 컨설팅을 진행하면서 많은 질문을 받았다. 이 책은 그에 대한 대답의 일부이다.

코로나19 대유행 이후 베트남에서 성장할 비즈니스 잠재력을 분석하고 글로벌 기업이 베트남 시장에서 성공하기 위한 전략과 방법을 베트남에서 직접 비즈니스를 전개하고 있는 기업 대표들의 실제 경험을 인터뷰로 담았다.

베트남 현지 기업을 운영하는 대표들과 필자의 베트남 비즈니스 경험을 객관적인 데이터로 삼아 베트남 진출을 준비하는 과정에서 불필요한 시간 낭비와 시행착오를 줄일 수 있었으면 하는 바람이다.

다시 쓰는 베트남 비즈니스

코로나19 대유행은 전 세계적으로 커다란 영향을 미쳤고, 개인과 기업 모두에게 막대한 손실을 입혔다. 특히 해외에 진출했던 개인과 기업에는 큰 충격을 넘어 악몽 같은 시간이었다고 할 수 있다.

필자 역시 2020년 한국과 베트남에 새롭게 법인을 설립하고 재도약을 꿈꾸었는데, 코로나19로 비즈니스에 제약이 생기고 경제적인 어려움이 겹치면서 베트남 직원들 급여를 절반만 지급할 수밖에 없었던 상황에 내몰렸다. 당시 상황을 이해해 준 직원들 덕분에 어려운 시기를 극복할 수 있었다.

베트남에서 새로운 가치를 만들다

필자가 처음 베트남에 들어온 계기는 베트남 다낭의 '한베 IT 정보통신대학'과의 산학 협력을 통해 졸업예정자 학생을 대상으로 한 모바일 앱 교육 때문이었다. 우여곡절 끝에 교육받은 학생들을 프리랜서로 채용할 수 있었다. 한국 공적개발원조$^{\text{Official Development Assistance, ODA}}$ 사업을 진행하는 한국국제협력단^{KOICA}의 '포용적 비즈니스 프로그램$^{\text{Inclusive Business Solution, IBS}}$' 사업에 참여하면서 본격적으로 베트남 비즈니스에 관여하게 되었다.

2017년 핑거비나^{FingerVina} 법인을 하노이 경남빌딩에 설립하였고, 금융 정보기술 및 핀테크와 관련한 다수의 프로젝트를 개발, 운영했다.

핑거비나는 2019년 삼성전자 반도체 사업 파트너와 전략적 인수합병을 체결하여 호찌민으로 본사를 옮기고, 사명도 SNST앤핑거비나$^{SNST\&FingerVina}$로 변경했다. 2022년에는 SNST로 개명했다. 반도체 아웃소싱 사업을 위해 베트남 우수 대학과 협력하는 한편 인력을 채용해서 점진적으로 사업을 확대해 나갔다.

필자는 2022년 이후 지분을 정리한 후 한국에 핑거비나 법인을 재설립하고 베트남 호찌민에 컴퍼니빌더인 ㈜쿠빌더의 주요 주주로 참여하고 있으며, ㈜인포플러스에 투자 및 감사를 맡고 있다.

2020년부터 정보통신산업진흥원^{NIPA}에서 추진하는 '소프트웨어 글로벌 고성장 클럽'에서 전문 PD로 해외 진출을 계획하는 유망 소프트웨어 기업을 대상으로 컨설팅과 해외 진출에 대해 조언하고 있다.

한국과 베트남을 오고 간 시간이 8년이 되었다. 코로나19 대유행 동안 스러져 가는 많은 기업과 개인을 보면서 생존을 위해 버틴다는 것이 얼마나 어렵고 힘든 과정인지 잘 알게 되었다.

돌이켜보면 언어와 문화, 정치, 생활 등 모든 면에서 한국과 다른 베트남에서 생활이 아닌 사업을 한다는 건 어쩌면 무모한 도전이며, 큰 용기가 필요한 일이다. 베트남 생활이 익숙해지면서 또는 그들의 문화를 받아들이면서 베트남 젊은 직원과 맥줏집에서 베트남식 안주와 맥주로 '못~하이~바~~못짬편짬'을 외치고 마시면서, '사람 사는 게 한국이나 베트남이 별 차이 없구나'라고 생각했다. 스스로에 대한 우월의식을 내려놓기가 어렵기는 하지만 이 또한 시간이 지나면서 희미해진다.

2022년 11월에 방영한 '재벌집 막내아들'이라는 드라마가 꽤 인기를 끌었다. 시간 여행을 통해 현재 사는 주인공이 과거로 돌아가서 큰 성공을 거둔다는 내용이다. 혹시 베트남 진출을 계획하고 있는 기업이나 개인이 베트남을 과거 1990년대의 한국으로 생각하고, '지금 진출하면 성공할 수 있을 것'이라는 막연한 자신감을 보인다면 이는 아주 위험하다. 한국에서도 성공하기 어려운 비즈니스를 말도 제대로 통하지 않는 해외라면 더 어려우면 어려웠지, 결코 쉬운 일이 아니라는 것이다.

그나마 다행스러운 점은 2022년 '위드 코로나'로 접어들면서 베트남은 전 세계 어느 나라보다 역동적이고 활기가 넘친다. '물 들어올 때, 노 젓는다'라는 말처럼 베트남에서 사업을 하기에는 '지금이 가장 좋은 시기'임은 분명하다. 그렇다고 방만하거나 안일하게 접근해 좋은 기회를 놓치는 우를 범하지 않기를 바란다.

새로운 미래 30년을 향한 출발점

2023년 6월 22일부터 24일까지 베트남을 국빈 방문한 윤석열 대통령은 6월 22일 베트남 교포들을 만나 "저의 방문은 양국 관계의 새로운 미래 30년을 향한 출발점이 될 것"이라고 말했다.

윤석열 대통령의 베트남 방문에 앞서 2023년 5월 말부터 한국 정부 기관은 사전에 베트남 정부 기관과 협업을 위한 다양한 사전 활동을 전개했다. 대한무역투자진흥공사^{KOTRA}, 대한상공회의소, 중소기업진흥공단, 중소기업중앙회, NIPA 등은 한국 기업의 베트남 시장 진출을 지원하고 민간 경제 협력을 강화하기 위해 경제사절단을 모집했다.

기업들을 위한 양국 정상들의 교류와 정부의 적극적인 지원 덕분에 더 많은 한국 기업이 베트남에 진출할 것으로 예상된다. 다만, 베트남 진출 시 젊고 풍부한 노동력, 저렴한 인건비, 높은 교육열, 1억 인구, 중산층 확산 등 너무 긍정적인 측면만 검토한다면 큰 실수를 할 수도 있을 것이다.

베트남은 한국과 정치, 문화, 경제, 사회, 종교 등 차이가 크고, 비즈니스 관행도 주의할 점이 많다. 특히 인간관계를 중시하는 베트남 비즈니스에서 파트너와의 신뢰 구축은 매우 중요하다. 의사결정 또는 계약 체결 등에 시간이 오래 걸릴 수 있기에 인내심을 가지고, 대응해야 한다. 또한 일부 베트남 기업은 계약 조건이 협상 과정에서 변할 수 있다는 점을 고려해야 한다.

베트남은 사회주의 체제이고 관료주의라서 문서 절차가 복잡하고 법률과 규정 준수에 있어 시간과 노력이 필요하다. 한국과 베트남 기업 간 비즈니스 환경에서는 관계의 지속성이 중요하다. 한 번의 거래로 끝나는 것이 아니라 장기적인 관계를 구축하고 유지하려면 지속적으로 소통하고 협력해야 한다.

윤석열 대통령의 베트남 방문을 계기로 양국 간 활발한 교역과 함께 진출 기업들의 폭풍 성장을 기대한다.

마지막으로 '고 베트남^{Go Vietnam}'에서 소개한 비즈니스 영역은 최근 2년 동안 필자가 강의나 컨설팅을 통해 가장 많은 문의를 받았던 산업 분야다. 성공적인 베트남 비즈니스를 위해 준비할 일이 많겠지만 이번에 발간하는 도서와 함께 반드시 읽어볼 것을 권한다.